我
思
· COGITO ·

（英）埃利亚斯·卡内蒂 著

刘文杰 译

另一种

审判

PROZESSE
ÜBER
FRANZ KAFKA

Elias Canetti

关 于 卡 夫 卡

本书由卡内蒂基金会委托

苏珊娜·吕德曼 克里斯蒂安·瓦辛格 编

Susanne Lüdemann　Kristian Wachinger

GUANGXI NORMAL UNIVERSITY PRESS

广西师范大学出版社

·桂林·

另一种审判：关于卡夫卡
LINGYIZHONG SHENPAN：GUANYU KAFUKA

丛书策划：吴晓妮@我思工作室
责任编辑：韩亚平
装帧设计：何　萌
内文制作：王璐怡

Author: Elias Canetti
Editor: Susanne Lüdemann, Kristian Wachinger
Title: Prozesse - Über Franz Kafka
© 2019 Carl Hanser Verlag GmbH & Co. KG, München
Chinese language edition arranged through HERCULES Business & Culture GmbH, Germany

著作权合同登记号桂图登字：20-2022-211 号

图书在版编目（CIP）数据

另一种审判：关于卡夫卡／（英）埃利亚斯·卡内
蒂著；刘文杰译. -- 桂林：广西师范大学出版社，
2023. 1
（思无界）
书名原文：Prozesse - Über Franz Kafka
ISBN 978-7-5598-5419-3

Ⅰ. ①另… Ⅱ. ①埃… ②刘… Ⅲ. ①卡夫卡
（Kafka, Franz 1883-1924）－人物研究 Ⅳ. ①K835.215.6

中国版本图书馆 CIP 数据核字（2022）第 172932 号

广西师范大学出版社出版发行

广西桂林市五里店路 9 号　邮政编码：541004
网址：http://www.bbtpress.com
出版人：黄轩庄
全国新华书店经销
肥城新华印刷有限公司印刷
（山东省泰安市肥城市老城工业园区　邮政编码：271601）
开本：765 mm×1 000 mm　1/16
印张：20.75　　　字数：277 千
2023 年 1 月第 1 版　　2023 年 1 月第 1 次印刷
定价：79.80 元

如发现印装质量问题，影响阅读，请与出版社发行部门联系调换。

出版说明

本书中的卡内蒂笔记部分来自埃利亚斯·卡内蒂保存于苏黎世中央图书馆的个人遗产，由约翰娜·卡内蒂转录下来，苏珊娜·吕德曼摘选（摘选标准参见后文导言）。本书对卡夫卡文字的引用，转引自卡夫卡校勘本之一（卡内蒂在世时并未用到），因此本书不再对卡夫卡文字的引文进行审核与验证。为了统一的出版外观，全文的书写方式做了调整。在原稿中无法辨认的个别词语用"……"来标注。

本书中笔记之外的其他部分是埃利亚斯·卡内蒂本人已经出版过的作品，均选自汉泽尔出版社已出版的《卡内蒂全集》第六卷和第十卷。本书脚注中偶尔以缩略的形式标注的册数和页码，皆源于该全集。

目 录
CONTENTS

Von den Gefühlen führt kein Weg zurück zu
den Prozessen.

Behalte die Prozesse, nichts sonst.

———

Sobald du die Macht hast, — oben wenn du nicht
die Länge.

———

Der Krieg in denen, die ihn nicht kennen.

———

Das Leisest, das Spät.

———

Die Bibel ist mehr als Kafka, regier es
nicht.

———

Man darf auch Deutscher sein.

———

卡内蒂的卡夫卡

苏珊娜·吕德曼

关于本书

1924 年 6 月 3 日，卡夫卡去世于基尔林肺病疗养院（从维也纳沿多瑙河上溯 12 公里处），终年 40 岁，作为作家，此时他还寂寂无名。生前他只发表了少量的作品，当时完全没有人能预见到，他死后会成为 20 世纪（现在几乎可以说全球）最著名的作家。他委托好友马克斯·布罗德担任自己的遗产律师，请他销毁所有的文稿。尽管人们有理由怀疑这个请求的诚意（连马克斯·布罗德也对此抱有怀疑；而最后的结果对于喜爱阅读的人类是一件幸事），不过，在 1924 年还没人能预想到，卡夫卡的文字会成为整个古典现代派内在和外在构成的最有效的审美标志。

1924 年卡夫卡去世时，埃利亚斯·卡内蒂才 19 岁，他曾先后在曼彻斯特、苏黎世和法兰克福生活过，此时住在维也纳。他在鲁斯丘克（保加利亚）度过了童年，维也纳是全家开始欧洲迁徙的出发点，他在这里上大学，主修化学专业。他自己承认，1930 年冬天，创作平生唯一的小说《迷惘》期间，他在维也纳的兰伊书店里看到了《变形记》和《饥饿艺术家》这两本书，这是他最早读到的卡夫卡作品。他坦言这两篇小说对《迷惘》的创作进程产生了影响，对这两篇小说的阅读，标志着他延续一生的卡夫卡研究的开始，这些研究的轨迹都汇集在本书中。

这些轨迹包括，除了卡内蒂在世时的出版物中已经包含的文章，如英文演讲《普鲁斯特—卡夫卡—乔伊斯》（1948 年）、文章《另一种审判：卡夫卡致菲利斯的信》（1968 年）以及黑贝尔[1]奖获奖致辞《黑贝尔与卡夫卡》（1980 年）等，还有大量的笔记（最早开始于 1946 年，最晚至 1994 年他去世前 6 个月），其中只有极少数收录在他已出版的笔记文卷里。这些在他死后遗留、现在首次出版的关于卡夫卡的笔记，大部分也是产生于 1968 年，当时卡内蒂在伦敦，处于两个密集的写作阶段（从 2 月到 4 月，然后又从 7 月到 9 月），正在撰写两部分关于卡夫卡的文章，当年分别发表于由鲁道夫·哈尔腾主编的《新评论》[2]6 月号和 9 月号上。

至于卡内蒂 1968 年写下这篇文章，并在此基础上开始了密集而又广泛的卡夫卡研究，起初多多少少有点偶然：《新评论》在 1967 年的 9 月号里已经预先刊登了卡夫卡 1912 年写给菲利斯的信函系列，并指出会于同年秋天在菲舍尔出版社首次出版这批信件的完整版。9 月号里也包括卡内蒂的一篇文章《访问麦拉》（《谛听马拉喀什》中的一章），因此哈尔腾也给他寄了一册。卡内蒂迅速被卡夫卡的信件——那是他和菲利斯恋情早期纯粹的情书——"打动"（1967 年 9 月 2 日，第 41 页）[3]了。除了卡夫卡信中的"温柔"以及"胆怯"（相比卡内蒂自己的"热烈和激昂"）外，他还马上记录了这种书信来往与卡夫卡的文学创作之

1　黑贝尔（Johann Peter Hebel, 1760—1826），德国作家。生于瑞士的巴塞尔。1808 至 1814 年在卡尔斯鲁厄担任文科中学校长期间，负责编辑《莱茵区家庭之友》乡村日历，并刊载他所写的故事和逸事，于 1811 年汇集为《莱茵家庭之友百宝箱》出版。黑贝尔的故事取材自民间和 16 世纪的笑话集，大多反映乡村生活，短小幽默，富有智慧。黑贝尔的故事集对卡夫卡有很深的影响。译者注。

2　《新评论》第 79 期（1968），第 185—220 页及 586—623 页。

3　括注中所标注的页码均为中文版页码，后同。译者注。

间的联系——样册里包含三封卡夫卡在创作《变形记》时期的书信。卡内蒂记录道："当我读到那个故事的内容时，我的心跳都停止了。"那么，针对卡夫卡的这些书信来撰写文章的建议，一定是来自鲁道夫·哈尔腾；唯一让卡内蒂犹豫的，是他当时对卡夫卡研究的状况还不熟悉（1967年11月28日，第42页）。

　　他在哈尔腾那里获得充分承诺，不用对卡夫卡进行学术阐释，而是写一些单纯质朴的文章。他随即开始了工作，并在接下来的9个月里写了满满14本笔记，上面写着标题"笔记和日记"，有时候还会对话"卡夫卡"或"详议卡夫卡"，这些笔记后来汇编成为他的散文集。除了大量摘录卡夫卡的全部作品和文章起源的各种变体外，它们还包含对卡夫卡的进一步思考，但也有个人的，有些甚至是非常私人的和具有时代特征的笔记，这些笔记为卡内蒂的多元写作风格提供了丰富的启示。除了卡夫卡笔记本（后来收集在遗产的第25a箱中）之外，他同时还撰写其他的"常规"笔记（收集在第15箱中）和散文手稿。诚然，这些记录类型之间的界限是模糊的，尽管卡内蒂在其他文章和访谈中一再声称要严格区分日记和笔记，但实际上显然不是这样。除卡夫卡笔记本之外，还有关于卡夫卡本人的笔记——有时被卡内蒂特别标注为"K"——而卡夫卡笔记本中也有不小篇幅是他的个人思考和偶尔对政治事件的评论。卡内蒂在二十五年后（1993年9月14日，第212页）指出："**1968年**：他的卡夫卡年。那是索邦大学的学生运动、布拉格之春和八月灾难之年。狂野的、示威的、悲惨的一年。对卡夫卡偶像般热爱和崇拜的一年。"并在不久之后又补充道："小研究结束。卡夫卡—赫拉时期结束。"（1993年11月7日，第212页）

　　与"另一种审判"（个人和政治的）交织在一起的卡夫卡研究，在卡内蒂后来的笔记中仍然有一定分量，并且可以在1968年以来的文本载体中直接读到，在本书中也得到了尊重，也就是说，本书没有试图将这些层面分开，或者用似乎是"不相干的事情"来减轻卡夫卡笔记的分量。

在"写作卡夫卡研究文章时期"（第 39 页及以下）一章中，卡夫卡笔记本中的笔记与第 15 箱中的常规笔记按时间顺序合并。删去的仅仅是卡内蒂对卡夫卡文本的大量摘录，以及文章个别段落产生起源的众多变体，这些内容对本书来说太过冗余，因为本书必须保留历史批评版，由此，这篇散文产生的起源史就变得清晰可见，而卡内蒂在 1968 年的事情，就要重新确定。这可能符合卡内蒂的意图，毕竟他与卡夫卡不同，他希望自己的遗产被保存下来：他在去世前就把遗产装在箱子里，交给了苏黎世中央图书馆。

卡内蒂的审判

卡内蒂在 1968 年 2 月初指出："没有办法从结果回到过程。""只考虑过程，不要考虑别的。"（第 50 页）

即使在早期的写作阶段，"过程"这个说法也是模糊多义的。如果在预设的语境中，它首先指的是卡夫卡的小说《审判》中描述的法庭案件，以及卡内蒂为他的文章命名的"另一种审判"——卡内蒂在文中解读卡夫卡和菲利斯·鲍尔之间不愉快的订婚和解除婚约事件，那么在更普遍的意义上，"结果"和"过程"也适用于作品与创作过程的关系。既然"没有办法从结果回到过程"，那么倘若"只考虑过程"，也许可以反过来试试。

卡夫卡与菲利斯的订婚变成了小说《审判》第一章中约瑟夫·K 的被捕，而在柏林阿斯坎尼舍庄园的解除婚约（被卡夫卡本人描述为对他的"审判"）变成了最后一章中对约瑟夫·K 的处决，这是卡内蒂文章中与之对应的核心论点，他在文中加入卡夫卡的日记内容来支持这一论点。他说自己"很清楚这种对现有文学作品的干预存在多大的争议"，他承认，这样做根本不能代表整个"过程"。然而，鉴于卡夫卡的"难以言喻的独创性"，他认为追踪他内心的过程是很重要的，这样"也许能接近诗学过程的真实本质"。（1968 年 7 月 31 日，第 136 页）他认为这些小说的创作过程又与"自我认识的过程"有关，并在卡夫卡写给菲利斯的信中找到了佐证（1968 年 2 月 25 日，第 77 页）。

对文学研究者来说，对文学作品进行传记式解读，如埃利亚斯·卡内蒂在他的文章以及笔记中这般，结合作者生平来对文学作品进行解读，是一种致命的罪过——毕竟它有可能将阿多诺所说的"实体的客观内容"简化为作者要表达的主观心态和生活问题。根据语文学的学术信条，结合作者生平的传记式阅读，将文本回溯到作者本人的"生活中"，恰恰忽略了作品超越个人生活限制的地方：忽略了作品与文学本身的关系比作品与作者实际生活的关系更紧密，从而可以，并且也要具有示范性效力。

与此相反，卡内蒂坚持认为，"公共和私人［……］无法再彼此分离"，它们"在以一种前所未有的方式"相互渗透。[1] 而在他看来，卡夫卡特殊的文学创作形式恰恰在公共和私人、文学创作和其他过程的不可分离性方面具有示范作用。他偶尔会对专业的"文学阐释者"（1991年 11 月 24 日，第 209 页），即日耳曼学学者侧面攻击，只排除了一个（未透露姓名），此人在一次关于卡夫卡日记的讲座中也提到了他自己的日记（1990 年 3 月 8 日，第 204 页）。

卡内蒂的卡夫卡笔记本身记录的正是这种文学创作和传记写作过程的不可分割性，或者说试图将卡夫卡的自我认知过程应用于他自己，从而释放自己的创作过程："无法想象的是，**他的**审判不会在我心中激发出自己的。"（1968 年 2 月 19 日，第 63 页）卡内蒂按照自己其他笔记的方式，对卡夫卡笔记中的条目细致地标注了日期，从而使它们至少具有日记的**形式**。继普鲁斯特、乔伊斯和卡夫卡之后——他称他们是

1　埃利亚斯·卡内蒂：《语言的良心》，前言，《卡内蒂全集》第 6 卷，第 9 页。

20 世纪"最重要和最有影响力的"三位作家——卡内蒂也"深深执着于日记这种形式"（1965 年 5 月 6 日，第 26 页）。

卡内蒂在 1948 年的演讲中曾经证实普鲁斯特、乔伊斯和卡夫卡作品中的自传特征（第 219 页），至少从《获救之舌》开始，他自己的作品中也出现这种倾向。出版于 1977 年的这本自传中，第一卷的标题因与他的卡夫卡笔记相关而获得了第二层含义，[1] 因为拯救他作为作家的语言之"舌"，其实是卡内蒂在撰写有关卡夫卡的文章和探讨卡夫卡时真正要做的事情。

"救救我，卡夫卡。难道你不愿救我吗。"这是他在撰写文章的最初时期，最热切的一个语句："你是不是鄙视我的体重、我的情欲、我的肚子？福楼拜难道不是和我一样沉重，莫非他的情欲比我少？——我听到你问，你的作品在哪儿。哦，哪儿都不在，哪儿都没有。但我会不会还是能找到它们？（……）写作对我来说也是一种祈祷，我唯一知道的一种祈祷。我的写作过程以死亡终结，现在它还没有结束。你的命数来得太早。我比你活得更久，见证了更多人的死亡。是他们阻止我学习你的禁欲主义。我无法用挨饿来搪塞他们。我并不想比他们**任何人**活得久，所以它们都在我脑中。我可以为他们找到什么语言？我还没有找到。但我不能忽视他们，**于是我毫无收获**。"（1967 年 12 月 20 日，第 45 页）

与卡夫卡的对话一再成为卡内蒂"与残酷伙伴的对话"，他如此定义他的日记。[2] 另一方面，他最终在三卷本的自传中找到了对死者说的语言，他是在完成关于卡夫卡的文章后，开始着手撰写系列自传的。因此，卡内蒂的"卡夫卡阶段"同时也是一个"努力出作品"的时期，我们可以从他的笔记中了解到这一点。

《群众与权力》于 1960 年出版。卡内蒂试图"扼住这个世纪的咽

1　在卡内蒂生平故事的语境下，这个标题涉及的是他童年时关于一个卡尔斯巴德男人的记忆，那人威胁要剪下年仅两岁的卡内蒂的舌头。参见《获救之舌》，《全集》第 7 卷，第 9 页。

2　《与残酷伙伴的对话》，见《语言的良心》，《全集》第 6 卷，第 55 页。

喉"[1]，这本书撰写了近 40 年。1963 年，他的第一任妻子薇查·卡内蒂去世。埃利亚斯·卡内蒂和薇内提亚娜·陶布纳-卡尔德隆于 1924 年在维也纳参加卡尔·克劳斯的朗诵会时相识；他们于 1934 年结婚，1938 年一起移民到英国。至少可以说，这是一段艰难的婚姻——他有婚外恋经历和偏执狂性格，她无数次患抑郁症并试图自杀——自从夫妻俩给住在巴黎的埃利亚斯·卡内蒂的哥哥格奥尔格的信件出版后，公众也悉数知晓。[2] 不过卡内蒂对薇查的去世却是无限的哀悼，而且这哀思一直贯穿在他的卡夫卡笔记中。"我想爬进她的骨灰。只有在她的骨灰中，我才想写作。我想用她的骨灰写作。"（1968 年 7 月 24 日，第 126 页）

随着比他年长八岁的薇查去世，他不仅失去了妻子和多年移民期间最亲密的伴侣，而且正如他自己经常说的，还失去了他的良师益友。她为他牺牲了自己作为作家的事业，用她的不幸滋养了他的作品，他对她的愧疚之情一定和他的哀思一样无边无际（也许两者没有不同）。自《群众与权力》出版以来，除了不断持续的笔记，他几乎没有写过任何连贯的东西。他对自己没有文学建树的不满，反复出现在他的卡夫卡笔记本里。"我何时才能开始创作真正的、全新的、**不同**的作品？写了无数的笔记，当然有些也许有用，但我什么时候才能下定决心写一部新作？我每天都可以开始。是什么阻止了我？我为什么不开始呢？为什么我**不愿**开始？"（1968 年 7 月 24 日，第 125 页）

然而，早在薇查去世之前，他就已经认识了苏黎世的艺术品修缮师赫拉·布绍尔，自从薇查去世后，他对赫拉的爱情越来越深，并于 1971 年与她结婚。在与这个比自己年轻二十八岁的女人的关系中，已经年过六旬的卡内蒂一定经历了他个人的"性革命"，一种全新维度的肉体之爱（他的卡夫卡笔记本中也充满了这种内容）。

1　埃利亚斯·卡内蒂：《人的疆域》，《全集》第 4 卷，第 245 页。
2　薇查与埃利亚斯·卡内蒂：《致格奥尔格的信》，卡伦·劳尔、克里斯蒂安·瓦辛格编，慕尼黑，2006。

　　同时，他也害怕，可能正是这种幸福的爱情使他无法进行文学创作。当赫拉来到伦敦和他一起时，他被恋情吞噬，无法工作。但当她不能和他一起在伦敦的时候，他又变得焦躁不安，"过于频繁地去咖啡馆"（1968年8月16日，第154页）。当他**终于**能做到即使和赫拉待在一起也能好好写作时，才放下心来。赫拉怀孕时，他列出了无儿女的作家和有儿女的作家的名单，并想知道"成为父亲"的后者人数"是否减少了"。（1971年11月14日，第184页）类似的关于单身汉优势和劣势的列举，也出现在他的卡夫卡笔记中——卡内蒂细致地一一记了下来。

　　因此，在他的卡夫卡笔记中，各种不同的过程相互交叉重叠——令卡内蒂对卡夫卡动心的问题是他自己的问题。他能否同时成为一个作家和丈夫，乃至父亲，还是——像卡夫卡一样——为了能够写作而不得不避开婚姻？他的创作受到什么因素限制，他如何重新不受羁绊地自由创作？各种形式的写作、笔记、与赫拉的通信、日记等，在此起到什么作用？他还能再创作小说吗？还是说，除了这种关于卡夫卡的文章，他以后再也写不出别的了？（1968年9月25日，第168页）毕竟，在这个自卡夫卡以来的现代文学谱系中，他该如何摆放自己的位置？他又如何宣示自己的作者身份，去面对他尊敬、崇拜的已逝前辈，毕竟他们的显赫威名令他黯然失色？

　　也许卡内蒂和卡夫卡之间展开的这场戏——或者更确切地说，卡内蒂在关于卡夫卡的笔记中对自己进行的审判——可以用美国文学研究者哈罗德·布鲁姆的一个表述来形容，即"影响的焦虑"[1]。哈罗德·布鲁姆用这个词来描述当一个作家成为自己尊崇的榜样的继任者时出现的矛盾冲突：他必须成为继任者，以便在文学史上赢得自己的声名和立足之地；但在继承的同时，他又必须与他的榜样拉开距离，以保持自己的

1　哈罗德·布鲁姆（Harold Bloom）：《影响的焦虑：一种诗论》，法兰克福，1995。英文原著 *The Anxiety of Influence. A Theory of Poetry* 出版于 1973 年。英文原名包含双重意义：既是对影响的恐惧，同时也是对影响的渴望。

独特风格。于是，他将在近乎象征性弑父般对榜样的排斥与认同之间，摇摆不定。

卡内蒂的卡夫卡笔记就有这种摇摆不定的特点。他对卡夫卡的认同，尤其是在文章的写作期间，有时会带有臆想的特征。他认为，他和赫拉之间"重要的第一阶段"刚好发生在卡夫卡和菲利斯初次见面"整整五十年"之后，这很"奇妙"："1912 年夏天—1913 年 3 月；1962 年夏天—1963 年 3 月"（1968 年 2 月 23 日，第 72 页）。1968 年 2 月底，他说，卡夫卡写给菲利斯的信已经"变得如此有感染力，连我自己也想给赫拉写信，虽然在我们俩之间这种书信完全没有意义"（第 75 页）。同时，他自问，"当我想到那些书信对于卡夫卡的意义时"，自己是否有权利"思考他们的信件对于我的意义"。（第 71 页）

他内心很希望"当这些关于卡夫卡的文章以书的形式出版时"，能"把它献给 H. B.（赫拉·布绍尔）"，但是又担心出现"卡夫卡献给 F. B.（菲利斯·鲍尔）的结果"。首字母 B 让他感到害怕，"因为 F. B.（菲利斯）已经死了，好像这样 H.（赫拉）也得死似的"。另一方面，他担心自己可能"在完成卡夫卡论文前死去"，这里暗指卡夫卡的"肺炎"——1917 年 8 月 9 日夜间，卡夫卡突发肺结核——卡内蒂在 1968 年 2 月底写道：在"23 日夜里，**我的**伤口又裂开了"。他现在所要做的就是"让它敞开着"（第 75 页）。读到卡夫卡 1923 年冬天在柏林-斯泰格利茨的逗留，他立即记下，在那之后不到六年他也曾住在斯泰格利茨。他想象着与卡夫卡谈论"**他的**愿望"（第 192 页）。在他的卡夫卡笔记中简练地使用"他"时，往往很难确定，这个**他**是在说自己还是在说卡夫卡。同样地，**他**通过共同认识的人寻求建立与卡夫卡的关联。路德维希·哈尔特 1936 年给卡内蒂读了约翰·彼得·黑贝尔的《百宝箱》，而同样的故事，哈尔特在 1921 年也曾给卡夫卡读过，于是在与哈尔特的对话中（第 324 页），卡内蒂终于取代了卡夫卡的位置："卡夫卡当时从同一张嘴里听到的同样的语句，在他去世十二年后，传到了我的耳中。我们沉默良久，因为意识到我们在经历同一个故事的新变化。"

这个插曲，卡内蒂在他的自传第二卷和获黑贝尔奖的致辞中都有叙述，在诺贝尔文学奖获奖演说中也能找到相应的内容。他貌似谦虚地反过来将自己的位置象征性地让给了卡夫卡：卡内蒂在卡夫卡去世六十年后，"陪同他去了斯德哥尔摩：当着全世界的面，我给他颁奖，在一个也许并不适合他的场合，与他同时被提名的两个人他是知道的（其中一个甚至他本人还认识：罗伯特·穆齐尔）。我相信，卡夫卡不会**瞧不上**卡尔·克劳斯，但是和他在一起会觉得不舒服（和谁一起会舒服？）。对于我，他一无所知，对于布洛赫也一样。既然是我把他们大家带去的，作为搬运工，我无法置身事外"（第193页）。之所以说他貌似谦虚，因为这个不能被排除的"搬运工"——同时作为获奖者和文学传统的"火炬接棒人"——就此将自己确立为卡夫卡的合法继承者，甚至作为"当着全世界的面"为他颁奖和分配位次的人。

另一方面，卡内蒂非常清楚，谦虚不是他的风格；他曾经自责为"谦虚玩家"："他假装自己是卡夫卡，却没有扮出谦恭来。"（1983年12月24日，第199页）卡夫卡是**谦虚的**，而**他**是虚荣和"浮夸的"。他不失时机地提起，浮夸是一种"阳刚之气"，是适用于爱情的，但不适用于文学。希望通过模仿卡夫卡带来的转变未能实现："谦虚是徒劳的。通过谦虚和模仿卡夫卡而带来转变是徒劳的。你想**变小**，但转变却没有发生。"（1989年1月10日，第203页）他经常称颂卡夫卡以及赫拉身上具有的"变小"的能力——卡夫卡的"消瘦""名字的消亡""通过饥饿而消失"，但也包括赫拉把学校的成绩单画乱，只为"把成绩**变得更糟**"（第206页）——这种天性没有被赋予他。他列举了他不能像卡夫卡一样的原因（1968年2月15日，第58页）：

1. 他是个身体**沉重的**人，他的身体有重量。

2. 他是一个**健康**的人；他的忧郁症特征与卡夫卡的不同，"不是决定性的"。

3. 他是一个**偏执狂**；作为防御手段，他随时会产生不信任感。

而卡夫卡不同，他一生都要抵抗父亲的强权，并通过"转变为小人物"来躲避权势。卡内蒂 7 岁时就失去了父亲。他那"终结于死亡的写作过程"源于这种早年的缺失，但也源于他对宏大的妄想。他自己的主题——转变和权力，也是卡夫卡的主题。**这些主题他受之于卡夫卡**，但他的立场和卡夫卡却是相对立的：**他**只能转变自己的声音，如果非要转变的话；而卡夫卡对权力的反应是出于"绝对无能为力的独特立场（……）"，**他**对权力的认识源于他"私下对个别人行使权力"（第 151 页）、他无限的生存能力和强权者明确无误的特征。[1] 卡内蒂继续延伸自我分析，甚至将他最早的童年记忆与卡夫卡的童年记忆进行比较，而这个展开的过程几乎可以称为精神分析的过程。"我在我的轨道上，就像弗洛伊德在他的轨道上一样生硬。我厌恶弗洛伊德，就是厌恶我自己。"1968年 7 月，他在开始写卡夫卡笔记的第二部分时这样写道。——自认为讨厌弗洛伊德的卡内蒂，对自己的研究与精神分析创始人的研究之间的亲缘关系，做出了最大的让步。"现在我简直是个幸运儿。我还有生活的权利吗？如果我的生命是借来的，谁把它借给了我？如果我的生命是偷来的，谁为我付出了生命？我寻找我生命的来源，那个人不是我的父亲。"（第 115 页）

谱系和写作方式

"我寻找我生命的来源，那个人不是我的父亲。"——这句话不仅指的是**幸存的负疚感**和**对父亲的拒绝**，作为一个 20 世纪的欧洲犹太人、

1　参见埃利亚斯·卡内蒂：《群众与权力》中《幸存者》一章（《全集》第 3 卷，第 267 页起），以及《语言的良心》中《幸存与权力》一文（《全集》第 6 卷，第 113 页起）。

作家，这是卡内蒂生活的标志，有别于其他任何作家，[1] 它也再次指出了私人谱系和文学谱系的交织，"作者的生平和作品"的交织。如何能从卡夫卡身上或从卡夫卡作品中继承并写出自己的风格，能够用自己选择的文学之父的身份取代早年失去的亲生父亲，用智力谱系取代个人谱系，能够以此"治愈"个人生活经历中的断裂，这必定是卡内蒂的一个核心的幻觉，也是他写作的核心动力。唯一不同的是，想象中的文学之父，就他而言，仍然是一个"永远的儿子"[2]，甚至是"最后的儿子"（第50页），而卡内蒂在1968年发现自己即将老来得子、成为真正意义上的父亲时，已经比他多活了二十多年。

矛盾冲突贯穿卡内蒂的各个阶段：成功地强行将卡夫卡认作文学之父（虽然对方未必愿意）之后，接下来是在他面前做有罪的自我贬低，而这种自我贬低又成为一种抵抗，并试图摆脱之前他自己号称的"影响"。"和卡夫卡一样，我做不到。他的境界是无能为力。"卡内蒂早在1964年就指出："我对卡夫卡每一行文字的喜欢，甚于我的整部作品，因为他，只有他，不带一丝浮夸。（……）每当想到卡夫卡时，我自己的反应便是乏味，就像所有生活在地球之上的动物的反应一样。要成为一个人，必须像卡夫卡那样变成一只虫。"（第25页）随后在1968年2月，他这样写道："他必须设计更微妙的手段来逃避父亲的权力，所以他的作品总体上更精细，更神秘，更准确。"（第58页）这里需要注意的是，卡内蒂在卡夫卡身上诊断出来的生理和心理素质同时也是文学和伦理素质。卡夫卡身体的"瘦削"同时也是他作品的"精简"——不仅在篇幅上，而且在语言上，它被极尽缩减，但（或许正是因此）语言又是极为精确的。卡夫卡"向小角色转化"的天赋不仅使他——至少在一段时间内——摆

1　卡内蒂在他自传的第一部中描述过，他父亲一天早上吃完早餐后突然倒地猝死，年仅31岁，当时卡内蒂只有7岁，而父亲的早逝对他后来的生活造成了严重后果。参见《获救之舌》，《全集》第7卷，第71页。

2　《卡夫卡：永远的儿子》是彼得-安德烈·阿尔特的卡夫卡传记的标题。

脱了生父的强权，而且还创造了一批关于甲虫、老鼠、鼹鼠、饥饿艺术家、沦为字母缩写的反英雄和"小女人"的故事，将卡夫卡独一无二的"小众文学"[1]写入宏大的文学史之列。他对权力的各种表现形式与生俱来的敏感性使他预见到 20 世纪的灾难，并把它们作为"对这个世纪提前作出的诅咒"（第 197 页）置入他的小说文字中——他自己没有经历那些灾难，卡内蒂经历过但在灾难中幸存了下来，而卡夫卡的姐妹和他的情人们却死在集中营里（只有菲利斯及时逃去了美国）。卡夫卡的沉默寡言、写作困难、素食主义、禁欲主义、无法结婚、早逝、对现代文学的英勇殉道——所有这一切都体现了他作为一个作家的清廉，而面对这些，卡内蒂——这般肥胖、纵欲和热恋——只有谦卑地折腰，或假装谦卑，因为早在 1968 年 7 月，他自己"在卡夫卡面前的这种不间断的自我贬低"就已经让他感到紧张了。他自问为什么：因为他"**吃东西**毫不讲究"？因为他已经比卡夫卡"多活了二十二年"，却没有创作出任何值得一提的文学作品？因为他唯一能够准确做到的就是"夸张"？因为他可以快乐，可以"轻松而毫无保留地交流"？因为他受到卡夫卡"感染"，现在把他"对自己的那种自我厌恶"换成了卡夫卡的？（第 128 页）

　　诚然，这些问题都很好地记录了卡内蒂"特有的那种自我贬低"，即便如此，他也没有被赋予将自己转化为卡夫卡或同化他的权利。必须说，这是为他自己好，或者说是为他的读者好，因为卡内蒂的作品，可以说很明显**不是模仿的**。尽管他非常崇拜卡夫卡，但是卡夫卡对他的感染，并没有使他成为卡夫卡的模仿者。"既然我这么了解卡夫卡，那我能摆脱他的影响吗？我现在能否像从未读过他一样进行写作？"他在写完这篇文章后问自己。（第 169 页）1974 年他指出，卡夫卡在过去的几年对他产生了"不好的影响"：卡夫卡"苦行僧式的寡言少语"，剥

1　参见吉尔·德勒兹（Gilles Deleuze）和菲利克斯·瓜塔里（Félix Guattari）：《卡夫卡：小众文学》。德文版译自 1975 年出版的法文原著 *Kafka. Pour une littérature mineure*，法文标题特意强调与公认的、既定的主流文学的对立。

夺了"我（卡内蒂）扩张的欲望，那是我生命中至关重要的"（第186页）。

　　即使在完成这篇文章之后，每当需要把卡夫卡的各种影响进行分类，从而创建一个谱系、一部现代派小说文学大家庭时，卡内蒂的笔记中还是会经常出现卡夫卡。比如歌德、格里尔帕策[1]和哈西德故事对卡夫卡的影响，卡夫卡与福楼拜、陀思妥耶夫斯基和克莱斯特[2]的"亲缘关系"——1982年，卡内蒂和卡夫卡是"热爱陀思妥耶夫斯基的兄弟"。他们还"各自有一个奉若神明的法国作家：他崇拜福楼拜，我崇拜司汤达"。在德语文学中，他们又是"热爱黑贝尔的兄弟"，卡内蒂"也很喜欢西班牙人，而他（卡夫卡）却更偏爱犹太人。这是我们真正的分歧，因为我们又都热爱中国文化"。（第193页）除了卡夫卡，卡内蒂还将卡尔·克劳斯、罗伯特·穆齐尔和赫尔曼·布洛赫列为他的榜样——当然，他对布洛赫有所保留，因为后者几乎完全受外国影响，他"对于写作的怀疑并不是洞察力高低的问题，而是有无的问题"（第210页），正如他在1992年断定的那样。并且，由于担心他死后的名声，卡内蒂还为自己1981年把布洛赫"带去斯德哥尔摩"而懊恼。

　　卡内蒂自己对写作的怀疑导致他——除了三卷自传之外——培养了那种被称为"笔记"的写作形式，他的传记作者斯文·哈努舍克称之为"他的主要作品"和"他的核心文字"[3]（其中绝大部分还深藏在苏黎世中央图书馆）。也许卡内蒂的笔记以某种方式摆脱了古典现代派的伟大作家宣称的"创作失败"，这种"英雄式的否定"被维尔纳·哈马赫称为"现代派的基本形象"。[4]在几本"笔记"的序言中，卡内蒂为这

1　格里尔帕策（Franz Grillparzer，1791—1872），奥地利剧作家，奥地利古典戏剧的奠基人，代表作有《萨福》《金羊毛》《海涛和爱浪》等。译者注。

2　克莱斯特（Heinrich von Kleist, 1777—1811），德国诗人、剧作家、小说家，代表作有喜剧《破瓮记》、短篇小说《智利地震》等。译者注。

3　斯文·哈努舍克（Sven Hanuschek）：《卡内蒂传记》，第172页起，慕尼黑，2005。

4　维尔纳·哈马赫（Werner Hamacher）：《名字中的姿态：本雅明和卡夫卡》，见维尔纳·哈马赫：《遥远的理解：从康德到策兰的哲学与文学研究》，第280页，法兰克福，1998。

种出版形式辩护说，1937 年，在他移民前不久，在政治事件的压力下，他要求自己"不写纯文学作品"，因为他想"了解""过去发生了什么事情，刚刚发生了什么事情，并最终彻底弄清这些事情的真相"[1]。"这些事情"，是群众和权力的问题，是"对法西斯主义根源的调查"[2]，这些事情横跨了几个世纪，跨越了不同的文化，后来他一直在追索探讨，直到 1960 年。

卡内蒂开始把**笔记作为一种思考、写作和生活的形式**（思考和写作**过程**的形式，而不是刻在石头上的箴言——"劈！真理；啪！箴言"[3]）。卡内蒂自称"不写纯文学作品"，在写作笔记之前他早已开始撰写文论集《群众与权力》。[4] 它们绝不像**卡内蒂**所宣称的，只是撰写主要作品的一个"出口"，而是他的"另一种过程"——他"扼住这个世纪的喉咙"的**另一种**尝试。为了公正地对待这样一个世界——当这个世界上"不再有任何韵律"，当这个世界上发生了最可怕的事情，当这个世界上传统还有效但没有意义，[5] 当这个世界上最私人的生活不断被集体的灾难所破坏和动摇，个体时间不断地被历史时间所侵蚀——为了公正地对待这样一个世界，所有个人的、政治的、文学的可以共同存在、相互评论和受到考量，那么这样的记录形式，也许比其他任何形式都更有必要。

"德国已经向俄罗斯宣战。——下午在游泳学校"，弗兰茨·卡夫卡在 1914 年 8 月 2 日的一篇著名日记中如是写道，这也算一则笔记。历史

1　埃利亚斯·卡内蒂：《卡内蒂笔记 1942—1948》，前言，第 7 页，慕尼黑，1965。

2　在与霍斯特·比内克（Horst Bienek）的对话中（《卡内蒂全集》，第 10 卷，第 169 页，1965），卡内蒂说："我当时的主要工作是调查法西斯主义的根源，这就是《群众与权力》的意义所在。为了了解所发生的事情，不仅仅是作为一种时代现象，而且要了解其最深刻的根源和最广泛的影响，我禁止自己从事任何文学写作。"

3　彼得·冯·马特（Peter von Matt）：《埃利亚斯·卡内蒂的奇妙警句》，载 *Merkur*，1990 年 5 月，总第 454 期，第 398 页。

4　参见斯文·哈努舍克：《卡内蒂传记》，第 175 页。

5　参见苏珊娜·吕德曼：《无意义的有效性——弗兰茨·卡夫卡和吉奥乔·阿甘本的法则构建》，载《德语语文学》期刊，2005 年，第 4 期，第 499—519 页。

大事和个人琐事之间的巨大差异中，却有着千丝万缕的联系，这些联系通过这个简洁的标点符号得到了最好的体现，这个分隔符同时也是一个联结符。把各种思想放在一起，"是为了使它们不要连接在一起"[1]，也是卡内蒂笔记中的一种运动形式。"对我来说，用通常的现实主义手法来把握世界，似乎不再可能了。"他在接受霍斯特·比内克关于他的小说《迷惘》的采访时说："可以说，世界已经在所有的方向上分崩离析得太远。"[2]

这种诊断的一个结果——不是因为个人**没有能力**合成，而是因为在20世纪不可能合成——也是笔记这种写作形式，因为它试图适应这个渐行渐远的世界。

在完成《群众与权力》后，他还梦想要继续创作的小说作品没有再出现。然而，关于"非为出版"的书的梦想，关于要在**身后**留下"秘密作品"的梦想——这个作品他不给任何人看，以便可以随性地写（1968年7月24日，第125页）——可以追溯到完全存在的笔记的"核心文字"而不是不存在的小说。当他在公开场合畅谈正在创作的伟大作品时——他号称同时创作至少五部小说，以及《群众与权力》第二部（也不存在）——实际上直到去世之前，他一直在不知疲倦地写着那些笔记，其中就包括现在的这些卡夫卡笔记。

1　埃利亚斯·卡内蒂：《卡内蒂笔记1992—1993》，《全集》第5卷，第400页。
2　埃利亚斯·卡内蒂：《卡内蒂全集》，第10卷，第164页。

笔 记

1946—1966

1946 年 1 月 17 日

没有什么比一个生来就相信的人持续的怀疑更可怕，人天生就是相信别人的。人的每一步都在逃离怀疑。（卡夫卡）

卡夫卡有他的克尔恺郭尔，在他身上能找到自己，认出自己。而我有布莱克。

1946 年 12 月 30 日

通过明确而使事情变得不明确：卡夫卡的天分。

卡夫卡就连对女人也了如指掌，还有什么是他不知道的。

1947 年 6 月 25 日

衣服的失败是自己的失败。卡夫卡对晚礼服的抗拒。

我对**卡夫卡**所了解的一切，使我幸福也令我不安。他的威名使我幸福，这是不容置疑的；他真的完全没有作家的虚荣，他从不炫耀，他也不会炫耀。他把自己看得很低，也总是迈着小步前行。无论他把脚踏在哪里，都会对那片地面有不确定感。无论他和谁在一起，他都受不了，他受不了任何人。于是他放弃了作家们的欺骗和迷惑伎俩。而他们身上令他舒适的光芒，则进入了他自己的文字。人们只能和他一样迈着小步前行，从而变得谨小慎微。在近现代文学里，没有人比他更谨小慎微了。他削减了每个生命的傲慢，读他的文字，每个人都会变得高尚，却又不傲慢。传教士以感化别人为骄傲，但是卡夫卡却放弃了传教。他不会把他父亲的信条传递下去。他那奇特的固执性格，他最大的天赋，可以打破父子间代代相传的信条。他避开了它们的暴力，这外在的**猛兽**一般的威力，在他这里化解，而内在的密度则更让他关注，这些信条促使他**思考**。在所有作家中，他是唯一没有染上权力，也不施加权力的。他解除了上帝那最后一点父性，剩下的是思想的坚不可摧的密网。它适用于生命本身，而不是用来要求生命的制造者。别的作家模仿上帝，举止也如同造物主。卡夫卡从来就不想成为上帝，也从来不是个孩子。他身上令人震惊、也让我不安的，是他稳定的**成熟状态**。他思考，却不控制别人，也不玩弄别人。[1]

1947 年 7 月 6 日

我今天夜里读完的这本卡夫卡传记[2]，以一种深刻而又奇特的方式打动了我。"在世"的作家里，卡夫卡是唯一与我贴近的，我对他像对一个老人一样欣赏。我感到他似乎还活着，不是因为他现在即使活着也才 64 岁，而是因为他就像是我们这个世界的人，而且越来越像，或者不如说，世界变得越来越像他。他无论在什么状况下，都没有任何多余的东西，每一个细节都很简单。他具有清教徒的某些特点，又更像一个犹太人，也许称他为以赛亚人最准确，他所代表的是清教徒的古犹太形式。1930 年冬天，我正在撰写小说《迷惘》——它那时当然还没有名

1　参见埃利亚斯·卡内蒂：《人的疆域》，见《卡内蒂笔记 1942—1985》，《全集》第 4 卷，第 133 页。

2　也许是马克斯·布罗德的《弗兰茨·卡夫卡：传记、回忆与文件》，布拉格，1937。

字——我初次接触了卡夫卡。我在兰伊书店[1]里买了《变形记》和《饥饿艺术家》。我为《变形记》着迷，它在我眼里是完美的。我当时在阅读司汤达的《红与黑》德语版，除此之外，那个冬天没有任何别的文学著作如此接近我。我记得，当我正写到基恩——那时候还叫康德——的病房时，我读到了《变形记》。无疑它影响了我这篇小说第一部分之后的进展，我一直在心里暗暗意识到它的影响，因为我除了《饥饿艺术家》之外，既没读过《审判》也没读过《城堡》，所以每当有人提起这两本书的影响时，我总是很生气，会不假思索地否认。今天我觉得，倘若没有《变形记》，基恩会僵化成石头，他与苔莱瑟在房子里最后的冒险会以另一种方式发生。从《饥饿艺术家》整个小说集里，我只记得冠名的这一个故事。我把它念给薇查[2]听，没有给她留下什么印象。小说结尾处饥饿艺术家出现了失声的状态，在《迷惘》中也有同样的剧情，基恩"在理想的天空中"遭到强暴的搜身后也说不出话来，他失望地躺在地上，却仍旧在渴望着他的钞票。

我要说，卡夫卡的这个影响不可能很大，也许他在精确和缜密方面鼓励了我，而这是因为我过于迂腐而使自己早已陷入其中。当初幸好我既没读《审判》也没读《城堡》，不然我可能会陷入其中不能自拔。

1948 年 1 月 28 日

言语、感受和怀疑的世界：乔伊斯、普鲁斯特和卡夫卡。[3]

1　理查德·兰伊（Richard Lanyi）书店位于维也纳凯特纳大街 44 号。卡内蒂从 1924 年到 1938 年逃亡去英国前一直住在维也纳。自 1930 年起他开始写作自己的第一部长篇小说《迷惘》（初版于 1935 年），小说的主人公是汉学家及书籍收藏家彼得·基恩，在原稿里曾叫康德。
2　薇查·卡内蒂（Veza Canetti，薇内提亚娜·陶布纳-卡尔德隆，1897 年 11 月 21 日生于维也纳，1963 年 5 月 1 日在伦敦去世），女作家和翻译家，1934 年与埃利亚斯·卡内蒂结婚。
3　1948 年，卡内蒂撰写了演讲稿《普鲁斯特—卡夫卡—乔伊斯》，参见本书第 215—237 页。

1950 年 3 月 30 日

卡夫卡，细节的巨人。

1951 年 1 月 13 日

顾虑与亲密。（卡夫卡）

1951 年 3 月 6 日

我问自己，为什么现代文学中那些享有盛誉的人物对于我没有任何意义。萧伯纳在我看来就是一个愚蠢的笑话，纪德对于我无足轻重，艾略特让我讨厌，曼氏让我觉得乏味；瓦莱里是个例外，他是所有人里唯一能让我得到*消遣*的。不过，我必须说，卡夫卡和普鲁斯特即使在今天也依然活在我们心中，我对这两个人的崇敬只有逝去的古人可比。

1953 年 12 月 25 日

卡夫卡有两处很奇特，是相互关联的（写于紧接着的前后两天：1917 年 10 月 19 日，10 月 20 日）。

心理学的问题都是源于急躁
人类所有的错误都是由于急躁，是方法论上的过早断裂，对表面事物的明显干预。

人类有两大罪过，其他所有的罪过都由此而来：急躁和懒散。

由于急躁，他们被赶出伊甸园，由于

懒散，他们再也回不去。不过也许归结起来就是一大罪过：

急躁。由于急躁，他们被赶出来，由于

急躁他们再也回不去。

我的耐心和我的懒散一样不可估测。

1953 年 12 月 27 日

卡夫卡是没有营养的，但是他有着生物的无尽的**沮丧**。他通常会成为**被驱逐或威胁**的人，他感受到的威胁，不是游戏。他身上从来不会潜入一点人们平时显露出来的优越感，即使他玩笑着把自己和最弱小的受害者放在同等的位置上。他是一个受害者，以至于他永远都只从受害者的角度看待自己。他不会怜悯，因为怜悯的前提是一个庞大而强健的生物去接受渺小、脆弱。怜悯是力量和接受。而他**将会**变得脆弱，体会强者的威胁，这强者是他通常看不到也摸不着的。他从不探究权势，那对于他太强大了，但是他会痴迷地把它记住，从不回避它。他大概知道，这是无法战胜的，但是会一直都在。对于强权的意识，贯穿他的全部作品，以及他写下的所有文字。他的态度的一贯性在整个世界文学史上也是独一无二的，可以得出一个几乎不会出错的假设：他是死于这个一贯的态度。

1953 年 12 月 28 日

卡夫卡只给人骨头，但是这些骨头已经被啃得干干净净。

对我来说，到了 1948 年夏天，我才**真正**认识卡夫卡这个作家，包括《城堡》和《审判》，当时弗里德尔[1]又回到我这里，我们度过了几个月世俗的、快乐的、对于我来说唯一充满欢乐的时光。在成熟的意义上说，卡夫卡真正和我在一起只有五年。每次把他的书拿在手里，我都无法不想起弗里德尔，不过我有时候也会想起史坦纳[2]，我经常和他一起谈论卡夫卡。也许 K 对于我比对于别人越来越有吸引力，更加具有可读性，因为那几个月里我的不可置信的快乐也融入卡夫卡身上，因为他让我想起了最重要的两位逝者。此外，很有可能史坦纳也是与卡夫卡类似的，即使是外观上——他的出身、他羸弱的身体、他的早逝，尔后又被作为卡夫卡的信使去见弗里德尔。他密切关注着她生病的过程，却比她还早 4 个月去世。他们与卡夫卡的联系是如何与我的命运交织在一起——与我最近这段时间——我说不出来。我想，这本该由我自己来判断。

1960 年 5 月 23 日

帕韦塞是介于卡夫卡和我之间的角色。你不必去碰他的名字切萨雷，无数的狗都叫这个名字。真正的作家是他那个时代的狗。

1963 年 1 月 24 日

从荷马到卡夫卡，他把一切都装在罐子里。

––––––––––

1　弗里德尔·贝内迪格特（Friedl Benedikt，1916—1953），作家，卡内蒂的情人。

2　弗兰茨·拜尔曼·史坦纳（Franz Baermann Steiner，1909—1952），卡内蒂流亡英国时的朋友。

1964 年 12 月 14 日

我对卡夫卡每一行文字的喜欢，甚于我的整部作品，因为他，只有他，不带一丝浮夸。

只有在爱情中，才有浮夸的余地，浮夸是一种渗透整个人的阳刚气质。我不相信，卡夫卡能让一个女人真正欢乐。我也是年至五十八岁才尝到滋味，以前我都是举双手双脚反对，在恋爱中我只体会到嫉妒，而这样的爱情体会太少了。

每当想到卡夫卡时，我自己的反应便是乏味，就像所有生活在地球之上的动物的反应一样。要成为一个人，必须像卡夫卡那样变成一只虫，只能爬行，生活中一切都注定失败。必须做计划，而这些计划最终都不能实现。必然早死，就算他自己不乐意。人活着的短暂岁月，大部分必然都是病态的，必须逃离强者，遁入地下。

1964 年 12 月 26 日

和卡夫卡一样，我做不到。他的境界是无能为力，为此人们必会永远爱他。

对于我，我的王国是权力，人们对我只会感到厌恶，因为只要不沉迷于权力，就没有人会恨得要摧毁它。

卡夫卡罕有的天性（本世纪最高贵的）却逃脱了权力，于是在他的一生中**没有什么**让他感到羞耻，也因此他在特别的纯真状态下过早去世。

我不得不承担所有的罪责，而且是我最讨厌的，为了不增添任何罪责，为了不忽略任何与罪责有关的东西。

1965 年 5 月 6 日

普鲁斯特—乔伊斯—卡夫卡

奇怪的是，本世纪最重要和最有影响力的作家，都深深执着于日记这种形式。普鲁斯特的那部作品，世界文学里内容最丰富的回忆录，由数十年的日记发展而来，无疑受到日记体作家圣西蒙的影响。乔伊斯把每天的感知推到新的极致，乃至对瞬间的感知，达到了一种共时性。卡夫卡充分展示了他对日记的热情，日记是他最喜爱的读物，他对这种读物的贡献，值得花时间探究一下。他自己也留下了一本值得认真研究的日记。日记的尊严在我们所理解的现代派文学的分支里，达到了最高的水平。倘若对此还有异议，那简直是不可想象的，是疯狂的。

1965 年 7 月 6 日

我昨天读了罗布-格里耶[1]的几篇理论文章，他让我完全冷静下来。他所说的人类**之外**的物质世界，只有通过人类才能达到。如果他要描述这个世界，又怎么把自己排除在外呢？对角色的拆解，比之前的小说家更像全知的上帝。区别仅仅在于，小说家以前把他的全知分配到几个角色身上，而现在只有他一个人。他把全知藏在事情后面，并不意味着全知不存在。

当他说到人物的逐渐衰退，直到卡夫卡的 K，他忘记了，卡夫卡在这里表达的是非常人性的东西，即无能为力。

1　阿兰·罗布-格里耶（Alain Robbe-Grillet）：《一部新小说的论据：散文集》，慕尼黑，1965。

1965 年 7 月 10 日

　　引人注目的是，本世纪重要的文学著作都是如此**个性化**：普鲁斯特、乔伊斯和卡夫卡，相互之间完全不同，但是有一个共同点，他们都与自己、与最具体的经历非常接近。

　　"客观"小说，如同福楼拜或托尔斯泰的小说，对于他们已经失去意义，尽管这种小说很流畅，但并不足够，他们关注更微妙的个人体验。他们每个人都是自己的主角，即使如普鲁斯特这般有极高的人物塑造能力的人。他们全都从属于一个非虚构的"我"。

1965 年 7 月 11 日

　　发现一种语言，它是如此清晰，以至于变成了一个秘密。（**不像**在卡夫卡的文字里，除了他的实质，**没有**说话人的实质。）

1965 年 7 月 17 日

　　我早就知道，乔伊斯根本无法令我感动。我也早就知道，卡夫卡是我心目中真正的作家。只不过我和他不同，所以他不会让我筋疲力尽。我早就预感到，普鲁斯特是三个人里面最伟大的，他现在对我的影响尤其大，因为我脑中充满了自己未开放的回忆。但是我也知道，我走向回忆的道路和他的不可能相同。（他具有病人的敏感，而我是健康人的野蛮，年过六十了还经历了最伟大的恋爱激情。）在我的一生中，一切都**推迟**了，最重要的，同时也是最自然的东西，我现在才认识到。我之前所想到的任何事情，我只是接触到，因为缺少最重要的东西。对于一个乐于以抗拒面对人群的人来说，对于性的蔑视，是一种幸运。但是对于一个作家则并非运气（他也许从青年时代开始就不再是作家了）。

于是，从回忆到现实的比例与普鲁斯特的完全不同，而我必须用我自己的方式去找到它。

自从阅读这三人的作品以来，发生了一些别的事情，我只能从偶然的片段中看出来。也许已经找到了我现在该做的事情，也许我作为小说家其实什么都不必做，也许我要做的是全身心投向戏剧，我现在就深陷其中，因为没人愿意听我说话。

1965 年 8 月 14 日

也许有很多方法可以回避艺术中的传统陋习，但是只确定唯一的一个，很快也会同样乏味，没有什么比艺术中的影响力的争执更无聊和荒唐的。例如乔伊斯的成名方式，有着某种难以形容的不体面，与同时期发生的政治生活中的某些运动密切相关。普鲁斯特的不同之处在于，他的成名不依赖于任何党派或教派；但是最纯洁因而最没有恶意的名声是卡夫卡的。

我现在也体验到了名声带来的影响，尽管程度要小得多，但让我心里充满了无法形容的厌恶。应得的、有权利得到的人，薇查，却成了这名声的受害者，已经不在人世。

出于唯一的原因我认为名声是一种假象：它有助于增强人们对死亡的反抗，而我自己就是有意识地代表死亡的；这些人只听信"名字"。

1965 年 8 月 17 日

"为什么我不像……一样写作？像谁来着？"

给某人提出的这个任务，现在让我兴奋，我开始相信，任务对于我是好事。

但是不像谁呢？卡尔·克劳斯？司汤达？果戈理？陀思妥耶夫斯

基？斯威夫特？卡夫卡？有多少榜样可以效仿，或者说至少有多少影响！在哪个领域！如果涉及戏剧领域，我要说：不像阿里斯托芬，不像毕希纳。

如果在思想领域，我要说：不像霍布斯，或者弗洛伊德，或者更进一步，不像布克哈特。但是说笔记，我几乎说不出谁，我得说**所有**做过笔记的人：帕斯卡、尚福尔[1]、儒贝尔[2]、利希滕贝格[3]和赫贝尔[4]。

让我兴奋的是，我必须按照**榜样**的本质认真地思考这个问题。

1965 年 9 月 2 日

假如说在某一点上我必须要感谢斯韦沃的话，那就是我感受到了乔伊斯的温暖。其他时候我在他身上感受不到任何温暖，他让我感到冰冷。

每当我想到我对普鲁斯特和卡夫卡的近乎偶像崇拜的爱，都觉得很奇特。

我越来越相信，乔伊斯不可能长久留名。

1966 年 2 月 22 日

我想，在我早期的作品里，超现实主义、存在主义和荒诞剧的元素是并存不分的，而根源在于阿里斯托芬、塞万提斯、果戈理，当然还有卡尔·克劳斯。后来还加上毕希纳和卡夫卡的短篇《变形记》《乡村医

1　尚福尔（Nicolas Chamfort，1740—1794），法国剧作家，法兰西学院院士，以其口才和格言著称，代表作有《格言、警句和逸事》《莫里哀赞》等。译者注。
2　儒贝尔（Joseph Joubert，1754—1824），法国文人，以身后出版的《随思录》闻名。译者注。
3　利希滕贝格（Georg Christoph Lichterberg，1742—1799），18 世纪下半叶德国启蒙学者，物理学家，讽刺作家，其《格言集》备受推崇。译者注。
4　赫贝尔（Friedrich Hebbel，1813—1863），德国现实主义剧作家、诗人。译者注。

生》和《饥饿艺术家》。德国表现主义作家也只有卡尔·克劳斯对我产生了影响。直到今天我都没有读过施特恩海姆 [1]，我对他一无所知。

如果要谈谈早期的三部作品，我要感谢一个事实，我从不属于现代派文学的任何一个潮流，我的榜样都是我自己找到的。

1966 年 3 月 3 日

只有那些英年早逝的作家，比如毕希纳和特拉克尔，才保留了感知的纯洁。其他所有人都逐渐把感知变成了经验。单看这方面，可以说，卡夫卡也始终不变，他从一开始保持着自己的统一，与他的年龄一致的统一，免得老了以后还要恢复青春。

1966 年 4 月 21 日

但丁的行为让我越来越觉得怪异。谁会和他一样，把我们这个时代的名人都汇聚到一个这样的法庭上，就像他的诗里描写的那样？

在当今最难做到的，就是审判**自己**，倘若他真的能做到时，他会多么骄傲！

无人再有判官的那种正直和可信。

判官自身已变得可疑，没人相信他。没人相信他，他居然会不为此感到羞愧。对于卡夫卡来说，这种羞愧是根本性的 [2]。

1966 年 6 月 18 日

他能花很长时间来怀疑，他不会成为卡夫卡。

1　施特恩海姆（Carl Sternheim，1878—1942），德国表现主义剧作家、小说家。译者注。

2　参见埃利亚斯·卡内蒂：《汉普斯特德补遗》，《卡内蒂笔记 1954—1993》，《全集》第 5 卷，第 184 页。

1966 年 7 月 5 日

要专注于一件事："但是这样的**一件事**并不存在，因为并没有纯粹的一件事。""当然，如果这种混乱存在于事物内部，那也是合理的。但是总有一些别的事。那些由外力决定的跳跃，从一根树枝跳到另外一根，从一棵树跳到另一棵树。这些跳跃的动作可以逐渐放慢，减少，甚至完全停下一段时间。""就像在卡夫卡的文字里，放慢是非常关键的。它取决于犹豫的**规律性**。""也可以通过**改变**速度来进行。""这样就失去了卡夫卡特有的纯粹**质感**。他的规律性就像来自一种特别的材料，从语言的清晰和宁静中，产生了他创作的模糊性。一切看上去好像都来自单一视角。模糊性存在于被表现的世界，而不在表现者那里。这是一个极为奇特的效果，可以称之为平淡无奇的卓越。卡夫卡真的只坚持这一点，不过这一点就是**全部**；如果他允许戏剧性的跳跃，这一点就不可能是全部。他自己就是甲虫，但是他的甲壳从来没有变硬，他全身一直都保持敏感。"

1966 年 7 月 25 日

一个"私密的"生日，不像去年六十岁时那样。今天收到赫拉[1]寄来的两包书，其中一包里是一本极其精美的鸟类书，另一包里是我期待和渴望已久的系列丛书。有卡夫卡的《城堡》，我很久以前丢失了一本，

1　赫拉·布绍尔（Hera Buschor，1933—1988），自 1960 年起在苏黎世担任艺术品修缮师。20 世纪 50 年代末，卡内蒂和赫拉·布绍尔在汉普斯特德相识，赫拉在那里为卡内蒂熟识的修缮师约翰内斯·赫尔（Johannes Hell）工作了一段时间。两人于 1971 年结婚，1972 年，埃利亚斯·卡内蒂从伦敦搬到苏黎世，他年轻时曾经在苏黎世度过了一段时光（1916—1921），但是他把汉普斯特德的房子一直保留到 1988 年，在这期间还会定期地回去小住。

《美国》也被我弄丢了，赫拉自己随身携带了十三年的《美国》也是如此，我相信，这是她最爱的书，起码也是她最喜爱的卡夫卡作品。还有陀思妥耶夫斯基的《死屋手记》——我和她七年前谈过的第一本书，当时有赫尔在场，她读的是我推荐的版本。这本书对赫拉来说，是在赫尔和我之间搭建的一座桥梁，他曾经多次向她讲述自己被囚禁在西伯利亚的情形，在他们认识之前，他也曾经和我说起。就是因为这篇小说的缘故，她才爱上了他。最后是两本非常精美的书，里面有关于深海矿物和生物的彩色图片。她送我的礼物是多么的丰富，这些礼物包围着我，她用她的方式，继续着以前只有薇查才能做的事情。

不过，她的信里还提到一件事情，由于涉及苏黎世，因此也与赫拉有关：我受邀于 1 月 8 日去苏黎世做一场报告。

赫拉在信里说，她恨不得突然出现在我这里。但是她决定不来，因为这一天属于薇查。我非常赞赏她的这种细致，因为她无法知道，我的**每一天**都属于薇查，就算在我最热烈地爱赫拉的那些日子里。薇查和我一起爱赫拉，她是我们共同的爱人。

1966 年 7 月 30 日

我还什么都没做，但是我感到自己能做些什么，因为我吸收了这么多，上百种不同的书我都感兴趣，我用各种我会的语言阅读诗歌，不会的语言我就读那些诗歌的翻译，我尝试着至少自己进入那个语言里看一看，急切地一口气学习几百个单词，好像自己还二十出头。我看所有有关动物的书，听我多年未听的喜爱的动物的声音。我终于把床边那本黄色的斯特林堡扔出去了，那本书我**从未**读过，它只不过是我母亲的遗物。相反，我在床边设立了一个神奇的小藏书室，里面放着许许多多我最看重的东西。现在那里摆着一卷《奥德赛》，一卷索福克勒斯（《埃阿斯》《厄勒克特拉》），前苏格拉底残篇，苏格拉底门徒（因为犬儒主义者），帕斯卡，司汤达的《红与……》《巴马修道院》《论爱情》、自传作品、《罗马，那不勒斯和佛罗伦萨》，克莱斯特，斯威夫特，布莱克，还有但丁的作品，与其说是为了认识，更多是出于尊敬，还有哈曼、《圣经》英语版和德语版、庄子、布须曼人民间传说集[1]、约翰·图里的拉普书[2]、《伊利亚特》、阿里斯托芬、波德莱尔、特拉克尔、《死亡面具》[3]、莎士比亚、利希滕贝格、卡夫卡除信件外的所有作品、拉伯雷（他的作品我还没有读过）、西班牙流浪小说、《堂吉诃德》、果戈理的《死魂灵》、陀思妥耶夫斯基的《死屋手记》。还有几本也可以列入我的文学圣殿，只是没地方放了。这里还缺毕希纳、荷尔德林、陀思妥耶夫斯基的《群魔》、霍布斯的《利维坦》、《呼啸山庄》，还缺普鲁斯特，我必须把他放进去，还有内斯特罗伊，以及索福克勒斯、埃斯库罗斯和欧里庇德斯。更不用说历史学家希罗多德、修昔底德、塔西佗，还缺孔子、老子、列子的语录，还有果戈理的短篇。出于感激，还应该有卡尔·克劳斯的《人类的末日》；出于强烈的喜爱，还有法国的道德作家拉罗什富科，乃至儒贝尔，也许还有钱拉·德·奈瓦尔。尽管如此，现在我最重要的书籍里的大部分可以让我靠着安睡，醒来时，我就从中抽一本出来细细品读。我早上第一个读到的东西，终于不再是报纸了。

但丁我读得太少，拉伯雷我几乎没有读过，我想说：他们的书已经摆在那里，因为我经常会想到它们，我知道，它们对我会非常重要。但是这个改变代表着，我的生活开启了一个新的工作阶段。我把斯特林堡

1　布须曼人原为非洲部族，被荷兰殖民者称为 Bushmen，意为"灌木丛里的人"。布须曼人民间传说（Bushmen-Folklore）是 19 世纪中叶研究非洲语言的英国学者 B. 布雷克（Bleek）记录的，故事大都带有神话色彩。译者注。

2　约翰·图里（Johan Turi, 1854—1936）于 1910 年撰写的关于北欧拉普人生活的民族志。译者注。

3　此处应当是指马克斯·皮卡德（Max Picard）的《最后的面孔：从莎士比亚到尼采的死亡面具》（*Das letzte Antlitz. Totenmasken von Shakespeare bis Nietzsche*），1959 年出版于慕尼黑。译者注。

扔出去的时候，赫拉也在场，这个行为是对她的一种致敬，她也把这理解为我的宣言。

除此之外，和以前一样，还有一系列来自各民族的神话，其中新列入的是佛教本生故事的完整版德译本，大约四十卷，包括一个同样长的动物丛书。

再加大概上百本书，就可以**活下去**了，不过书不是太多也好，因为这样我也更有兴致把它们重读一遍。

我也想有朝一日跻身于这个书单，这是一种狂妄的野心。不过，既然我感受到这种力量，多年来第一次思维如此活跃，这个想法也就不算狂妄。我要写下一些文字，它们赋予我权利置身于众神之列。我相信我会写出来的。

我属于那种在开始做事前必须敲打出巨大动静的人，那种必须事先夸张地宣告天下，才**能够**做得出事的人。

我怀着羞愧想到卡夫卡，他从来都是反其道而行之。他这种方式的人不多，大部分人更像我，夸张、炫耀、自命不凡。

在这方面我步希腊人的后尘，他们是自己的预言家，可是不幸的是，除了普鲁斯特以外，所有的一切绝对都在与希腊人相比。

1966 年 8 月 4 日

陀思妥耶夫斯基的《**死屋手记**》：第一感觉是令人困惑。人们已经习惯于卡夫卡和他的秩序。卡夫卡的混乱绷在秩序的表层后面，而在陀思妥耶夫斯基这里，表面本身就是混乱。

起初人们认为，今天可以写得**更好**，不过这会不会是假象？

有些最本质的东西会不会因为这种秩序而丢失？

夸张和强烈我都不反感，两者我都喜欢。我也不介意长久而热切的气息。困扰我的是**形式**上的混乱。但是也许这恰恰是陀思妥耶夫斯基的本质：热情，不到最后一个词，都不可预测；无序，一直保持冲动和受伤。

那些伟大作家的营养是很奇妙的。沃尔特·司各特给多少人提供了养分，他那虚伪的秩序、光滑的表面，以及过于注重现实。

但是在你根据将近五十年前的记忆对他进行判断之前，你难道不应该再读一读他吗？毕竟我也不再读狄更斯，但是不用任何考验，他却一直和我在一起。

非常奇特的是作家中**道德**的来源。席勒构筑了陀思妥耶夫斯基的道德，八十年后又构筑了我的道德。

而疯狂则通过爱伦·坡来到我这里，他从 E. T. A. 霍夫曼那里学来，而果戈理又从他那里学。我同时学爱伦·坡和果戈理，所以学了双份。但是我也借鉴了陀思妥耶夫斯基，他也从果戈理和霍夫曼那里获益。

这些奇怪的纠缠：我偷师果戈理，这一点我从来都知道。在那之前我读过陀思妥耶夫斯基，但是却从来没有感觉自己在向他学。

我的**章法**源自司汤达，在那之前是源自《奥德赛》，而最近则源自卡夫卡。

我的章法是**妄想系统**，所有的。在这方面我比以前大部分人都要坚定。

卡夫卡的章法是行进的艰难，是"一步步的行走"。（就像孩子学步，却适用于**一切**。）司汤达的章法就是对爱情的分析？——那是不够的。

1966 年 9 月 7 日

只需连续阅读卡夫卡的两个句子就够了，就会觉得自己比他看自己更渺小。他自我弱化的热情会传递给读者[1]。

自从那些事情发生以来，全世界没有人再会是同一个人，也不会有人和过去的人一样。比如说，不会再有一个像卡夫卡这样的作家。

不会再有一个人这样单纯，因为这样单纯的人怎么可能活到今天。

九年或十九年前卡夫卡去世了。[2]

1966 年 9 月 9 日

每当我想到死亡，最令我难受的一点是，我不得不和卡夫卡分开。

在卡夫卡面前，**每个**作家都是微不足道的。我好奇的是，他又会在谁面前感到微不足道。

危险的简化：只有在他这里，简化才不是危险的。

他们就算使用寓言这个词，也无法扼杀卡夫卡。[3]

成就了卡夫卡的主要原因在于他**没有**意图，他成为作家不是出于动物的意志，而是出于假定的虚弱。

啊，把那些疯子都留在他身边吧！我自己也属于那些疯子！

1　参见埃利亚斯·卡内蒂：《汉普斯特德补遗》，《卡内蒂笔记 1954—1993》，《全集》第 5 卷，第 192 页。

2　弗兰茨·卡夫卡于 1924 年 6 月 3 日去世。九年后纳粹在德国掌权，十九年后卡内蒂一家在伦敦流亡时最早得知了集中营的事。

3　60 年代，日耳曼语言文学界普遍把卡夫卡的作品归为寓言，尽管卡夫卡从未对自己作品的体裁使用这个称谓。

所以我过去一直这么说，我任何时候可以读任何词句的仅有的两个作家：司汤达和卡夫卡。

太快则无情，而卡夫卡是慢的。

信仰只有披着怀疑的外衣，胆怯地迈着怀疑的步子，才能忍受：卡夫卡的吸引力。

他什么也不承诺，也不会承诺什么，还没允许自己承诺，他就已经去世了，就算他如此渴望祖先的承诺。

1966 年 11 月 21 日

读关于卡夫卡的文章我永远也不嫌多，但是我只读那些真正了解他的人写的文章。

1966 年 11 月 26 日

我读过所有的神话和传说，但避开了犹太人的。我的门口就摆着几本，在我房间里已经十二年了。我每天从它们旁边走过，却回避它们，我想不起要去打开它们。我是蔑视它们吗？害怕它们吗？我想，这不是蔑视。犹太人的一切让我心里充满了恐惧，因为我可能会沉湎其中。那些熟悉的名字，那个古老的宿命，穿透灵魂的提问和回答的方式。我该怎样对**一切**保持开放，如果我完全深陷于我自己的归属。这几天我一直沉浸在这些传说中，乐此不疲地阅读它们。我强迫自己，不再每天读上百页。倘若依着我的兴致，我宁愿日以继夜一卷接一卷地读下去，直到我把手边的五卷的内容全部熟读。我喜欢同一个故事的不同变体，把其实相同的故事进行修饰。于是我发现与卡夫卡最接近的一点，他就是这种故事的**延续**。这些也是**我的**故事，夸张开始的地方，到处都能认出我自己的精神。上帝在这些故事里，比在《圣经》里，让我喜欢，少一些狂热，多一些人性。也经常会提起动物，《圣经》里极少提到动物。最美的是同一题材的不同变体，就好像那些流传的故事有多重意义，而所有的意义都同等重要。而承载一切、绝对满足一切的道德，是令人敬畏的。它不再单调乏味得听上去像布道，而是教诲和解释，可以感觉到在社会上有为数不多的几个男人，他们每个人都在思考，都在力求公正（他们的手总是在掂量词语）。自从我活着，就一直在寻找这些人。我只找到了一个，索内，我这里读的一切，听上去好像都来自他。[1]

1966 年 11 月 28 日

　　我太粗鄙，卡夫卡的疑虑从来不是我的，我谦卑地向他和他的疑虑鞠躬。

　　我希望一切都变得强大，我是如此痛恨死亡，如此热爱生活。[2]

1　亚伯拉罕·索内（Abraham Sonne，原名 Avraham Ben-Yitzhak，1883—1950），抒情诗人，文学评论家。卡内蒂 1933 年在维也纳与他相识，一生中对他十分崇敬。参见《眼睛游戏》第二部分，标题为《太阳博士》，《全集》第 9 卷，第 85 页。
2　参见埃利亚斯·卡内蒂：《汉普斯特德补遗》，《卡内蒂笔记 1954—1993》，《全集》第 5 卷，第 197 页。

笔记与信件

1967—1968

写作卡夫卡研究文章时期

1967 年 9 月 2 日

卡夫卡给菲利斯的信件（刊在今天出版的《新评论》里）[1]，像他的小说一样，与我如此贴近。也许我直到现在才能感受到他所擅长的温柔。最打动我的，是这温柔的胆怯，而我为我的热烈和激昂羞愧。他是那么在乎她，在她面前变得软弱，想了解有关她的一切。按照她在柏林所住的街道，他在信中引用了一个演员朋友洛维[2]的描述言语，在信中记录下来。他想知道，她在办公室里穿什么样的裙子，却不愿向她描述他在自己办公室里的工作。但是每天的时间安排他还是描述得很精确，当他说起他的"写作"时，我们想必会感到震撼。

他在局促中写作，也许这正是他伟大的前提。那些无法满足的愿望。他的瘦弱，他是他认识的人里最瘦的。他的睡眠很差。他父亲把报纸举在眼前，为了不看他吃东西。这让他很反感，以至于他只吃素——他羡慕妹妹和妹夫——他永远也不想要孩子。

在一封他并未寄出的拒绝信稿中，有这样一句话：

"请您尽快忘记我这个鬼魂，祝您和以前一样生活愉快安静。"

后来，后来，在撰写《变形记》的这段时间里，他写了三封信。第一封，1912 年 11 月 23 日，是这样开头的：

"最亲爱的，我的天啊，我是多么爱你！现在已经夜深人静，我把

1　第三期《新评论》Jg. 78（1967 年）包含了卡夫卡给他的第一位未婚妻菲利斯·鲍尔（1887 年出生于上西里西亚）的书信预印本，以及埃利亚斯·卡内蒂的一篇文章：《访问麦拉》（《谛听马拉喀什》的一章，《全集》第 6 卷，第 7 页起）。也是在 1967 年，菲舍尔出版社出版了关于卡夫卡致菲利斯信件的第一本书《订婚时期致菲利斯的书信及其他信函》，它构成了卡内蒂文章的基础。菲利斯·鲍尔的信被弗兰茨·卡夫卡销毁了，没有保存下来。相反，卡夫卡的信件却被菲利斯·鲍尔于 1936 年带着流亡美国。1956 年，她在财务紧急的情况下将其卖给了肖肯出版社（Schocken Verlag）。1960 年 10 月 15 日，她在纽约的拉伊镇去世。

2　吉扎克·洛维（Jizchak Löwy, 1887—1942），波兰犹太演员和朗诵家。1911 年冬季，她的意第绪语剧团在布拉格巡演，卡夫卡曾经去观看演出。

我的小故事放下，我已经有两个晚上完全没有动它，它自己开始静静地成长为一个长篇故事了。（……）

"我想把它念给你听。是的，倘若能把这故事念给你听，一边念一边还不得不牵着你的手——因为它有点可怕——那将会多美好。故事名叫《变形记》，它可能会吓着你，而你也可能会感谢整个故事。"

当我读到那个故事的内容时，我的心跳都停止了。

1967 年 11 月 28 日 [1]

致鲁道夫·哈尔腾

亲爱的鲁道夫·哈尔腾：

收到了您寄到苏黎世的信，而我刚刚从维也纳回来，抵达苏黎世。

我马上给您回信，好让您知道，没有什么比卡夫卡给菲利斯的信件更令我愿意研究的。在您的《新评论》上刊登的那些，比这些年的任何东西都要打动我。别的我也不了解，因为我手头没有这本书。

不过，在您委托我写这篇文章之前，我想请求您考虑以下问题。我几乎不了解与卡夫卡相关的研究文献，几乎总是回避它，偶尔翻翻这些书，也是带着反感。我现在很单纯地只针对这些信件，对卡夫卡的研究文献完全无法考虑。所以会存在这样的风险：我可能会一无所知就某些问题发表一些其实早有定论的看法。您能够冒这个风险吗？我还担心，这件事耗时不短，可能会消耗我几周时间，但是我不在乎，因为它令我非常兴奋。

若是您依旧愿意，那么就请尽快把这本书寄给我，从 12 月 4 号周

---

1 参见埃利亚斯·卡内蒂：《我对您期待良多：1932—1994 年书信》，由斯文·哈努舍克和克里斯蒂安·瓦辛格编，第 280—282 页，慕尼黑，2018。鲁道夫·哈尔腾（1914—1985）自 1963 年起担任《新评论》的联合主编和总编辑。

一起，我会回到伦敦。

　　[……]

　　十二月我想在伦敦重新好好工作。我现在旅行在外已经失去了整整一个月。我的思想经常去往柏林，我有多少话想和您谈！当然，万一我真的去了，我会马上和您联系的。

　　现在请向艾利和扬斯-彼得致以最诚挚的问候，向您致以最最诚挚的问候

　　　　　　　　　　　　　　　　　　　　您的埃利亚斯·卡内蒂

　　又及：代赫拉向你们致以诚挚的问候。

1967 年 12 月 17 日

卡夫卡

　　很早他就在第一批信中对第一次邂逅作了描述：她**迅速利落**的特点令他印象深刻，包括果断决定一起去巴勒斯坦旅行，以及握手，同样重要的是她飞快地把脚上穿的拖鞋换成门外她那双晾干的鞋。

　　动作缓慢的卡夫卡迷恋她的迅速。他的优柔寡断一直被父亲鄙视，他期待能有她身上那种与生俱来的迅速果决。

　　但是有一点要认识到，优柔寡断恰恰是他的特点。因为他在所有的细节上认识并完全了解每一个情境，不遗漏任何东西，这一点，从他确定与菲利斯第一次见面时的情况，以及他急切请求她补充就非常清楚。

　　她飞快地换好了上街的鞋回来，给他留下了**眼疾手快**的印象。因为卡夫卡不只是喜欢变小，也变化得非常慢。如果他把完全转变作为前提，就必须在所有细节上追踪：它随后就**放慢了**。

　　对于他，迅速变化的时刻可能会是快乐的：他希望能在她那里得到这些。

在这之前，他被那些意第绪语演员迷住的时期，对于他也有同样的功能。菲利斯为他延续了这个时期：很快他就试图介绍她和洛维认识。但是一旦把这种可能性说出来，他又担心这种联系。

1967 年 12 月 19 日

卡夫卡

时间安排

"晚上我的时间安排太紧了。"

"我的未曾使用的睡眠份额……"

"Adieu[1] 这个词，竟有如此的气势。"

"我没有你那么坚定果断……"

卡夫卡的母亲碰巧读到了菲利斯的一封信。这件事泄露了。

"我一直觉得我的父母像跟踪者，直到一年前，我对他们就像对全世界任意一个没有生命的东西一样漠不关心，但是我现在看，这其实是一种被压抑的惧怕、担忧和悲伤。父母只不过想把我们向下拉，拉回到过去的时光，而我们却想从那里向上提升。他们当然是出于爱才这样做，不过这也是可怕的地方。我要停下来，这一页的结尾是个警告，有点太狂野了。"

这是他写作《变形记》的时期。

1　法文词，意为"再见"。译者注。

1967 年 12 月 20 日

　　救救我，卡夫卡。难道你不愿救我吗。你是不是鄙视我的体重、我的情欲、我的肚子？福楼拜难道不是和我一样沉重，莫非他的情欲比我少？——我听到你问，你的作品在哪儿。哦，哪儿都不在，哪儿都没有。但我会不会还是能找到它们？我没死，因为我用激情、热情和奉献去爱，这些是你从未达到的。通往真理的路只能通过禁欲吗？克尔恺郭尔和福楼拜从来都不是我的榜样，但是司汤达、果戈理和阿里斯托芬，他们毫不逊色。

　　写作对我来说也是一种祈祷，我唯一知道的一种祈祷。我的写作过程以死亡终结，现在它还没有结束。你的命数来得太早。我比你活得更久，见证了更多人的死亡。是他们阻止我学习你的禁欲主义。我无法用挨饿来搪塞他们。我并不想比他们**任何人**活得久，所以他们都在我脑中。我可以为他们找到什么语言？我还没有找到。但我不能忽视他们，**于是**我毫无收获。

1967 年 12 月 28 日

　　卡夫卡的**疲劳**令我反感，不过还没有比这更富有成效的疲劳。

1968 年 1 月 6 日

　　《饥饿艺术家》，卡夫卡最神奇的作品之一，我在 1930 年冬天读过，当时我正在撰写《迷惘》。这篇小说现在给我留下的印象不亚于当年。

　　不过，既然我几乎可以确信，在这期间我再没读过此篇，我觉得，看看我记忆里对此还有什么回忆，我现在重读时会有什么新的想法，是一件奇特的事。

　　我尤其记得，饥饿艺术家在结尾时只能低声细语。去除他的声音就意味着去除他的身体。但是我不太记得，他低声说了**什么**，大致是他挨饿并不费劲，对于他没什么大不了，因为他觉得什么都不好吃。当时他的话令我很震惊，今天我也不能说喜欢这些话。甚至可以说，在这个事情上，这是唯一令我不喜欢的。它们有某种赌输了的感觉，不过也许是我没有理解它们。最后关于豹子的那段很精彩，在饥饿艺术家的遗物被清理掉以后，它被放进他的笼子里。这一段我也觉得新，我已经完全忘记了。

　　这篇小说对于卡夫卡也非常重要，得把它和卡夫卡关于自己的瘦削的表述结合起来，在给菲利斯的信中，还有后来给密伦娜[1]的信中都有。

　　顺便提一句，今天我完成了一件令人惊奇的事，我给玛丽-露易丝[2]读了《饥饿艺术家》，她感动得热泪盈眶。她以前无法读到卡夫卡，她请求我给她读内斯特罗伊，我答应了。我在伦敦的时候，每周能见她两三次，因为和她在一起时，我觉得十分无聊，就产生了这个念头，用读书来打发和她在一起的时间，这个想法令我十分愉快，对于我是一种解脱。不过，今天我没有带内斯特罗伊，而是卡夫卡，想读《饥饿艺术家》来试试我的运气或者其实是她的运气。幸好这篇不是很长，我开始的时候，她还没有打哈欠。我朗读的过程中，她没有打一次哈欠，直到我读完了大约一刻钟，她才开始。这几乎可以说是卡夫卡的胜利了。

　　我自己很高兴，现在读卡夫卡读得很多。我会从他这里学很多，再

1　密伦娜·耶森斯卡（Milena Jesenská, 1896—1944），捷克记者、作家及翻译家，弗兰茨·卡夫卡的朋友，有一段时间是他的情人。他写给密伦娜的信件于1952年在菲舍尔出版社出版（维利·哈斯主编）。

2　玛丽-露易丝·冯·莫特希茨基（Marie-Louise von Motesiczky, 1906—1996），居住在伦敦的奥地利画家，埃利亚斯·卡内蒂的朋友和情人。

度成为作家。我也认识到我和他之间的巨大差距，并为我迄今为止所取得的可怜的成就感到羞愧。我会让我的《婚礼》和《群众与权力》免于这种羞愧。

到现在，每当我想到他，我就总是会为我的**运气**感到羞愧。自从我读了他和密伦娜那四天的经历 [1]——真的就是四天，我看待一切都和以前不一样了。

我觉得他后来有一点太过频繁地谈到恐惧。让我觉得疏远的，并非他的恐惧，他由恐惧构成，他就是恐惧，但是他会对它指名道姓，我想，这与他读过的克尔恺郭尔有关，因此有某种文学性。

在小事情上，他的恐惧与我的是有关联的，而在较大的、更高层次的情感活动里，我们的恐惧是彼此不同的。我真正的恐惧总是关乎我爱的人的生命的，如果说我把死亡永远都视为我真正的敌人，这绝不是假话。在这里我更多的是指别人的死亡，而不是我的。

而他对父亲有着偏执型恐惧。父亲碾压他、使他窒息。他试图通过所有可能的办法把自己变小，来逃避父亲。

卡夫卡的确带有一种忧郁症的特征。他试图找到一种属于他自己的、与他的身体相关的、适合他的食物禁令。

他也在为他的身体寻找适当的实践活动：务农、木工或者类似的活动。他对巴勒斯坦的兴趣与此有密切的关系：他在寻找合适的活动。

不过他现在真正的活动是做梦，每当他谈到失眠和睡眠时，就给人一种感觉，其实他说的是梦。他有非常精确的梦。

1　1920 年 6 月底，卡夫卡前去看望密伦娜·耶森斯卡，在维也纳待了四天，在他们平素都是基于通信的关系中，这是唯一一次两个人待在同一个地方。

1968 年 2 月初

今天尝试读卡夫卡的《女歌手约瑟芬》。

极度失望，不过这是因为看的时间不对。

这是卡夫卡对于群众的分析，所以不是他的强项。

新的尝试，会更有成效。

1968 年 2 月 10 日

从六十岁起，他就什么都不知道了，自己都回避"生命"这个词。[1]

对所有比他活得短的人有负疚感。讨好年长的人，为了和他们看齐。

"你们是怎么做到的，还是说这并不是真的？"

K[2]   克尔恺郭尔和卡夫卡去世时，年龄一样大。

----

1   1965 年 7 月 25 日，埃利亚斯·卡内蒂年届六十。如果说他在这则笔记里谈论的是他自己（实际上他也的确谈了自己），那就片面了。卡内蒂在笔记中经常使用的"他"，同时也是一种方式：把自己的生活状况和自己的经验剥离，使之变成另一种经验的叙述核心，变成另一个人的经验，一种具有示范性的经验。弗兰茨·卡夫卡也使用过这种方法，尤其是在马克斯·布罗德汇编出版的《他：1920 年笔记》（《弗兰茨·卡夫卡：一场战争的描述。遗作中的小说、随笔和箴言》，布罗德主编，纽约，肖肯出版社，1946）。其中包含了 1920 年的卡夫卡日记，相应卷册的副本在卡内蒂遗赠的图书馆中。读者会注意到，在卡内蒂遗赠的关于卡夫卡的笔记中，对于"他"所指何人，有几个地方不是很明确：是指卡内蒂，卡夫卡，还是两人都指，或是另指他人。有鉴于此，编辑的任何澄清都可能引起误导。所以，在下文中对相关的段落不作评论。不过，为了消除"我"和"他"之间的界限，此处可参见苏珊娜·吕德曼的前言（第 9 页）；关于第三人称的写作，参见埃利亚斯·卡内蒂：《人的疆域》，《卡内蒂笔记1942—1985》，《全集》第 4 卷，第 61 页。
2   在撰写卡夫卡文章的初期，卡内蒂经常在他的卡夫卡笔记中用 K 来标记卡夫卡，而卡夫卡自己也是用同样的缩写 K 来标记约瑟夫·K（《审判》）和 K（《城堡》）。

为钱写作，是你这个年龄的耻辱。或者说，这只不过是尝试着**逼迫**你进行写作？要是我现在永远保持沉默，不再发表一个字，那我会变成一个更好还是更坏的人呢。我可以耍点手段，为我自己写一本从未有人写过的小说，不向任何人展示，然后把它完成。

"什么都不用说，这就说明了一切！""但是可以说出一切吗？""每个人都可以，但他必须找到谋生的手段。""那**我的**手段又是什么呢？""安于贫穷，毁掉名声，直到没人还认得出你。""我不再孤独。""你为爱情付出的代价！"

K　我现在迷恋上了研究卡夫卡。我同时在看他的信件、日记和故事。迄今为止，只有一个作家让我对其每个动作、每个细节、每个字母和每个气息都感兴趣：司汤达。

卡夫卡和我之间主要的区别也在于，他学习福楼拜，而我学习司汤达，除此之外，我们有共同奉若神明的作家：歌德、伦茨、黑贝尔、克莱斯特、狄更斯、陀思妥耶夫斯基、果戈理、赫贝尔、斯特林堡。倘若我早点认识福楼拜的话，也许他也算。

K　有时候我更喜欢不精确，这样的话，后来的感觉会不一样，会更奇特和出乎意料。

而精确是一个切口，会扼杀成长。

K　你在太多方面与他接近，尝试拿走他最急需的，谎言。他也需要，卡夫卡也需要谎言。

K　忏悔是最深的虚伪。

K　僵硬不能成为流畅的榜样，贫苦也不能成为快乐的榜样。

K　每一种困苦都有它自己专属的快乐，没有一种别的困苦可以取代。

没有办法从结果回到过程。
只考虑过程，不要考虑别的。

K　无论你多么痛恨权力——**无能为力却不是解决方案**。

战争，对于那些不了解它的人。

悄无声息的，随后而来的。

K　《圣经》比卡夫卡更重要，别忘了。

K　也可以更清楚一点。

K　生活的秘密在于浪费而不在于吝啬。
（针对卡夫卡）
最后的儿子。

K　谎言比真理更高贵、更可爱，前提是撒谎者**了解**这个真理。
只有当谎言不了解真理时，才是令人蔑视的。那些轻易脱口而出的，那些聋哑的、盲目的谎言，那些舌上没有真理品位的谎言。

K　夸张也是一种爱。它不必是自爱。

K　卡夫卡对斯特林堡的欣赏，就如同我对卡夫卡的欣赏。每个人欣赏的，都是自己所缺乏的。

K　这一整天和大半个夜晚（现在是夜里两点）我都生活在卡夫卡这里。换作别人，谁受得了这么久，谁还不得恨这个人。

K　如果我了解先知的邪恶，我就不会叫自己埃利亚斯[1]。

K　卡夫卡极富艺术性，他这是和福楼拜学的，极富艺术性却**并非**最高的水平。

K　他缺失的重量和胆怯的步伐。

K　他在寻求对格蕾特·布洛赫[2]的法院判决，格蕾特把他从婚姻中拯救出来。尽管她的孩子不是和他生的，她也感到他欠她的。她比他那无休止的新娘更理解他，她认识到这个婚不值得结，自己**取代**了这个新娘，而没有明确指出必要的过程。

有些人无法想象没有《审判》的世界，他们应该知道，这要感谢格蕾特·布洛赫。

她是一个道德模范，其歇斯底里之处在于，把卡夫卡从错误的人生岔路口引开，自己去接受他。

1　《圣经》中的先知埃利亚斯，又称先知以利亚。译者注。

2　指玛格蕾特·布洛赫（Margarete Bloch，1892—1944），菲利斯·鲍尔的朋友，有段时间帮菲利斯和卡夫卡传递消息，后来她自己与卡夫卡开始了越来越亲密的通信。她把这些通信的内容透露给菲利斯·鲍尔，导致在柏林的阿斯坎尼舍法庭的开庭，以及菲利斯和卡夫卡之间婚约的解除。

卡夫卡具备的良心。

1968 年 2 月 11 日

　　K　卡夫卡的线性：他转动着自己手中紧握的绳子。

　　他那么喜欢观察，观察得那么仔细，在写作时，他从来不会完全丧失自我。也就是说，他从来不会感到没有恐惧，从来不会感到自己无辜。借助于他转动的绳子，他试图远离他的罪责，却陷得越来越深。

　　他唯一拥有的解放工具：**变形为小东西**。但是这种小依旧大，依旧还是他。他在这些故事中达到了他的变戏法的完美：《变形记》《万里长城建造时》，还有《饥饿艺术家》也即将达到。一个人通过高度艺术性的挨饿而成功地离世，这是一个缓慢的过程，不是突然的变形。

　　K　对于他来说，他关于婚姻的想象中最折磨人的一定是，人无法变小遁形：必须总是在场。（小个子也有位置，但是被孩子抢占。）

　　K　他其实并不戏剧性，因为他避免冲撞。他的残酷是一种非斗士的残酷，**事先**就感觉到伤口。一切都切入**他**的肉体，而敌人却毫发无损。

　　关于他的任何说法都是粗野的，但是并不虚假。

　　难以忍受的是一直伴随着他的疾病意识。不论他如何为健康努力，却还是与这意识妥协，他在饮食中的苦行主义令人印象深刻。如果没有苦行主义，他所受的道德折磨就是假的，就不会被当真。

　　K　卡夫卡的**房间**，是他核心的生命小室，在通过墙和门听到的声音中作出选择。轻柔地准备每一次相遇。悄悄地走动。相反，在办公室里，却是日常的自然的接触。在这里，他的位置不是太低：他觉得自己的报酬太高。

K 在这些信件里，亲密的尺度是不可想象的：它们比对幸福的完美表达还要更亲密。

关于前后，没有可对比的报道，对于这种忠诚也没有自我袒露。对一个朴素的人来说，这种通信是无法解读的。在他眼里，这一定是灵魂空虚的无耻游戏，因为属于它的一切，总是在那里：优柔寡断、谨小慎微、冷淡漠然，准确具体地说就是缺爱，他的无助的程度只有通过极其精确的描述才能变得可信。

最后，人们完全相信了，厌倦和恶心得只好闭上眼睛。

K 卡夫卡身上令人兴奋的、真实的东西，永远是失败。（绝妙的例子：《乡村医生》）

K 目标似乎是有的，但是永远无法企及。

一张被非常安静而持久观察的嘴，难道没有被抓住的感觉？

K 继续谈**卡夫卡**：

这个追求爱情的人，随即又说，他是**最瘦弱**的人。

可是爱情也包括体重。为什么？

因为事关身体，身体必然是重要的，如果连良好的身体都没有还去追求爱情，那是可笑的。

敏捷、勇气、冲击力可以取代体重。但是它们必须主动、要展示出来，也就是说要令人鼓舞。

相反，K. 在这里使用的是他真实的存在：实在的身体，清晰地呈现在被追求的人面前。

这只对与所见内容相关的人产生影响，别的任何人都会觉得不可思议。

身处长达五年的恋情中，考虑卡夫卡同样长达五年的不幸，是多么的狂妄！

天堂的幸运儿在观看地狱中的倒霉鬼。

卡尔·克劳斯很早就用可怕的噪音填满你，莫非你现在摆脱他了？

这种粗暴的痴迷，这种针对死亡的所谓仇恨，他到现在为止给你灌输了什么？什么也没有。但是他和我站在一起，提醒我还有什么事要做，最重要的事情。

1968 年 2 月 12 日

夜里

K　我要一无所知地还是洞察一切地评论这些书信？**毫无戒心**，我就写些没有人想到的新东西。如果**事先知晓**，我就要避免最严重的错误。

我必须既一无所知**又**洞察一切地来评论这些书信。

K　不要因为闯入这些书信的亲密关系里而过于害羞，像《变形记》那样的故事更亲密。

没有任何关于你的声明，这对你来说，已经足够虚假了，虚荣心会随着年龄增长。

黑暗的东西在微笑。

爱我的人的这些来信——我配得上其中的任何一封吗？

我的真理是，我记录下的，不及我能想起的百分之一。

化学对他是忠诚的，他总是写方程式。[1]

对历史的伪装，常使我觉得**有失身份**。我想按它们在我脑中出现的原样去理解把握。等我**说**的时候，我自会叙述。而写的时候，我绝不想对它装扮。

K　卡夫卡用房间叙述，我用声音。

1968 年 2 月 14 日

K　时隔这么久，昨天我重读《变形记》，觉得很轻松。之前我担心不再那么喜欢它，我担心它会受到影响。但是它比我记忆中的还要完美、丰富、奇特、生动。我依旧认为，凭这一部著作，卡夫卡就可以确保永恒的不朽地位。

卡夫卡把这篇小说的严密和丝丝入扣，归功于克莱斯特。这一点太明显了，以至于每个读者可能都会注意到。它的主题完全是卡夫卡自己的：他在他家庭里。我想，从来没有一个人如此了解家庭的本质。从格里高尔变形为一只甲虫开始，一个家庭就建立起来了，这个故事的智慧是令人惊奇的，智慧是卡夫卡的基本品质。从被驱赶到饿死的过程，之所以如此令人印象深刻，是因为格里高尔本身很久以来一直是养家糊口

1　埃利亚斯·卡内蒂 1924—1929 年在维也纳大学主修化学，1929 年完成博士论文《关于制备特丁基甲醇的问题》并获得博士学位。关于人称代词"他"，参见本书第 48 页注释 1，以及下一句："对历史的伪装，常使我觉得有失身份。"

的那个，随着他的出局，父亲重新真正成为父亲。他的每一个举动都清楚地表明了这一点，却又是合法的。可以说，没有什么是虚构出来的。卡夫卡的思想是一步步地在移动，尽管他的思考是一种未来的思考，他却不得不向折磨他的未来，一步步走过去。

于是，对他来说，未来是某种绝对个人的东西，这其实也是他的订婚中的真正难题。对于他的未婚妻，一个单纯、平常的女孩来说，婚姻的内容是一个固定的项目，而对于他来说却是最不堪忍受的。有人不禁要说，卡夫卡对未来的狂热；他从不自以为自己对未来有所了解，但是他可以非常轻柔地一步步引向不一样的未来。对于他来说，如果要一劳永逸地决定未来，这是对自己最大的背叛。他不断地解放自己，去确定一个不同的未来。他成功地预见了一些不久后即将发生的具有普遍意义的事情，而这些事情对我们来说，尚未成为过去。

这个过程无法和人们从预言家那里所获知的相比。这些预言家沉迷于过去，强行把它们传递到未来。卡夫卡无视过去，他对于犹太教的努力是基于他认可犹太教有新的未来，也只有这样，巴勒斯坦和犹太复国主义对他才会派上用场。

我认为，对卡夫卡和菲利斯关系的极为丰富的起源起决定作用的，是他们聊了几句后就决定共同去巴勒斯坦旅行。当天晚上他们就谈到了卡夫卡第一本书稿的编排。写作和对婚姻的梦想，从最开始就是联系在一起的。而对巴勒斯坦的设想兼纳两者。解开这个在现实中不可能的联系，是这段关系整个后期的故事。

我越来越倾向于在这最初的邂逅中去寻找后面必然发生的一切的根源。卡夫卡在这里完全按照他平时写的那样经历了一些事，由于通信的前半年与这段遇见比较接近，后来便没有再做更改。

因此，必须使用那封描述了第一次邂逅的信，来作为观察这段关系的基础，必须在每一个细节中使用这个描述，它的意义与卡夫卡小说里的意义完全一样，那些小说里从来没有一点是多余的。

卡夫卡有许多小短篇，里面的故事可能只开了个头，其实还不能说起了草稿。人们几乎要惊讶于里面有多少内容从未被使用过和继续叙述过。不过更重要的是，要清楚意识到，那些被继续叙述的，都与法学相关：至于以后是否会再吸引他，取决于他最真实的内心进程与之是否合拍。

卡夫卡的"踌躇"——可以这样称呼——与通向未来的许多道路有关，所有那些道路都可能是他感觉到强加于他的。他在保险公司的职业表现是他同一种天性的准确表现。在这里要做的是预见不幸事件，从而加以预防，也就是说，要确保当事人免受事故的伤害。这种工作中的不足和绝望于他是痛苦的，因为他看到人们正是因此来找他。那些在他看来不道德的虚构，可能也太模糊。而精确的，他保留给他的小说了。

他经常说，其实一直都说，他可以只为文学而活。文学是他的自由王国，这里永远都能实现新的未来，但是也不断被抛弃。必须……（中断，干扰）

我已经不再残忍到可以写作，我不再是一个作家。

1968 年 2 月 15 日

《判决》的确有很多卡夫卡的影子。不过既然他把这个判决的力量的绝大部分针对自己，人们就会当真，不会不信任他。在他身上也可以证明错误的判决：极为尴尬的恰恰是他对韦尔弗[1]的过高评价。别人那

1　弗兰茨·韦尔弗（Franz Werfel，1890—1945），奥地利作家，出生于布拉格，"一战"前曾在莱比锡和慕尼黑的出版社任编辑，"一战"期间和穆齐尔一起在维也纳战时新闻社工作。1938—1945 年先后流亡于法国、西班牙、美国。作为职业作家在诗歌、小说和戏剧方面均有创作，代表作有诗集《彼此》、剧本《镜中人》，长篇小说《穆萨·达的四十天》《贝纳德特之歌》《未出世者的星座》等。译者注。

里的力量和安全感，到了卡夫卡这里，他的判断却总是出错。他不断体会着韦尔弗作为作家的安全感，他是如此折服于这种安全感，以至于把韦尔弗叫作**怪物**，但这是他欣赏的一个怪物。

我自己的方式一直以来由卡尔·克劳斯决定，逐渐发展成对卡夫卡方式的欣赏。但是我不可能像他那样，原因有以下三点：

1. 我是一个**沉重**的人，我的身体有重量。

2. 我是一个健康的人，至于我的忧郁症的症状，不是决定性的。

3. 我是一个偏执狂，会**马上**产生不信任感，作为屡试不爽的抵抗工具。我最早的经历：在卡尔斯巴德的那个男人想把我的舌头割断，相比卡夫卡读书时代的经历——每天在上学的路上被女厨子威胁说要揭发他的"罪行"，这充分解释了我们的不同。我受到的威胁更早、更猛烈、更危险，是直接的肉体威胁；而他的较晚、涉及的是一个已经受过教育的良心。他受的威胁是被女厨子揭发后可能要受罚，而我受的威胁是敌人的小刀，他逼着我伸出舌头，把小刀直接放到我的舌头上。

4. 权力是他的研究对象，也是我的。以他特有的所有对生命的神奇的**敬畏**，他更加绝望，因为他认可死亡，而自从我父亲在我七岁时倒地猝死后，我直到此刻对死亡的痛恨都没有改变过。他的父亲对于他来说，**从来**都是权力的一个非常重要的体现，他从未通过公开的、正面的进攻战胜过父亲。对我来说，体现权力的是我母亲，只持续了短短几年，我就逃离她了。

他必须设计更微妙的手段来逃避父亲的权力，所以他的作品总体上更精细，更神秘，更准确。

而我却有一个巨大而令我尊敬的敌人，也是所有人的敌人，所以我必须要在与死神的斗争中得出更普遍的、或许也更有用的结论。（待续）

1968 年 2 月 17 日，星期六

K 我不喜欢卡夫卡的小短篇的地方，是哈西德故事的影响。那些具体的、最重要的东西，还没真正存在，就已经消解了。那些释义、卡巴拉—新柏拉图主义的东西，成了主要的，它不再是卡夫卡，仅具有普通的深意。而卡夫卡的特色，恰恰就在他避开了普通深意的地方。

所以我最不喜欢他的那些名篇：《关于桑丘·潘沙的真相》《塞壬的沉默》和《普罗米修斯》，都是对**神话的挖掘**。他的敬畏——这也许是他最大的特点——就此离他而去。

K 仔细思考一下：卡夫卡的敬畏，敬畏在他身上爆发。敬畏，恰恰是敬畏，把他和他的现代派后人分开。

他可能是个鼹鼠，不过那是为了洞穴的缘故。

《守墓人》：写得很糟糕。非要这么对他，把这篇也印出来吗？慢慢地我有点讨厌布罗德[1]。他就是菲舍勒[2]，而卡夫卡就是他的世界冠军。

《波塞冬》 特别让我讨厌。波塞冬沦为一种记账员之类的角色，大致相当于我那关于上帝的胡子的悲惨少年故事。

卡夫卡对于取名没有天分。他得借别人的名字，得玩历史悠久的名字，如果他需要普通的名字，就像在《美国》里，就会出现像"德拉玛尔赫"这样尴尬的名字。？？？？**胡言乱语**

---

1 马克斯·布罗德（Max Brod，1884—1968），作家，戏剧和音乐批评家，弗兰茨·卡夫卡的朋友和遗产管理人。
2 菲舍勒是卡内蒂小说《迷惘》中的一个小角色，一个驼背的侏儒、皮条客、骗子。小说主人公基恩在酒吧里遇见他并被他所骗。菲舍勒的梦想是成为国际象棋世界冠军。

《中国长城建造时》——出色，列入经典（还有《拒绝》也属于此列）。

K　有时候我觉得，他没有活过，这个人没有存在过，他是虚构的。

但是谁又能虚构出他来呢？一个可怕的玩家，他像打牌一样打乱了句子顺序来重洗，但是不能换牌，所以他无法编造胡言乱语。

确实，这个作品由很少的元素组成，这些元素可以很清楚地被挑出来。从来没有人如此频繁地写同一批事物，一切都很固定，但是是用不确定性来维系的。我们可以因为一个作家的不确定性而如此地崇敬他！因为即使他是如此不确定，他还是必须说出一切，不断地说同样的东西，只是洗牌；但是谁能领会这个游戏的规则，或者这是不是一个尝试，不断编造出新的规则？

有一点很清楚：这个游戏不会带来任何结果，因此它具有更高的真理。而追随它的人虽然貌似没有什么结果，但他们有发臭的、最平庸的野心，可以步入成功，获得所有愚蠢的商品，他们购买房子和汽车，用心地打理着，但是说话和行动就如同他们写作一样非常没有把握。而发明了这种方法的**他**，却用饱受磨难的皮肤写作，连肉都没有。

瘦弱、禁食、饥饿艺术家。他可以玩这种游戏，他自己就是这样。如果他是煤桶骑士，他真的没有钱。他向判决屈服，再也没能进入城堡。他欣赏每个人，不相信自己也是一个，于是变成甲虫和鼹鼠。他在父亲面前逐渐销声匿迹，直到完全消失，而父亲却活了下来，并侥幸地死于灾难发生之前。三个妹妹却被战争席卷——他不爱的两个和他爱的最小的妹妹，尽管他将成为本世纪最伟大的德语作家，她们还是被德国人无差别地对待了。还有对他来说最重要的女人，尽管并非犹太人，也死于一个集中营。

卡夫卡能活多久，这是一个无聊的问题。

他把所有该说的话都已经说了，事实上他在那几个已经发表的小短篇里就已经说了，他并不是非要毁掉它们。

对我来说，在我最喜欢的那些完整的作品里，他只要写了《变形记》和《饥饿艺术家》就够了。

我现在已经读完了他在第一个冬天里写给菲利斯的信，也许那是他一生中最辉煌的几个月，还得把两年后当大战发生以及他解除了婚约的那段时间也算上，那正是写作《审判》和《在流放地》的时期。

所以，在追求菲利斯以及后来离开她期间，他的思想发生了最重要的大事，这些大事与他们的关系不可分割，属于其中，包含在内，或者说是同一件事。

理所当然地把这一点展示出来，这对我来说是一个当之无愧的任务。我给自己安排了这个任务，并认真完成，就像以前花费多年完成的其他任务一样。

K 你必须知足，你在世时属于健康的人，属于**大吃大喝的人**，而你对此感到的巨大的羞耻，是你所能提供的一切。

你也知道，你为什么向与之对立的那些人弯腰：向卡夫卡，向瓦尔泽。如果现在，在所有的罪责之后，你的命运带给你幸福的恋情，请你时刻不要忘记，你必须把这幸福给他们，完全献给他们。他们在哪里？

一个像布拉格的城市，一个像卡夫卡的城市。

他遗漏的那些话，才造就了他。因为它们被遗漏，人们才不会错过它们，每一个它们再度带来的含义，都是一种破坏。

K 菲利斯的重要之处在于她的**存在**，在于她不是虚构的，在于她本来就是这样，不是卡夫卡虚构的。

她是如此不同，如此陌生，如此严密，以至于第一次见面虽然仅仅几个小时，之后他却需要几百封信件和七个多月，才敢于走到她的面前接触她。

只要他远远地围绕她，他就会崇拜她，折磨她。这段时间里他要做的一切事情，就是撕开包含她名字字母的信封。他把问题、请求、恐惧和他微小的希望都堆向她，为了强迫她写信。[1]

只要她的文字转换成了他自己的，尤其是他夜间的写作，他就能够继续坚持。这是一种物质交换。体力的营养几乎不算什么，他几乎可以放弃。文学是他的生命，这一点要从字面上去理解。他最喜欢读的是自传体、日记和信件。最最喜欢的是给菲利斯写信，并收到她的回信。

K   既然我现在真的很仔细地在读这些书信，我比第一次在《新评论》里读到它们时的感触还要深。

这些信件如此**完整**，这是令人震撼的，从来没有谁的通信如此密集，尽管菲利斯的全部信件都是缺失的。

1968 年 2 月 19 日

被卡夫卡的旅行日记深深吸引，以前我从未读过。

倘若没有**这些**旅行，是不可能写出《美国》这样的作品的。

空气对于他的意义：苏黎世湖作为空气储存器；在米兰布雷拉画廊上空的空气自由流动。

在观看方面与布罗德展开竞赛，给了卡夫卡一种与他平时不合拍的**速度**。

---

1 参见本书第 187、260 页。

K 终于又能特意有**目标**地去看书了，这感觉太棒了。我现在要感谢卡夫卡，我现在在重读他的每一个词，有的词句是第一次读！我可以想象，通过这样彻底地观察一个我极其钟爱的作家，我自己也会再度成为作家。

无法想象的是，**他的**审判不会在我心中激发出自己的。

我感到，自己爱上了他，就如同他爱上了菲利斯。我非常确信，有朝一日要写一本关于他的书。要不是我更乐意与赫拉通信，那么和他通信会是这世上我最乐意的事。

我拿到手里的每一本书，都在诱惑我一口气读完，只有读他的书，我才陷入这种读书的方式。

如饥似渴的读书时间，他重又带给了我。

所有他曾经喜欢读的书，我现在都要读。我也早有打算把薇查最喜爱的书读一遍，这些书在福楼拜那里交汇，尤其是那本《情感教育》。

K 菲利斯是卡夫卡眼中的钻石。

K 卡夫卡在荣博恩疗养院写的日记太出色了：

他不再和布罗德做伴，而是陷入一个由许多新人组成的神秘的社交圈。

布罗德主导的"文化的兴趣"（魏玛等）退居次要，人的更加真实、合法、令人困惑和振奋的兴趣才更重要，与"裸体"人一起的生活。最后一次记录是 7 月 20 日。三周后，8 月 13 日，他遇见了菲利斯。

K 疑心病：寻找并找到名字的恐惧。

恐惧的代名词。它不会变得那么大，但是会被拘禁得更久。只需要少量的仪式来召唤它。它依赖程式及其不断的重复。

卡夫卡身上正在**消失的东西**：就像他的名字不断缩减一样。他越发地瘦弱，体重在减轻。后来，病情一旦宣布，与体重的关系不言自明，**索性公开地**讨论了。

布罗德描述他的体能时，他游泳时的大胆、远距离的徒步时，令人总有一种感觉，布罗德把他英雄化了，而这是出于他自身缺陷的非常个人的原因。

盲人鲍姆[1]作为第三个朋友也属于这类。只要涉及"游泳的朋友们"，这一切就会让我回忆起在维也纳库赫劳的"费罗们"[2]，卡夫卡死后的两三年里我和他们很熟。

布拉格和维也纳的这些年轻犹太人之间，关系非常密切。

和卡夫卡共同的熟人：

奥托·斯托伊塞尔[3]也还在维也纳，这一点我当时不了解；画家菲戈尔[4]还在伦敦，此人没说过卡夫卡什么好话。

1　奥斯卡·鲍姆（Oskar Baum, 1883—1941），波希米亚作家，自幼丧失视力，1904年通过马克斯·布罗德与卡夫卡结识。

2　一群热爱文学的维也纳青年，以费利克斯（费罗）·科恩的名字命名，卡内蒂在20年代时一度属于这个团体，他们定期在多瑙河畔的库赫劳聚会，泡温泉、辩论。参见埃利亚斯·卡内蒂：《耳中火炬》，《全集》第8卷，第77页。

3　自1912年始，卡内蒂便与奥地利作家兼文学评论家奥托·斯托伊塞尔（Otto Stoessl, 1875—1936）保持通信，他们是在卡尔·克劳斯的圈子里认识的。

4　弗里德里希·菲戈尔（Friedrich Feigl, 1884—1965）是卡夫卡在布拉格古城高级中学的同学，他1918年创作的钢笔画是卡夫卡在世时唯一的肖像画。和卡内蒂一样，他也与伦敦的流亡人士交往。

1968 年 2 月 20 日

书信是什么？

人们想把这称为卡夫卡的实际功能，即把最重要、具有真正意义的现象——其他人每当遇到这些现象，都会淡化地、各自不同地体验，它们却由于分散的性质而如在雾中——从模糊中抽取、汇集，并以极大的、极为痛苦和危险的清晰度呈现出来。

谁不曾写信和收信呢？谁不曾期待过某一封信呢？谁不曾体验过徒劳的期望、千百种可能的猜测和恐惧呢？既然无从知晓来信的对方发生了什么，那么一切都有可能。游移于各种排列的可能性中，又怎么能够知道该选择哪个呢？随着期待的持续，不确定性也在增加。

要是涉及爱情，那么这些信就为他们提供真正的营养；要是双方处于长久的分离，那么这些书信就会赋予力量，去战胜现实对他们的打击。人们在生活中总会遭遇各种影响，容易受感染、情绪反复、爱慕虚荣、摇摆不定、贪图享乐、充满好奇、生性掠夺，却也容易成为猎物。爱人的来信可以拴住他，这些信写给他，就好像是一口口地吸吮一根脊椎。誓言很重要，但不是全部。引起对方的怀疑来抵消自己的怀疑，也是必不可少的。**折磨**对方也是有必要的，没有什么比这更能束缚人。重要的是继续推进，以引起反作用。有时也许还得乞求，以唤起同情。有些人，不只是女人，容易对别人的无助起恻隐之心，就好像自己是他们的母亲一样。还必须唤起对方的畏惧，以增强其对自己的责任感。必须详细地自我描述，才能把对方的思想填满。必须用谜语来表达自己，以免变得无聊，但是不能没有希望，更不能没有信任。

卡夫卡的最后一部作品，也说不上与别的有什么不同，是他写给菲利斯的信。这部作品像他的日记，也像他的小说《审判》，也许甚至可以说它比《审判》更像一部作品，因为它有统一性和方向性。它甚至是一部已**完成**的作品，这在卡夫卡的作品中为数不多。

人要么面对生活，要么排除生活。面对它就要痛苦，排除它就要死亡，没有别的选择。

他刚刚开始给菲利斯写信不久，便开启了自己第一个伟大的创作时期，这是创作《判决》《变形记》和《美国》前六章的时期，他给她的书信长达三个月，一直伴随着他的文学创作。这一切给人留下的印象是，写信和创作这两个思维活动是相互依存的。在这些作品里有两种因素：在《美国》里围绕着罗斯曼的田园因素，和在《变形记》里的地狱式元素，两者截然不同。在后者中，这个人被踢出家庭，而前者则是从家里流放到美国，两者或有罪或无罪，程度不同，一个通过无罪来战胜自己的罪过，另一个则变得越来越有罪，直到他因自己的罪孽饿死。而同时仍然生活在家庭里的作者本人，需要家庭以外的某种亲近关系，让他可以依靠，在这个亲近关系中又必须保持距离，使之不至于变成家人。

所以卡夫卡以前所未有的强度，去追求这个初次见面就答应与他一同旅行的年轻女孩。（中断了）

1968 年 2 月 21 日，星期三

信件里都是提问：只列举卡夫卡在信中提及的一些问题。

1968 年 2 月 22 日

K　情书里平时很少有这么多日期。几乎每封信的结尾都标着已经超过或不应超过的时间。

以卡夫卡为例，时间精确划分的实际原因是显而易见的。如果他在工作之余要找时间写作，那么他就必须把时间精打细算。不过还不只是这一点。钟点也会成为对情人的保护。他必须给她写信，因为他想收到她的信。尽管从他这里散发的是微弱的力量，从她那里收到的力量则强劲十倍。但是他也必须摆脱给她写信的念头，这对他来说很难。为了做到这点，他就谨守时间。通过给她写信，以及不断阅读她的回信，他把自己从本来的写作中解放出来。

这两种写作方式，一方面是给菲利斯写信，另一方面是文学创作，两者联系紧密，互相促进。在这个时期，他完成了一件对于他和他今后的岁月非常关键的大事。1912 年 9 月 22 日夜里到 23 日清晨，他在 10 小时内**一气呵成**写完《判决》。他对《判决》一直情有独钟，从不反悔。他作为作家的自我意识就在这个夜里确立。后来，正如他所说，他的伤口裂开，再也没有恢复。他把这篇小说献给菲利斯，这是"她的"小说，而且理由充分，因为小说是在他给她写了第一封信的两天后诞生的。

因此也难怪他的写作不同于那个时代的人，他的写作出于不同于他人的需要，服从另一种不同的痴迷，从来没有受到强迫，这使他付出了难以想象的代价，因为他几乎没有什么东西可支付这代价。作为所有人里最瘦弱的那个，他一直无法被腐蚀，就算他早晚都要死亡，他也会一直如此。别人踏着步伐前进，他行进在怀疑中，怀疑始终是他最虔诚的本性。

这一点毫不奇怪，因为在这些信里，人们看到他这一年难熬的生活，日复一日，如此真实，以至于这个词令人感到羞愧，因为除了他以外从来没有人会如此认真地对待生活。因此，这些书信是否能再度适用于未来的文件，我是存疑的。

他获得了爱情的孤独，从 1912 年 8 月 13 日至 1913 年 3 月 23 日，七个月零十天，他没有见到菲利斯。若按他在这期间写的信件数量来衡量，这是一个巨大的成就。

得把这归入他的禁欲主义的艺术领域。

对卡夫卡的作品进行解读，永远都不可能实现。其价值就在于，每一次解读都会切断它们自己的气息。最好去尝试他的那些寓言式的短篇，不过这些也是他最微不足道的部分。

从来没有一个如此虔诚的生命之敌。

对卡夫卡进行宗教性解读，会改变他的天性。用自然科学的方法来解读他，同样会改变他的天性。

他从不幼稚，也不愿意要孩子。

他周围生活舒适的家人看上去是多么粗野，像虫子和猪一样。

1968 年 2 月 23 日

昨天夜里我坐下来工作前，给赫拉打了个电话。当时是 11 点，现在我们的钟点是一样的。她马上拿起了电话，她的声音听上去柔软而温和。她刚才走开了，去给我寄信。回家的路上，"鳄鱼"车不肯启动，折腾了十分钟它才动。这是她使用这台旧车以来，第一次出现不愉快的经历。由于这是我买给她的礼物，它出了问题，让我非常尴尬。当天晚上她曾经给我打过四五次电话，在前一天即星期三的晚上也打了。我经常出门在外，在汉普斯特德的各种酒馆里看书写作。她没有联系上我，让我很难受。尽管如此，我还是告诉她，我不敢肯定她 3 月 1 日能来。我们把下次相聚的时间设置了两种可能。如果我写完了这篇关于卡夫卡书信的文章，她就 1 号来，我第一次口授她把我比较重要的文章用打字机打出来。但是如果我写不完，她就要再过十四天才能来，即 15 号到，待四天。她 12 号生日前后的那几天，会和她母亲在一起，所以减去她并不是独自一人的这四天，其实只推迟了十一天。这段时间很漫长，我不知道自己该如何忍受。

但是我们从中获益良多，我终于又愿意回到我的工作，有了一个目标，目标的实现很大程度上有赖于，我必须有力量坚持下去。更重要的决定因素在于，我对她的爱无以言表，我从不知道可以这样爱，我从不知道可以这样爱而不用感到羞耻。但是，在过去的几年里，我确实把我们的生活重心都放在我们的相聚上，我认为我从来没有真正进入写作。我做笔记写日记，不过这也就是全部了。倘若我们有朝一日要同居，我必须挣足够的钱，来养活赫拉，而不必让她再去做修缮工作。而我也想再写出有品质的作品，不必为此感到羞愧。我已经向全世界宣布要写一部长篇小说，现在小说还没有影子。我的风格就是这样，早早就提前宣告，好像那些东西已经存了一样。我知道我之后也会去做。我就是这样写《群众与权力》的，结果写了几十年。不过已经没人相信我了，我最好的那些朋友都放弃我了，后来**多亏薇查**，这本书终于写成了，其他人现在也逐渐明白，我从这部作品中突然获得的声誉，我还是受之无愧的，不过也就仅仅是这部作品。我也看到，**我能够**写作，我在最近的几年里做的几件事，比如说关于克劳斯的评论文章，就很不错。重要的是，我得开始做，并持之以恒。至于我还能不能写一部戏剧甚或一部长篇小说，到时候才看得出来。数十年来，我从没有按这种方式把一件事情持续得足够长久，来了解自己是否具备这个能力。

所有的一切，尤其是与赫拉的共同生活，都取决于我要强迫自己写作，把她看作我生命中最重要的部分，而她当然也是。曾经有无数次我中断了手里的事情，因为我在期待赫拉，因为她在我身边，因为我把自己彻底地献给她。一旦启程，我有时候整个星期都无法回到工作中。这是一个简单的事实，我也不能欺骗自己。问题在于，赫拉能否忍受这么久不和我在一起。我们最近已经习惯了越来越频繁的见面，在过去的半年里，我们分开的时间很少超过三周或三周半。她有一种神奇的爱的能力，一种只有印度诸神才具有的性感。事实证明，我也没有什么不同，而我却是年届六十才发现我的天性中这么重要的部分。但是我还没做任何控制它的事。我处在巨大的爱欲中，完全顺从于这个发现，有几年我只为我对赫拉的爱而生活。如果我不尽快找回通向我另一天性的道路，而又不放弃这份爱情——因为我没法放弃；如果我不学着将两者联系起来，回到纸上重新做一个作家——与赫拉同居时，我就总是这样——如果我做不到，我很快会蔑视自己，也会令她失望，毕竟她把自己完全托付给了我，我必须为她提供更好的生活。薇查经历过的不幸生活，当我有能力改变时，于她为时已晚，这教训时常浮现在我眼前警醒我。**我不可以毁坏赫拉的生活**。她是一个奇妙的生灵，她不该有这样的遭遇，她不该因为我有这样的遭遇，完全不应该。可能我会活得够久。或许我也可以为她留下一部将来谁也不需要为之羞愧的作品。

所有的荣誉感，也包括我自己的，其实都很可笑。但是没有它我会如何？不过是一团混乱和痛苦。

通过最近几周深度研究卡夫卡，我又发现了以前我最本质的东西：通过写作而无比专注的认真严谨。

观察年轻伴侣时的内疚感：我从谁那里抢走了赫拉？

正是那些前苏格拉底者，是帕斯卡，在 1942 年初影响并推动了处于战争绝望中的我写下一些片断、单个的句子和零散的笔记。从那以后我就没有让自己保持耐力，即使在撰写《群众与权力》时也没有，每次写也不会超过二十或三十页。

现在我深信不疑，耐力才是我真正的天赋、我作为作家的感觉和力量。从我的说话、我的叙述方式，我了解这一点，我从未把我的叙述方式用于写作中。

我认为，现在可以这样做了。我年纪已经足够大，不需要愚蠢的节奏了，我只需要**回忆**来填满它。

受到卡夫卡感染：昨天和今天下午，我起床后做的第一件事就是给赫拉写信。昨天夜里我写作结束后，又有兴致给她写信了。我把这兴头压下来，继续看书。

给赫拉写完信并寄出后，我走在路上，**一身轻松**。我轻飘飘地走在同一条路上，我第一次从海沃斯提克山路她那里回来，就是走在这条路上，不过我现在是沿路下行而那次是往上走。那是 1962 年 12 月 2 日，我回到薇查身边，她当时还和我在一起生活。

现在我愿意去找的只有一个人，这个人就是赫拉。

当我想到那些书信对于卡夫卡的意义时，我有没有权利思考他们的信件对于我的意义？

也许一份持久的爱情仅能通过书信构筑，也许根本别无他法。

否则订婚这个阶段又有什么意义？它根本就不是第一个阶段，不过卡夫卡的情况是危险的极端，处于可能性的边缘，也许还超越了边界。

因为他只见到菲利斯**一次**后，就开始了书信阶段，这个阶段持续了七个月零十天。

我在开始真正的书信时期前，见过赫拉三四次，而且我们以前就认识。7 月 21 日她向我辞行，12 月 1 日她又来到了汉普斯特德。毕竟这期间有四个月零十天。这段时间她的生活方式和以前并没有多大的改变，事实上完全没有。但是她给我写了最美妙的书信，第一封公开的情书就出自她的笔下。也正是她带来了 12 月 1 日的重逢，这完全是**她**主动提出的，否则就得等到 1963 年 3 月 9 日我回到苏黎世，那样的话，就会间隔七个月零二十天了。

奇妙的是，我与赫拉之间重要的第一阶段，刚好与卡夫卡和菲利斯之间的相隔五十年。

1912 年夏天—1913 年 3 月

1962 年夏天—1963 年 3 月

K　对书信的执着

为了相信一种持续状态，他必须了解一切，他的那些问题，把一切都具体化了。他希望准确地想象一切，尤其当他不熟悉对方的地点时。

既然危险存在于办公室，那里有很多男人，有上司和同事，菲利斯整天待在这里直到 7 点 45 分，中间没有休息，他必须对所有人都了如指掌，才能约束她。

她家里的房间和他自己的房间一样重要，她经常在房间里写信，后来发现，她也在床上写信。

她的家庭也逐渐变得重要，因为她的家人会查看他的书信，而且很快就显得带有敌意或者越来越担忧。她的母亲说："这会毁了你。"

除了这种对地点、空间及其居住者的约束外，还有时间。不可以有未知的时间。最初每天写两封信，而后来每天都有一封。

邮件仍然不稳定，因此有很多关于它的谈论。因为从那些被问及的地方，在要求的时间内，通过邮局那并不总是稳定的渠道，有规律地向他输送能量，没有这些能量他就无法继续生活。

她的字母在两种情况下出现在他这里：给她写的信中和他自己的写

作中。从给她的第一封信开始，它就以他渴望已久的强度和密度出现。在他给她写信后的头几周里，《判决》和《司炉》便应运而生，两篇作品代表了他心里一直背负着的罪责的两极。作为罪责的首个和对立的形象，这两篇小说对他来说一直是重要且受他喜爱的。

（本应包含他在世时已发表的所有作品的《卡夫卡全集》第一卷里，《司炉》却没有一同付印，我觉得这是个错误。应该有一卷作品是他不想销毁的。我们欠他这一卷，因为他的愿望没有被遵守。没有遵守他的遗愿，这本来没错，我们谁不为此心存感激，但是还应该有一卷作品，是他刚刚能够忍受的。很可能他之所以能够忍受，就是因为他看到它已印出，以及它对别人产生的效果。不过，探究他的遗愿背后的原因，这与任何人无关，又或者与每个人有关。）

K　接触过形而上学的那些人永远都不会明白，重要的是要把他们被形而上学偷走的东西还给这个真实、具体的生活。

这里涉及的是，敬畏和神圣以前都被移去了诸神及其代表那里，现在要把敬畏和神圣重新给予那些更需要它们的人。

人类因恐惧而致贫是可以逆转的。这并不像有些人认为的，我们已经恬不知耻地要成为神，而是我们要互相尊重和致敬，由此而提高了诸神。

我们并不是要和诸神一样，因为他们是可怕的，而是我们应该相互礼待，就好像这样可以让我们成为一种更好的神。

对地点和时间神化，在卡夫卡身上产生了如此惊人的影响，可以说像强迫症一样，这种神化其实就是对人的神化。每个地点、每个时刻、每个动作和每个步骤都是严肃而重要的。强暴是不公正的，必须通过尽可能让自己消失来逃脱强暴。人缩得很小或者变成一只甲虫，以避免他人因无情和杀戮而造成罪恶。人宁愿自己饿死，以逃避别人恶心习俗的纠缠。[1]

　　而卡夫卡的所有这些奇特的习俗，他不吃的，他不喝的，他不加热的，不服的药，它们纯粹是活生生的一个禁忌体系，因为旧的习俗已经不适用了。

　　最奇特的是，它们会被移至他的笔下，所有这些都会在他的作品中**找到**。别人说：我喜欢这个作者，我不喜欢那个。他说：他被我禁止了。对于观察者来说，这些禁令的道德含量躲在规定的后面，而规定只服务于健康，因此显得自私。卡夫卡自己大约十分清楚地意识到，他于1912年7月在哈尔茨山的荣博恩自然疗养院写的日记里，这件事的讽刺与荒谬以极其严肃而滑稽的方式表现出来。

　　个人为自己的努力，与受限制的邪教创始人或领袖的布道一样可笑。但是即便如此，卡夫卡和那些追求奇异口味的人待在一起，也不会感到不适。在他看来，所有人都是千差万别的，不论是农民还是自然疗养师，赤身裸体还是衣冠楚楚，不论是跳舞的人还是求雨的人，在地球上还是在《圣经》里漫游的人，在他眼里，每个人既不是圣贤也不是恶魔。很容易看出，他是如何由此拓宽了那个时代文学的普遍实质。他厌恶作家们的空洞，不过也讨厌那些甜腻和软弱。他看重决心和热情，也崇尚清澈和强硬。

　　所以他对斯特林堡还不太熟悉时，就认可并欣赏他。他对魏德金德[2]感兴趣，对卡尔·克劳斯表示认可，热爱罗伯特·瓦尔泽[3]并深受他

1　参见本书第263页。

2　魏德金德（Frank Wedekind，1864—1918），德国剧作家。译者注。

3　罗伯特·瓦尔泽（Robert Walser，1878—1956），出生于瑞士的德语作家，被认为是20世纪最被低估的作家，深受卡夫卡、本雅明、黑塞等作家推崇。1929年开始患有精神分裂症，长期在伯尔尼的精神病院中接受治疗。代表作有《坦纳兄妹》《助手》《散步》和《诗集》等。译者注。

的影响。而他讨厌拉斯克-许勒（Lasker-Schüler），认为她的甜腻是空洞的。他也厌恶施尼茨勒，尽管他明显区分了施尼茨勒早期更为强硬的和后期多愁善感的风格。真正尴尬的是他对韦尔弗的高估。虽然他主要是折服于年轻的韦尔弗，那也没有好多少。也有可能他并不熟悉韦尔弗的真正来源——沃尔特·惠特曼，那是当时他的诗歌中最好的、最令人惊讶的东西。他热爱韦尔弗，一如热爱来自东方的热情的犹太人，而没有认识到——仅仅这一次——这是完全错误的。

（虽然在马克斯·布罗德列出的卡夫卡书单中，记载着惠特曼的两卷，但是不能确定他是否读过。在流传下来的卡夫卡的文字中，找不到惠特曼的名字。）

1968 年 2 月 24 日，星期六

23 号夜里，**我的**伤口又裂开了。[1]
现在我要做的，就是让它敞开着。

这些"书信"变得如此有感染力，连我自己也想给赫拉写信，虽然在我们俩之间这种书信完全没有意义。

不要让 K 被任何东西赶走，要直立起来，因为这难以忍受，就更

1　卡内蒂在这里暗指卡夫卡的肺部伤口破裂，即在 1917 年 8 月 9 日夜晚，他的肺结核发作。卡夫卡在 1917 年 9 月 7 日给菲利斯的信中写道："但我这么久没有写信的原因在于，我写完上一封信的两天后，也就是整整四个星期前，在凌晨 5 点左右我肺部出血，非常严重，血从喉咙里涌出，持续了大约十几分钟，我当时以为血止不住了。"他在 1917 年 9 月 15 日的日记中又写道："只要有机会，你就可以开始。不要浪费它。如果你想干预的话，你将无法避免从体内涌出来的污秽。但是也别想太多，肺部伤口只不过是个象征，正如你说的，是伤口的象征，如果炎症好比菲利斯，其深度是合理的象征，那么医生的建议（光、空气、阳光、休息）也是一个象征。好好把握它吧。"参见本书第 315—317 页。

要如此。

夜里，我被他气得浑身发抖：衡量他自我憎恨的真相。

很难摆脱他，但是开始期待格蕾特·布洛赫了，他必须先给她写点别的东西，她这个人不一样。

1968 年 2 月 25 日，星期天

我昨天夜里读到的那些信，起初让我的内心充满对他的愤怒和憎恶。不过当我睡足一觉醒来——这是他最羡慕的——我感到被信中有力的段落吸引，他在信中从外面展示了自己。当然，他的独特和伟大也在于此。

我难以忍受的是他成为追逐者而菲利斯被当作猎物的那些时刻。其实她对于他与其说像猎物，不如说像一个被驯服的动物。他希望她保持一定距离待在一个地方，使她永远不能靠近他自己，并定期用书信来驯服她。因为只有通过回复这些书信，他才能根据自己的需要散布他的抱怨，也就是说，使之成为某种可以持久的东西，而不只是发生在他一个人身上。他想要实现不可能的事情，希望这只写信的动物保持健康和强壮，能认真而详尽地理解他的抱怨，但是又能**承受**它们。如果她生病了，他就无法利用她，他感到自己病了，必须不断抱怨出来。

他的猜疑症已是常态，因为他最重要的事就发生在这里。这是他写作的基本条件，他的病痛**绝不能**用写作以外的方式来解决。

他需要的是针对身体**不适**的一种平衡状态，他还对此附带了很多：他的瘦弱、失眠以及相当大程度的禁食。他强加给自己的这种戒律，是他生命中唯一确定和不可侵犯的。

他对自然疗法和自己对健康的不懈努力感到骄傲：这使他摆脱了一直与他生活在一起的家庭，带给他的远不止是他一直渴望的孤独。

家庭的喧嚣对于他意味着混乱和肮脏，他在一封信中曾经不无嫌弃地描绘过他们全家在乡下避暑的一个房间。小孩子时刻在打扰他，父亲带孙子时的折腾忙乱令他绝望。他希望一切都井井有条、保持距离，但是有小孩子的地方，家庭生活就会变得最为密集、拥挤和局促，而孩子们其实也和他过去乃至现在一样**无助**。

他无法忍受别人进入他的房间，这意味着对他身体的侵犯，而绝不仅仅是象征性的。哪怕他在孤独中感到再悲惨，他也需要保持周围的距离和明确的界限（这对他来说，始终都比对生活伴侣的梦想更重要）。

这些信中有多处地方无情而准确地显示了他的为人。在我看来，最重要的，而且也最可怕的句子是，他在他人面前只感受到恐惧或冷漠。

由此可以解释他作品的独特性，他的作品**没有**大部分文学作品中充斥的嘈杂和混乱的特点。鼓起勇气来想想，我们的世界已经由恐惧和冷漠占主导地位。卡夫卡通过毫不留情地展现自己，率先描绘出了这个世界的图景[1]：它的完整纯粹是不可思议的，它的真实性越来越贴切。

但我总是被他与身体的关系之谜所困扰。我知道还**缺少**点什么，必须找到它，而最好的方法可能就在他的小说中。

通过饥饿导致身体逐渐消失的核心意义是明确的，如《变形记》《饥饿艺术家》，但这还不是全部，因为还有他**跑动中**的轻快，下楼梯时的跳跃，最后变得越来越轻盈，乃至**飞起来**：他飘飞在空中，像煤桶骑士。

1　参见本书第 271—272 页。

我该如何评论研究卡夫卡带给**我**的兴奋？

无论如何，在这些书信中如此深入地认识像他这样的一个人，是很有意义的。

事实上，我们不可能如此深入地认识任何人，也包括我们自己，因为自我认识的过程永远都不可能像在书信来往中那样被收集，而在这些书信里，烦恼、观察和认识的岁月可以集中展现。

这很难读懂，因为我们不会简单地服从它的要求，跟随这个调查并把结果运用到自己身上。整个现有的、汇集起来的生活会防御它，它不**愿意被反驳，他要**保护自己。

身体越来越小，直到没有什么再侵入他，直到没有什么能再威胁他。

关于他本人，没什么可说的，他自己早就都说过了，唯一可以尽力的，就是不要把任何错误带入身体。

在任何意义上都要信守诺言。

通信始于《判决》和《司炉》，而他早期的更快乐但也更危险的完美产物，却是《变形记》。与菲利斯的关系注入了《审判》，是这篇小说的一种学习时代。

话题离不开他的瘦弱，瘦弱决定了他生活中无数的事情，是**中心话**题之一。

1913 年初春到夏天，求婚的那段时间的书信，读起来有令人难以言说的尴尬，它提供了关于他人品的最深刻的信息。只需把那个时期一些重要的语句列举出来，以令人惊恐的完整性，足以产生关于他的生平和作品的一切结论。

这种片断式语句也是某种忠实，不过有时候也是一种尝试，不要太容易、太肤浅地就屈服于对他的审判。

在我看完他的日记后，我对自己记录下来的一切颇为失望。我看完了 1913 年的全部日记，他的语言重又俘获了我，与在书信中又不同，在信中有某种不**纯粹**的东西，尤其在我昨天读过的信里。

苏黎世的弗兰茨·沃尔姆[1]对这本书不满意，认为这些书信本不该出版，莫非他说得有理？

看完他的日记里的语句，我羞于继续用我的语句来评论 K，这是巨大的羞愧，我要放下这篇散文，为我的无能向哈尔腾道歉。

夜里 4 点，极度疲倦

在所有意图推迟结婚的书信中，卡夫卡的**言辞**都很奇特，与他写给自己的日记里的文风不同。

他与菲利斯**争执**，反对他们的婚姻，他与她的父亲争执。他的爱情誓言听上去特别不真实，就如同他身上什么都不真实。就如同我去找玛黛[2]说话，其实我有意识地要欺骗她，因为我讨厌她，想**惩罚**她。每当卡夫卡说"可怜的菲利斯"时，我觉得最可怕，因为他真实的意思其实一直是"可怜的弗兰茨"。

在 1913 年 7 月 21 日的日记里他历数了"支持和反对我结婚的逐项总汇"，菲利斯在其中完全无关紧要，形同虚设，他只考虑他自己。

他在给她父亲的信里说：

1　弗兰茨·沃尔姆（Franz Wurm, 1926—2010），抒情诗人和翻译家，从 1949 年起居住在苏黎世。

2　即玛丽–露易丝·冯·莫特希茨基（见第 46 页脚注 2）。

"她会忍受这个吗？希望？**就为了在她的眼里，也许即使在我的眼里也极为成问题的我的文学**？"

牵手一年后，他没有和她一起去巴勒斯坦，而是独自去了维也纳参加犹太复国主义大会，以逃避与她订婚。

1968 年 2 月 26 日

还有比世界性声誉更大的诅咒吗？

如果一个亲密的好友提起别人时说道："他已经世界闻名了。"这些还是同样的朋友吗？一个女人，就算是一个好女人，当不幸降临时，她还能看到她的丈夫吗？除了用她奉承的、她利用的和蔑视的傀儡，最好是蔑视的，她还有什么东西可以抵抗他那突然出现的荒唐的陌生感？

如果朋友中的一个去世，而活着的另一个成功地让死者世界闻名，这种情形是荒诞的。当然人们会首先想到马克斯·布罗德和卡夫卡。他们俩对我来说，有点像菲舍勒和基恩的关系，我极愿意为此创作一部可怕的喜剧。因为不可避免的是，活着的人会变成死者未竟事业的继承者，孜孜不倦地把他树立为一个典范。

一个不可思议的事实是，布罗德现在的寿命已经是卡夫卡的两倍，他的作品一文不值，而卡夫卡的作品却是无价之宝。由此可以得出一个结论：一个作品的极高的浓度会有损作者的生命，过早地消耗他的生命。

因此这些书信也就十分重要，因为他们**证明了**卡夫卡的自责是有道理的。有一种可笑的观点认为，卡夫卡表达对自己的批评时，有点夸大其词，因为他特别严苛。按照他们的说法，他是那么优秀、那么神奇、那么开明，**甚至**会在自己身上找到很多可抱怨的地方。

事实上，他批评自己的问题，都是存在的。他**确实**是没有爱心，用最严厉的方式把身边的人拒于千里之外。越是他想接近的人，越会受他折磨。

他的意义在于，他知道这一点，也毫不留情地说出来。他**利用**了菲利斯，只要有可能他就会试图控制她。他在书信里关于自己的描述中，之所以把相当一部分可怕的观点表达出来，是为了把她从自己身边**赶走**，为了把自己从身陷其中的、即将来临的婚姻境地中解救出来。这段时间他是出于**算计**在描述，出于算计他把这些观点重复了上百次，他用自己来**威胁**菲利斯，告诉她强大的人会做什么来避免危险，他用他的方式，在他唯一被赋予权力的媒介即言语中，作为一个软弱无力的人，去反对唯一那个他清楚他的权力能**起作用**的人。

他在消耗菲利斯，或者说他在试图消耗她。而所有可以支撑他的观点，他都消耗在《审判》中了。无法消耗菲利斯，原因不在于他，后来的一个更受伤害的女人，尤丽叶·沃莱采克[1]，被他通过消耗成功地毁了。

这并不意味着他不具备人类道德的品质。但关键的是另一件事，否则他只是充斥于这个世界的空洞、盲目、满足、健康、极为无效的众多传道士之一。

于是，为了他的荣誉，为了最高荣誉，我们可以说，他并没有隐瞒什么。而去确定他欠犹太教什么，欠基督教什么，欠这个或那个什么，都是无关紧要的。这个世界上充满了各种传统生活，其中也包括宗教传统，而且我们知道，一切都将继续。目前世界的状态表明，这些传统的要求其实无法得到满足。但是了解这个世界的状态如何呈现在每个人身上，这是极为重要的：人们对于真实的形象依旧不了解，这只有通过个人反复的、无情的努力来获得。只有极为罕见的人能做到，卡夫卡就是

1　尤丽叶·沃莱采克（Julie Wohryzek，1891—1944），在1918—1920年间曾为卡夫卡的女友和未婚妻。

其中之一，从他去世后世界的整个进程可以看出，他的努力加强和扩大了这一真理。

十八天后我要写些东西，一些我永远不会为之感到羞耻的东西，因为那是关于卡夫卡的。

所以它必须比我以前写过的任何东西都好；倘若不这样做，我甚至没有尝试的权利。

困难在于，它涉及的都是卡夫卡最个人的事情，因为我要顾虑的是，写给菲利斯的这些信件是卡夫卡一生中最亲密而又最可怕的文件。从许多方面看，这个文件里记载的是连他自己都清楚认识到并表述出来的劣性，没有这个劣性，他的那些作品就无法想象。

在阅读时，我心里经常会有一种非常恼怒和极度愤慨的感觉，我常常会恨他，并为他感到羞耻，有时就像为我自己感到羞耻，但是又不一样，不会与我的羞耻感汇为一体，他的邪恶是他自己的，而他也在那些与他自己天性有关的句子里这样描述。也许只有一种情况能让他产生幻觉：他误解了自己的实力。

这弱点他一直能感觉到，也烙进了他的意识中，成为他的词汇的一部分。**一次**他在信中把耐心赋予自己，他本来也可以说韧性，带着这种力量，他几乎鲜有对手。他是如何将自己从面临的最大危险，即民事婚姻中解救出来的，令人印象深刻。他用来解救自己的方法既没有选择性也不简单。当他谈到要吓退菲利斯或她父亲时，他使用了平常的措辞。这时一种挑衅的天赋突然涌现，而这个天赋，从来没有人相信他这个真理的纯粹主义者会拥有。他在无数的信件里为自己辩解，危险越大，他的辩解就越令人信服，越巧妙。我们读到这些字句时，简直不敢相信自己的眼睛，幸好我们还会想起很久以后他写给密伦娜的信，一个聪明得多的女人，他曾经把致父亲的信读给她听，并明确警告要小心其中挑衅的特征。所以他也是了解的，正如他了解自己的一切特征。自陀思妥耶夫斯基以来，再没有比他更好的控诉者了，他们俩都在抗争中实践了自己的这种天分。在陀思妥耶夫斯基那里，艰难的辩解被宗教的暴力和欲望淹没并带走，而在卡夫卡这里没有宗教的冲击：他缺乏宗教的血脉和肉体的流畅线条。不过正因如此，控诉变得严厉而不可调解。

你可以称之为陀思妥耶夫斯基的实质，但是在福楼拜学派中，它被敲打、切碎、遭受客观的试验，被蒸馏、结晶乃至摧毁。

这里我不得不确认，卡夫卡对菲利斯的无情也传递到了我身上，我被它感染了，处于一种极不寻常的状态。我对他感觉不到一丝同情，如果要我和他一样诚实的话，此刻我祝愿他一切都很糟糕，期待他从与格蕾特·布洛赫的书信交往中得到真正的恶果，我现在即将在这种语境下开始阅读他们的书信。对此我十分**好奇**，就像在小说中，荒谬的是我突然间不得不想到"危险关系"[1]。他在这些书信中成功地把自己塑造成一个我完全不信任的人物。他把自己假扮成弱者，伪装得太好了，这种伪装所展示出来的说服力是传奇的、具有煽动性的，我们想说，卡夫卡在这些书信中离他的本性最近。

不过问题在于，这是否适用于伟大作家所有的密集而连续的通信。他们必须进入角色并继续扮演这些角色。但是这些又不是随意虚构出来的角色，他们依赖着与之通信的这些人，如果对方不是平等的伙伴，他们就必须变成更加卑微而局促的小人物，因为他们缺少自由而**充分**虚构的实际维度。

他身上突然发生的变化：他想结婚，而这一切只不过是一个"**构想**"。

这个变化是如何发生的？源于她内心觉醒的疑问？源于她突然没有

1　《危险关系》（*Les liaisons dangereuses*，1782）是法国作家德·拉克洛（Pierre-Ambroise-François Choderlos de Laclos）所著书信体小说。

兴致结婚了？角色似乎颠倒了。他那永恒的提醒已经渗入她的内心，现在正有意识地产生作用。而他却尝试阻止她放弃他自己过去的算计，要从相反的意义上去说服她：去爱。

与那个瑞士女人的经历当然也在一定程度上促成了这个变化，当他向她表白这十天的爱情时，自己顺便说到这个。此外，他现在与恩斯特·魏斯[1]谈论菲利斯，而魏斯并不建议他与她结婚，这一点也起了一定作用。他的消极态度需要一个反对者配合，激励他通过对立来采取积极的态度。尤为重要的，却是格蕾特·布洛赫的存在。

由于上一页里提到我对他的恶意爆发，此刻我想说，自从这次变故后，他在我眼里又变得亲切了，这让我起初很惊讶，几乎要吹口哨，后来当他写了四十页的长信却没有收到回复时，我开始同情他所受的惩罚，不过真正**消除**了我的怒火的是他写给格蕾特·布洛赫的信，他接近她的方式与之前接近菲利斯的完全相同：询问她的处境并给予具体的答复。但是他也总是会考虑到她的帮助，于是他的接近也必然有其算计。尽管如此，有一点是不可否认的，他喜欢她，因为她很勤奋，一定拥有很多力量。不过，由于她很忧伤，本身就容易抱怨，他必须要劝慰她，比我们在他写给菲利斯的书信中认识的他要**温情一些**。

他可以和第二个女人说话，把一切告诉她，这使他能够向第一个女人求爱。

他想要的是柏林的格蕾特·布洛赫，而不是菲利斯。

在柏林的正式订婚仪式上与格蕾特·布洛赫见面后，他给她的书信

1　恩斯特·魏斯（Ernst Weiß，1882—1940），奥地利医生、作家，1913 年与弗兰茨·卡夫卡成为朋友。

又变得和从前给菲利斯的一样忧郁。是不是一面害怕婚礼，但是另一面又盼望着早点举行？是不是她的信中语气有所不同，如同我们从他的回信中所指出的那样？格蕾特·布洛赫此时居住在柏林，比之前在维也纳时更感到满意。在柏林她可能也会见到菲利斯，并出于嫉妒而接近她："你还能活三个月嘛。"可以感到，她身上有某种情绪在蓄积。

为什么找不到他在这段时间写给菲利斯的书信？

1968 年 2 月 27 日

昨夜是我人生中最伟大的夜晚之一，并不是因为我写了什么重要的东西，但是我进一步深入研究了卡夫卡给菲利斯的书信，体验了卡夫卡在格蕾特·布洛赫和菲利斯两个女人之间的割裂，一切都变得如此清晰，我可以从自身出发重新构建它。

我认为，我人生中的那些伟大夜晚都不在于写出了我本人的东西，而是一种突然的领悟和拓展。最初是阅读了卡尔·克劳斯作品的夜晚，然后是沃伊采克之夜，几年前有陀思妥耶夫斯基的《群魔》，去年大约是这个时候，我读了罗伯特·瓦尔泽的生平，而现在，两周来是卡夫卡，尤其是他的这些书信。昨晚出现了一种变化，我在憎恨他、恼怒他、讨厌他和鄙视他之后，随着格蕾特·布洛赫的出现，我突然又开始喜欢他。

两天前我和卡夫卡的关系降至低谷，他居然允许母亲打探菲利斯**父母**的情况，而他事先已经对这些情况有所了解。就算他在这件事上只对母亲让步，也留下我们可以想象的最低级的污点，他大概也知道，对于他而言，恰恰这些东西是可以与他的父母抗衡的。他其实能够在信中把这件事告诉菲利斯，对于这种致命的羞辱，唯一的解释就是，他想通过这种羞辱把菲利斯从自己身边推开，以便阻止即将到来的与她的订婚。还有一个原因可能是出于对她母亲的厌恶，他感受到她的敌意，并且很早就从菲利斯的书信里感受到了这一点。

　　这种背叛与他在嫉妒中迷失自我完全不同，这是针对她父母，而不是针对她，是关于她父母在市民世界里的外在地位、商业声誉，此外还有一些东西，如果是涉及菲利斯本人，他会坚决拒绝。就好像他预见到某种天然的失误，这个失误迫使她心爱的哥哥半年后移民去了美国。

　　失去哥哥带来的尴尬和困惑感，削弱了她抵抗他重新提出的、更加认真的求婚的力量，于是她在 1914 年 3 月同意了订婚。

　　但是我们必须更仔细地观察一下这个求婚的新阶段，它发生在有新的人员加入的期间，而这被证明是决定性的。比如说作家恩斯特·魏斯在 1912 年的冬天和卡夫卡的关系变得更加亲密。最重要的是格蕾特·布洛赫，虽然她是作为菲利斯的朋友走进了故事，但她比菲利斯要有趣得多，她更开朗、更灵敏、更虚心、更热情，也对他自己的悲伤有很多同感。他生命中她被视为密伦娜的先驱。而与菲利斯的关系大部分都发生在他自己身上，她的反应，只要可以借助于语言表达，他就视为关键词，用来引诱他自己的内心，并把它推向极端。真正的斗争是关于他的自我认识，尽管这个词在这里听上去想必不够充分，因为一种自我认识，它会推进到最为极端的自我指责，它会基于帕斯卡式前提，即自我总是可恨的，尽管它永远是那么有根据，这里的语气落在**永远**上，它实在是太少有了，我们甚至可以用两只手就能数出人类思想史上所有真实出现过的例子。这里**不能**包括那些伟大的偏执狂的教派，比如卢梭，他们的自我指责是错误的，因为他们涉及的是一个抵御世界的安全体系，他们像一个小小的、活跃的装饰，附在整个体系上。也不包括那些（大规模的）宗教教派，那些教派中，过去的一切通过已实现的信仰安全而被危害和扭曲。而帕斯卡却是包括在其中的，这似乎又可能与前者相矛盾。但是这里有残缺的运气成分，个别的句子从它们的漏洞中汲取力量，空虚和危险四处潜伏，最高贵和最尖锐的依然被遗弃，留给自己，读者在从一个句子到另一个句子的跳跃中，能够实现某种绝望的大胆，敢于对此进行思考。如果帕斯卡能够成功，活得足够长，能将他的《思想录》整合起来组成一个向内部防御的、值得讨论的体系，那么这个作品对于当时的那些人来说，其意义只不过相当于圣奥古斯丁的教派，那些人意识到这个作品所具有的破坏性和被破坏的特征。

从 19 世纪以来，包括克尔恺郭尔和陀思妥耶夫斯基在内，也许还有尼采，都是如此，以一种更加**盲目**而又非常全面的方式，因为他自己就是破坏力最强大的来源之一。

而在卡夫卡身上，这一切都以真正意义上更和缓的方式发生。关于应该把他视为犹太人还是基督徒的争论，与他自己的现实相比，显得十分荒谬。他太谦卑也太真实，什么也做不了，他把这个意思说得很明白。

如果还需要一份文件来结束这种侮辱人格的讨论，那么这个文件就在给菲利斯的书信中。

因为在这种具体的关系中，他既不是犹太人也不是基督徒。把这种关系引向婚姻的尝试失败了。但是他非常严肃地尝试，而不是简单地满足于禁欲主义的决定。他生活中的取材有来自犹太的、基督徒的、德国的、奥地利的、捷克的、俄罗斯的、法国的、中国的，甚至是美国的，诸如此类。他没有遗漏任何东西，而是面对每一个具体的人物，每一个图像，每一段关系，每一个句子，只要它们具体而独特地代表自己，把重点转移到这些生活元素中的一个或另一个上，那就是一种歪曲，就算它来自他最好的朋友，来自作品的拯救者。这歪曲必须像所有的歪曲一样被坚决地拒绝，即使它们被其他的、没获得授权的人同意。

真担心我变成了一个卡夫卡空谈家。作品啊！作品啊！

在了解信中每一个字的音节之前，你不应该写任何连贯的内容，哪怕是一页都不该写。从每一个短语中你都可以得出一个道理，当然是站不住脚的。

你今天和 M. 说话时的夸夸其谈就很糟糕，你还想这一辈子能写出

五部像陀思妥耶夫斯基那样的伟大小说！事实上，你却连一个关于卡夫卡给菲利斯的书信的小文章都写不出来。

你必须明白，吹牛的日子在六十三岁时已经结束了。一个人若是只有二十出头，这样的唠叨还能有些用处，至少会强迫人活动，强迫人进行工作中的体力活动，但是人到了六十三岁时，这一切都成了笑话，生活中只有诚实的一面才有效。

但是他从不放弃痛苦这个核心。

1968 年 2 月 28 日，星期三

离开格蕾特·布洛赫，我不该爱上她的。

一个人拥有多少认识，又白白流失了多少认识！

在开始写关于"书信"的文章之际，我必须正式**道歉**，我不仅要阅读卡夫卡最隐私和最亲密的部分，还要仔细考察。[1]

格蕾特·布洛赫的改变态度，也与卡夫卡对她哥哥的批评有关。她非常爱哥哥，并为他感到骄傲。在柏林的订婚礼上见面后，她随即把哥哥的《传奇》手稿寄给卡夫卡阅读。但是他不喜欢，严厉地批评它，甚至称之为"幼稚"，随后他描述了这位哥哥给他留下的印象："他给人的印象是极为细心、思维正确、可靠、**有点过于尖锐**、有恒心。"下一句的态度就否定得多，他很清晰地指出自己与这位哥哥的不同。"可能这些都是为了有用而必须具备的必不可少的技能，而这些技能我可以很

1　参见本书第 241 页关于论文开头的部分。

好地判断，因为我一项都不具备。"但是，这封信的最后一句出于嫉妒却显得不够巧妙："顺便提一句，其实他在餐桌上和你说话可以更友好一点，至少在面对着你看他的那种眼神时。不过也许他是友好的，只是一旦涉及你的事情，我有点过于敏感了。"

想必她立即回复了这封信，一直以来她写信的可靠和回复的迅速——与菲利斯相反——让卡夫卡特别喜欢，因为从他的下一封信里可以看出，她曾经为哥哥辩护，并特意强调了他们之间的共同点。他说自己是通过掩饰来强调对她的爱："我不愿把你包括在对你哥哥的评论中。如果我要那样做，就不得不增加一些我不能说的话。而我想说的话，我又不能写下来。可能你说得对，你们确实有很多共同点，而涉及你哥哥，我自然是看不出来。"随后他试图缓解一下之前对《传奇》的严厉批评。

但是这封信写于 6 月 6 日，即正式订婚一周后，出于其他原因却尤为重要。卡夫卡又像一年前一样感到难过了，这封信的开头让读过前一封信的读者感到非常熟悉：

"最亲爱的格蕾特小姐，昨天又是让我完全束缚的一天，我无法动弹，无法给你写信，这封信是我拼尽全部力气来写给你的。有时候——你是目前唯一发现的人——我真的不知道，我怎么能够证明，我要结婚是合理的。（……）"[1]

之前他还提到过，他在节日前开始**写作**。她的回答很平静：这不是最重要的，他本可以把她的描述视为"奇怪的错误"而拒不理睬，然后她一定会试图更好地进行解释。于是他现在写道："天哪，格蕾特小姐，我明白你对写作的评价是什么意思，但是即使我完全理解，也并不意味着要遵循它。每个人都以自己的方式从地下崛起，我是通过写作。所以

1　参见本书第 277 页。

我能通过写作，而不是通过休息和睡眠来养活自己。我更容易通过写作来获得休息，而不是通过休息来写作。"

这些书信的出版，编辑的成就是很出色的，只有一件小事我要抱怨，很遗憾，被格蕾特·布洛赫在他的信中用红线画出的地方，也许当时要被用于阿斯坎尼舍的"法庭"，这些地方在出版时没有标明。我们必须自己去把它们找到一起，却不能确定它们是不是如我们所猜测的那样。

1968 年 2 月 29 日

《审判》　K 被捕但是可以自由活动。

他被传唤去法庭，但是必须自己去寻找法庭。

订婚过程的**长度和持久使**他给予了他的小说长度和持久，若是对他可以这样称呼的话。这是一个他自己的、可以说他最真实的长度，是他通过《判决》和《变形记》而共同获得的。叙述活动的延续没有带来任何结果，但是路径变得更宽，并继续延伸。

这种延伸正是来自和菲利斯的经历，但是，这与他之前在《失踪的人》中已经存在的叙述长度有什么关系？在《失踪的人》里是关于真实的活动、海上航行和对美国的体验。从这个意义上说，《美国》更接近于世界文学早期的小说，尤其是狄更斯。但是这还不是整体的卡夫卡，而是零散的。这是撕开伤口前的卡夫卡。这个伤口看上去是一种被动的东西，它被人们随身携带，永远也不会改变。

罗斯曼还是毫发无损，没有法庭可以伤害到他。他只是从外面看有错，例如被罚去看电梯，实际上他并不是真的有错。他一下子摆脱了做搬运工的折磨，失去的只不过是他的工作服。

但是，一开始满怀无罪意识的 K，越来越被从**内部**掏空。罗斯曼对此早有认识，但也仅此而已。卡夫卡在妓院里学到很多东西，他从妓院认识了女人，真正地了解她们。当然，他之所以了解她们，是因为他自己很少或者根本没有机会去使用。我的体会更艰难，也许更专注。台莱瑟[1]是一个有说服力的真实人物，但是只有少数女人会从她身上认出自己，尽管我尽力地把她的女性特点与吝啬贪婪联系起来，此外，她在书里最长的部分根本就不是一个完整的女人，其他人可以心安，因为她的形象是一个老处女，也只能保持这样的形象。

从一开始卡夫卡的女人就都是妓女，这一点**每个**女人都会从自己身上认识到，这是她们最喜欢的工作，每一个不能成为妓女的女人都会**羡慕**这份工作。从最近的事情发展可以看出这是多么真实。今天满大街都露着大腿，人们不必去妓院就能发现那些女人在揽客，在不断地揽客。她们在展示自己，并把这种公然展示欲望的权利视为自己最真实的成就和人生最深刻的**意义**。

以至于今天人们只应该爱一个没有大腿可以展示的女人。

到处是糟糕的空气，不论是预审法官那里，还是后来在屋顶下的事务所里。

自然疗法
是不是一种特殊的敏感，导致了自然疗法？

对身体构成的一种更清醒的认识，对身体的各部分、对引起疼痛的各器官的了解，增强了对整体的愿望。

这里和那里的疼痛会让人想起各个器官。

游泳、裸体做操，就算是简单的呼吸也可以重建身体的整体性，还有跑步和剧烈的楼梯跳跃也可以。

失眠会使自己清醒地意识到身体受到的危害，睡眠可以让人忘记自

1　卡内蒂的小说《迷惘》中的人物。

己，是最高的救赎。

想象自己通过食物而摄入了毒物，这也属于对身体的清醒意识，属于对自己的器官的不断的认识。

人们在寻找那些自己确信无害的食物。

在这里禁欲主义并非"神圣的"，至少不是基本的，只不过是试图让身体远离危害。

那么，我们爱一个女人，我们想念她的身体，也会努力保护她远离同样的危险。在他给女人的书信中，在给菲利斯的信中，尤其给格蕾特·布洛赫的信中，卡夫卡的自然疗法在外人看来也是急切的。

最初是瘦弱令他关注自己的身体，还有他和父亲在浴场的经历。后来正是这种瘦弱让他在女人面前害羞。他在追求一个女人时，不得不把这种瘦弱夸大，免得以后她为此事受惊吓。

在疗养院里，与肺结核病患者在一起时，他会比较快地接近女人，一方面她们自己就很瘦削，另一方面，她们的疾病和他的病情形成某种平衡。

（布洛赫对卡夫卡这方面的盲目，与他的身体缺陷有关。当他赞赏地描述卡夫卡在运动方面的灵巧和勇敢时，他忽略了，正是他的缺陷使他灵巧而勇敢。）（表达得太粗略了）

因此，卡夫卡的多疑症是日益增加的对身体的敏感，一种永远清醒的意识。也许这番话对于所有的多疑症都适合。当然，在他身上这意味着远比别人要多得多，因为他身上发生的一切都会转化为精神形象。

1968 年 3 月 1 日

今天终于读到了 1915 年、1916 年和 1917 年的书信。在 1915 年和 1916 年的大部分时间里，他都在抗拒她。他不愿再像以前一样写信了，开始写明信片（当然也是因为明信片可以更快地通过审查）。

他决定每十四天才写一封，现在他成了常常被催促消息的那个人。

后来，令我感动得流泪的是，我读到了关于马里恩巴德的那段日子。那几天的温柔甜蜜，他们的爱情，终于让人看到了真正的爱情。

随后语气变了：他催促她到犹太人之家去上班。我们会把这理解为战争对他的影响，对犹太难民的影响，对于他来说，这是他与战争**最近**的交集。

除此之外他对于战争要说的话，有时令人尴尬。他对战争的态度很**固执**，想必对此感到内疚，因为他希望自己也能成为士兵，但是没有获批。

这段时间，对公务员的生存状况和对布拉格的攻击变得非常强烈，他说服了菲利斯，使她相信他必须离开布拉格。

1968 年 3 月 2 日，星期六

有必要把自己置身于每一个协会、每一个"群体"**之外**，独自一人，**独自**敏感而又明察秋毫地面对世界。

在这种处境下，在强权面前，巨大的弱点会导致寻求帮助和支援力量，这力量在很长一段时间里会成为自身的力量，接下来会发生对抗，强者退后，写作停止，对世界的所有对峙性怀疑，都会变成个人的怀疑。

权力

当我们一旦知道，卡夫卡的真实对象是什么，他的关注，他的实质，他个人的痛苦，他与世界的关联，他的失败，他的疑虑，他的自我折磨，他的多疑症，他的疾病，他的死亡：**权力**，那么他的作品就向所有观众展示，并以我们这个时代其他任何作品都不具备的清晰度打开。

人们把它误解为宗教作品，因为它不排斥权力，也不排斥宗教，也许正是他对权力的**完整把握**，才导致了人们对他作品的误解。

他能够与权力如此激烈地对抗，是因为他不带有任何琐碎和庸俗的前提。

正如他所说的，因为他是最瘦弱的人，所以他的体重缺乏分量。基于长期的这种缺陷，他常年受旧的偏见制约，认为只有丰满的人才能信任。

他佩服并惧怕父亲的高大魁梧，把妹妹奥特拉描述为"圆润的"女孩，由于她的这种特质，他把妹妹视为理想的母亲形象。

他自己**长得很高**，奇怪的是，他却在独立性中为自己寻找身高带来的影响。

他对身体摄入的营养的关注包含各种元素，害怕身体因为饮食会摄入毒药。

他追求的孤独，也意味着身体的孤独，他对独自散步的兴奋而快乐的描述，展现了他是如何逃避别人的所有影响。

"原罪后的乐园"里完全没有人。由于他的敏感日渐提高，别人施加的**每一次**影响都是一种窘迫。

而在不忠实的睡眠中，可以罔顾这种影响。

1968 年 3 月 3 日，星期日

卡夫卡想要的书信，就是他的**分量**。

1968 年 3 月 4 日

《在流放地》

在皮肤上书写，源于他的身体感觉，倘若没有这些感觉，例如，没有他对噪音的敏感，他就永远不会屈服于这种折磨。

而机器的图纸——则像他为供职的保险公司写论文的那些图纸。

判决的逆转让人想起格蕾特·布洛赫的最后一封（现存的）信中的

另一次逆转。据说在阿斯坎尼舍法庭她是他的法官，而实际上是**他**在她的位置上。

但是与《在流放地》的近乎完美相比，对它的起源的了解显得多么的不重要。结局不好，前任指挥官的墓碑上的铭文，今天依然具有现实意义，尤其是**政治上**的现实意义，今天依然有效，非常有历史感，有点像他所谓的"构思"。

机器的自我毁灭是如此宏大，到这个地方之前，一切都是既有强迫性又惊人的：克莱斯特的力量。

从回到流放地开始，也就是全文的最后两页，小说的结构失去了张力。前任指挥官的坟墓，就算是在奇怪的位置，也带着某种无趣和呆滞。他向追随者预言自己即将复活，这是**外在于**结构的，对于小说是不值得的。"预言"这个词在我看来完全是毁灭性的，对于**这部**小说来说是蹩脚的。

可以这么说，令我或者令这最后两页感到羞愧的是——我想到了毛姆的一部或者某一部紧张刺激的来自东方的英文作品。

在《**乡村医生**》中几乎一切都好，有的地方很精彩。

《乡村医生》里我真正不喜欢的只有"杀兄"（魏德金德——表现主义），他居然把这部剧收入这一卷中，简直无法理解。糟糕的名字。

《巨鼹》很弱，这个词唤起的想象令人遗憾。也许他是尝试着为自己变成小动物以及再变大——旨在被人见到——而辩护。

城里居民们无休止的唠叨的美妙转变。

卡夫卡的这种"来来回回"（他自己也清楚这一点，并且在给菲利斯的信中为此咒骂过自己），如果是潜入了故事的**语言**中，比如说以学术考虑和怀疑的形式表现出来，则是令人难以忍受的。

作为一种**灵感**，也许是他最本质的灵感，这种"来来回回"是无可避免的。它可以决定小说叙述的进程，也经常这样做，但是不能左右语言的流动。

"依我的天性，我只能承受没有人给我的任务。在这个矛盾中，我只能忍受一个矛盾。"[1]（《乡村婚礼筹备》，断篇）

独自一人的时候是多么的高尚，针对别人的时候是多么的放肆！
别人令他**困惑**，但是为什么呢？
因为他不相信自己能控制他？
因为他不想被控制？
因为他为了能够看清楚，只需要这么多米，不多也不少？

从尼采到卡夫卡的路，很长，却又很近的路。
"我有一把坚固的锤子，但是我无法使用它，因为它的柄很烫。"

与布罗德一起长时间地阅读《情感教育》后，卡夫卡对**痛苦**的概念进行了调色，布罗德欠他一本福楼拜，送给了他一本柏拉图作为礼物——对卡夫卡来说这显然是可疑的——不过，这是《普罗泰戈拉》。

"通往其他人的路对我来说很长。"（第三本八开本笔记）

"相反，如果有人**坐到我身边来**，我会觉得被探听了。"（《理查德和萨缪尔》[2]）

1　本书中所引的卡夫卡作品文字，未注明译文所采用版本的，均为译者所译。译者注。
2　弗兰茨·卡夫卡与马克斯·布罗德在 1911 年共同撰写的一篇小说，但是写完第一章就停止了。

《理查德和萨缪尔》第一章中**理查德的部分**（关于 1911 年 8 月底从布拉格去苏黎世的旅程）很具有卡夫卡的特色。他对双门轿车中那个新来的女孩的看待方式，他的仰慕和热情，虽令人想起维特，却在最后一句话中获得了真正的意义：他的自然疗法绯闻，因为她在服用补铁剂（"至少好一会儿我觉得这个女孩是一个幸运的偶遇"）。萨缪尔！嘲笑他相信医生；卡夫卡在火车上的睡眠，被不眠的布罗德记录下来，后来 K 也详细解释过，被看作是对抗他失眠时最糟糕的状态；到站之前醒来，油腻的、潮湿的、狼藉的尴尬。

所以他这次出行，出现四个重要的对象和反应方式：

1. 对于新结识的女孩或女人采取的"伟大而值得崇拜的形式"；
2. 自然疗法，把女孩作为不情愿的皈依者；
3. 失眠和铁路疗法；
4. 纯粹主义者的洁癖，不喜欢和其他人一起醒来。

1968 年 3 月 5 日

卡夫卡两次请求了解一篇关于《司炉》的评论文章的详情（1913 年 10 月 15 日至 23 日致库尔特·沃尔夫的信）。

在居劳的老鼠大入侵体验（1917 年 11 月中旬）

致韦尔奇 [1]、鲍姆和**布罗德**的信

（*1917 年 12 月初*）"面对老鼠时，我吓坏了。当然，就像惧怕害

1　菲利克斯·韦尔奇（Felix Weltsch，1884—1964），记者、作家、哲学家，卡夫卡和布罗德的密友。

虫一样，这与动物出人意料的、不期而遇的、不可避免的，以及某种程度上沉默的、顽强的、暗中潜伏、突然间冒出来有关，也让人感觉到，它们已经把周围的墙壁挖穿了上百次，蛰伏在那里，它们一方面赤裸着身体，一方面又因为体型微小，远离我们，更让人感到不易受攻击。**尤其体型的微小会释放出重要的恐怖因素**，想象一下假如有一种动物，它长得和猪一模一样，本来是带有喜感的，但是却和老鼠一样的大小，从地板的洞里呼哧呼哧地钻出来——这是一幅多么可怕的景象。"

同样，他若是缩成了小东西，也会变得非常可怕：这一点**非常重要，要好好思考**！

1968 年 3 月 8 日

描述他的嫉妒：最初的痕迹，12 月的爆发，关于欧伦伯格的信，菲利斯对《观察》[1] 的失望。因为他自己对此并不欣赏，他的处境尤其困难。

要很小心，不要弄得太粗略，不要**太确定**，只有通过频繁的引用来回避。

你的语言有某种微妙之处。尽管语言很重要，你也不能把一切都转化为嫉妒。

你的关联太明确了。你只是根据他们的结果来判断最初的三个月，其实假若按照菲利斯自己后来的观点，那是一段"好时光"。

他向菲利斯索要的照片，成为新的**力量核心**，它们有助于他的**准确性**，他可以深入每一个细节。

1　菲利斯在一封信中赞扬了莱茵州的作家赫伯特·欧伦伯格（Herbert Eulenberg，1876—1949）的《影子照片》（诗人肖像集），而对卡夫卡 1912 年 12 月 11 号寄来的他的第一部出版作品《观察》保持沉默。卡夫卡在 1912 年 12 月 28 号的回应中嫉妒心发作，称欧伦伯格的文字"令人喘不上气、感到不洁"。参见本书第 250 页。

那张舞蹈图，就是它导致他嫉妒的吗？他很快认识到，干扰他的是那许多的**名字**，而实际上是那些**作家**（欧伦伯格以及他招来的那些人），事实上，还是因为她不喜欢他的书。

1968 年 3 月 14 日

关于卡夫卡，昨天没写多少，夜复一夜进展越来越缓慢。不只是目前的工作进入了一个死结，就算是已经完成的，我也一点都不再喜欢，我为自己内心制造的那些噪音感到羞愧。关于卡夫卡，我有没有说过哪怕一件奇特但又重要的事？不过当我读到那些书信时，我心里确实有所感悟。只有他能够让我感悟，而我自己是多么渺小，一无是处，不值一提。

你凭什么呢？如果卡夫卡是你的菲利斯，他不会给你写信，不过也许你会有他全部的话语，而不是信件。他的语言，你配不上，你的语言不纯洁。在他的思想面前，你必须沉到地板下去。他的困境，你的困境又在哪里？……他……惧怕菲利斯，年仅四十一岁便安然去世，却比六十三岁的你要更智慧；即使身处苦难之中，也比你更崇高、更纯洁、更优秀、更严格。

想想你给他找来的那些冷漠的评语，想想他给你过去的生活带来的那些夜晚，想想最近的那些夜晚，你不会感到羞愧吗？

关于卡夫卡，我什么都没说过。我没发现这些信究竟是什么。我没有解开他害怕别人的谜底，我那寒酸的私人怪癖，我的嫉妒，我的恐惧，和别人的全都一样，和他的不同，全都通过他而一起承担。领悟的力量已经告终，还剩下的，全是那几个夜晚的强烈情绪。

当我阅读卡夫卡的书信时，他的抱怨和哀叹让我难以忍受。但是他保持了这个风格，而我保持了我的感受吗？

　　当我试图去记录他和菲利斯的关系的进程时，我突然觉得自己像莫洛亚——或者最最可怕的是——像茨威格。或许我和他一样，只不过是一个拙劣的涂鸦者——只不过还没完全到那一步？

　　这不仅是不可接受的，也不可以把一个像卡夫卡这样的思想家对自己说过的话，再用更糟糕、更粗野、更模糊的方式说一遍。

1968 年 4 月 17 日

致鲁道夫·哈尔腾

亲爱的鲁道夫·哈尔腾：

　　这是一次有趣的会面，您给我来电话时，恰好是我给赫拉口述完最后一句话之后半个小时，就好像您从远方一直在观察并对一切了如指掌。赫拉向您致以诚挚的问候，她正要出发前往苏黎世。复活节期间她帮我完成了这项工作，没有她这件事根本就无法完成。

　　我相信，中断这篇《审判》[1] 是个正确的决定。我认为，这篇论文至少要有某种统一性，他们两人关系的后面三年具有完全不同的特征，是对早期的几乎空洞的复述，对他作品的影响几乎不再能够确认。如果要加上描述这个时期的 25 页，就意味着要把之前的重要内容删去，那可能就没有什么意义了，毕竟，如果今后真的有需要，后面的部分可以在其他场合单独发表。

　　顺便说一句，刚才在电话里我本不想说，我已经把第一部分重写了，它的顺序和特点完全没变，我只是让几个地方变得紧凑了一些，还标出了一些太过舒服因而有点拖沓的地方。标出的应该去掉（我估计一共大约有 5 页），而括号里的段落，只有在您觉得空间不够了才可删去。

1　指卡内蒂的《另一种审判》。译者注。

我当然更情愿保留它们。如果您认为还有其他地方必须删去，我请求您自行裁定。

您会看到，我完全接受了您的建议，只有一个例外。尽管您给出的资料来源中提到了《地洞》，但是我不喜欢这样做，因为我一直都避免提及他后来的作品。后期的私人文件只有少量我**不得不**引用。

我很好奇您拿它能否有用，如果您想要给我写几句批评和意见，那就太好了。不过也请您只在不受其他琐事烦扰时写。

我很高兴您很快要去度假了，在那里会很愉快的。很遗憾我在康斯坦茨没有见到您，赫拉当时也很期待与您再见。不过为了完成卡夫卡，没法成行。

埃利亚斯·卡内蒂向您致以最诚挚的问候！

请代我亲切问候艾丽和扬斯·彼得。——此时又是深夜了，所以我只能明天寄出所有这些。我只希望，多耽搁的这一天里，您的运气不差。不管怎样我会用特快邮件寄出。

1968 年 4 月 22 日
致鲁道夫·哈尔腾

亲爱的鲁道夫·哈尔腾：

您寄来的信是多么的大度和睿智，我在看信时再次感受到，我们不能时常促膝长谈是一件多么痛苦的事。

说到更为根本的缺陷：当然我没有辩证的思维。我获得的每一个见识，都会牢牢地征服我，我无法再把它翻转，也无法权衡它，当作垫脚石起跳，它呈现出一种最终的状态，我别无选择，只能等待单个的新见识出现，去修改它们。这个过程有某种附加性的意义（可能因此有人强调笔记比相互关联的文字令人可以容忍一些），恰恰这种缺陷也会在语言中表现出来，您当然是一如既往地切中要害。

不过，您感受到的缺陷，有些也和其他东西有关：我为第二部分预留了一些关键的句子，其中就包括有关**消失**、出生逆转和体力不足的整个方面。我认为，卡夫卡从这个缺陷中获得了惊人的力量，他比任何人都有能力描述消失的进程（比如《饥饿艺术家》，这部作品的重要性在我看来丝毫不亚于《变形记》）。关于这一点，还有关于变形为小虫子的详细过程，我在第二部分里写了大约 6 页。名字的消失当然也属于这个部分，我想在此还是先不提它。

在第二部分里会出现的另一件事，是他对权力的描述，而且是权力表现出来的各种形式。除了他之外，没有别的作家这样描述权力，他真是唯一的一个。权力的所有与身体有关的方面都包括在他身上，还包括宗教，但是又完全有别于他作品里"宗教"领袖所能梦想到的。正是这一点证明了他作品的影响力在减小，其程度令我自己也很吃惊。改造也许是有必要的，但是我认为，如果要改造得彻底，就需要扩大而不是减小它的意义。

（我完全有理由表达感激，没有您我就无法完成这个工作，一念及您会对此发表意见，这念头就是我真正的动力。）（稍后再写）

有些东西变得比较平庸，因为我为了简洁而省略了某些部分，尤其是对格蕾特·布洛赫的报道中的那些琐碎杂事。我本想把这个处理得更长一点，比如和她哥哥的关系这部分，卡夫卡没有意识到其中的重要性，随着她开始反对他，这些我完全略去了。我本想引用更多他的日记，尤其是关于他对于写作的反感，曾经把这作为对订婚的抗拒——现在这些全都不见踪影，我们只读到"订婚、订婚、订婚，解除婚约"，每当我读到这段为了简洁而被省略得支离破碎的地方，我自己都感到很不舒服。

说起简化：我想知道，您对第 2 页下面括号里的那段话怎么看，要不要把它删掉？赫拉觉得这段话太过私密，也许她说得有理，我已经没法再作出判断了。我能否把决定权强加给您？括号里关于斯托伊塞尔的部分以及第 20 至 21 页里的《观察》要不要留下？我认为，还是去掉的好。

关于他的计划对于他的影响的实质，这个决定必须保持开放。他梦想着大声朗读福楼拜的整部小说，这梦想把我误引向了对"规则"的解释。对于这个情况，这个解释可能是正确的。但是其他的呢？正如您所说的，必须听过才知道。

至于他对于再见菲利斯的恐惧，我完全同意您的观点。您所写的一切其实都归入进去了，我的观点可以忽略。但是我不认为他的威慑会就此失效。两个都正确。不过她对他的计划的询问，促成了他这次旅行的决定性计划。

我很确信菲利斯试图通过不写信来催促他订婚，她是一个很实际的人，如您所说，正因为他这个人的个性让她变得没有安全感，她才能以明确的决定，证明在自己和起疑心的家人面前长时间的"替代"书信是正确的。

现在来谈谈第 59 页第 17 行的"两种语言"的不可理解的段落，这里涉及的是当时书信中的修辞语气（参见韦尔弗的笔记）以及当他把菲利斯排除出局时，他的见解的真实性。这是两种不同的语言，正如我之前所说，我想这是很明显的，但是您的怀疑让我感到困惑。我必须说实话，向您承认这是赫拉表述的。所以我们也许可以把这个句子"这是一封长信，用两种语言写成"稍微修改一下，改成"这是一封长信，他用两种语言写成，富于修辞的和富有见地的"。如果现在告诉印刷厂把它标注出来，以便这整个段落不用重新设置，有没有意义？我认为，这样是非常清楚的。

在我看来，您在细节上的细微改变带来了改善，只是这个"前前后后"的改动，我不喜欢。我能否把它改回来？对于"夜晚过度清醒的解体"这一处更改，我还是不太明白。

第 37 页的"他如堕雾中"等两句话，**确实**是引文。

我会在伦敦待到 5 月 11 日，这对购买旗子来说肯定足够了。

在 5 月 12 日至 22 日期间，我在巴黎（我哥哥的地址），然后回伦敦。

我完全有理由表达感激，没有您我就无法完成这个工作，一念及您会对此发表意见，这念头是我真正的动力。

向您致以最诚挚的问候！

埃利亚斯·卡内蒂

请代我亲切问候艾丽。

（删节的部分 4 月 22 日已寄出）

1968 年 4 月 25 日

我还有很多信要写，有很多书要读。最美好的夏天已经来临，赫拉来和我共度复活节，我比以往任何时候都更爱她，她给我写了极聪慧极迷人的书信。那篇关于卡夫卡的文章——或者至少是第一部分——已经写完，感觉还不错。后天是《婚礼》在荷兰海牙首映，这也许可以弥补两年半前在布伦瑞克那丢人的场景 [1]，不过我全都不在乎。我对这里发生的事件感到深深的绝望，对一个长期民主的国家的公民的态度感到深深的绝望，我感到绝望，我想去死，我不希望曾经活过。我想冲着这些人的脸大喊："如果英国变成罗得西亚 [2]，你觉得怎么样？"但是其实哪里都一样：那里是二十万白人对四百万黑人的绝对统治，这里有五千万白人害怕一百万有色人种。这种比例失衡很荒诞，但其实两种情

1　1965 年 11 月 3 日，《婚礼》在布伦瑞克国家剧院首演时（当时卡内蒂在场），出现了嘲笑和抗议，显然是因为部分观众认为该剧有伤风化。然而，对作者和剧院"激发性别滋扰"的匿名投诉，最终并没有导致指控。

2　罗得西亚，即今天非洲南部国家津巴布韦，原为英国殖民地，1965 年宣布独立，1980 年改名为津巴布韦。译者注。

况完全一样。

如果白种人逐渐绝种，如果白人孩子不再出生，如果白人的数量到处都急剧下降，最终把这片土地全部让给别人，也许是最好的。还能比这更糟吗？不能。也许人们会得到同样的结果，甚至是很有可能，不过就算富有的白人的狂妄终将被打破，这个推定听上去也正确一些。

我在这里写下这些针对白人的胡言乱语，是为了释放情绪，为了发泄怒火，重归理智。我也很清楚，所有这些激动情绪都是愚蠢而不负责任的。我要非常小心，不要让这些情绪感染其他人，但是在这里我得说给**自己**听，我得发泄，我憋得要命。

1968 年 4 月 26 日

研究了几个月卡夫卡之后，我现在对他还剩下什么感觉？我几乎说不出：也许最准确的感觉是**厚颜无耻**，我带着这种感觉进入了他最私密的不幸之中。因为不论我们说什么：只要写下像他写给菲利斯那样的书信，就会感到傲慢。他从来没有连续地读这些信。**他**再也没有以这种总结的、准确的方式重复过这五年的工作。信中的很多事情在他的记忆里已经发生了变化，而我却在五十五年后来了，而且清楚地知晓它们是什么。也许这是最糟糕的：把它们**压回到**措辞里，我和其他每个人都能证明，他什么时候陷入恐慌，求助于韦尔弗那激昂而空洞的语言来拯救自己。如果不是读过其中的一些信件，我大概永远都不会知道，卡夫卡在多大程度上能够去**适应**那些脱离生活的语言痛苦。我一直都知道他的恐惧，但是直到此刻我才了解它所有的**细节**。但是还有许多其他的小特征，我很惭愧现在才知道。在第一次巴尔干战争中，他是**偏向**土耳其一方的。塞尔维亚人在附近，令他感到不安，好像他已经预感到整个事情的走向。但是当世界大战爆发时，他的反抗，在我读过的所有书信中，是最令我尴尬的。他的反应让我想起了在这场已经结束的战争中的玛丽-露易丝的反应。我和她一起观看行军的战士，她对他们即将遭遇的事情没有一丁点同情："我恨他们，"她说，"我不喜欢他们中的任何一个，他们也都**不喜欢**我。"把这番话用图画的形式转换过来，就是卡夫卡的反应。（中断了）

1968 年 5 月 8 日，星期四，苏黎世

在革命的巴黎待了八天。发生了那么多事，我看到了那么多，以至于我都无法理清头绪。现在一切都过去了，我又回到了苏黎世，又坐在美术馆餐厅的露台上。赫拉与我一起去了巴黎。她现在在美术馆兼职，我在等她，她随时会来。

索邦大学的景象，也许可能发生在今天的北京，不会是别的地方，但是肯定景象会不一样。我以前从未去过索邦大学的校园，这是第一次看到这样的景象：街道上挂着红旗，入口处、院子里挤满了人。校园被青年人占领，他们或者成群地交谈，或者独自闲逛，面孔都奇特地漂亮、骄傲而严肃，好像世界的命运就掌握在他们每一个人手里。校园的两边有各种摊位：其中一个摊位上挂着毛的照片，下面打开了一本毛的著作；斜对面挂着托洛茨基和格瓦拉的照片，他们在俯视着这些追随者的宣传品。上面的窗户被青年人占领了，维克多·雨果的石像上系着红领巾。年轻的无政府主义者在吆喝**他们的**报纸。自由的氛围，每个人都可以畅所欲言，没有人被要求沉默，每个人说话都受到倾听。墙上到处是手写的大字报，或者是直接写在墙上。

1968 年 5 月 29 日，伦敦

三天前我回到伦敦，至今一个字也没有落笔。我经历了太多，看到了太多。一周前我在苏黎世，四天后我到达伦敦感受到的晕眩，还没有

消退。我有那么多话要说，以至于我什么也说不出，我都不知道我还能不能说出点什么。

　　因为我亲眼见证的这些事件，直接触及我四十多年来一直研究的思想的核心。很可能，我得出的那些结论，被证明是错误的。那么我就必须要把它**说**出来，并且把我在毕生心血《群众与权力》中写下来的思想撤回或者撤销。也许最后并不是全部都错了，但是我很有可能要做深刻的改正。也许这是我的好运，我已经宣布了要写的第二部分，还没开始启动，那么它可以把我的更正一并收入，两册仍然可以一起使用。

　　但是从根本上说这不是关键。关键在于，我要**领会**。我要领会这个，就算它完全没有什么用。很有可能我终生一直做的这个研究的真实动机就是错误的。虽然我不断宣称，我要以此来**实现**某些目标，我的见解要有益于他人。但是当我考虑到，我早期的那些见解都发生了什么，它们是如何被随意运用，它们会分裂成多么矛盾的观点，我就觉得，一个人所得出的真实结果，并不能实现什么目标。人们各取所需，摆弄它，歪曲它，援引它，好像他们才懂得作者的意图，鉴于每个影响的毫无希望，作者别无他法只能为他的认识而活。在这种努力中，他必须尽可能诚实，而且不要被任何观点说服，无论那个观点是多么合理。因为一个观点一旦确定，它就会形成自己的阶层，并且像这样的阶层一样行动。

　　我感到自己是多么不愿意和引用了我的观点的人交谈。他们试图假设自己的愿望是合理的，而并不关心我对这个认识的看法。他们的提问和建议令我沮丧。"我当时是这个意思吗？"我不断地问自己，并被**每一个**结果，或者具体说每一次引用吓回去。

　　我非常清楚这种反应的荒谬：这个反应并不因此而变弱，它是**不可抗拒的**。

1968 年 5 月 31 日

但是现在我不可以再抱怨了。我已进入世界上最出名和最受欢迎的人之列。通过报纸，我的名声日隆，我那难看的照片出现在电视屏幕上。心情好时我便飞去找我远方的爱人，我们相互倾慕。不论我是否愿意，而我肯定是不愿意的，我成了众人饭后的谈资，就算我已经受够了，却没法轻易抽身。坚韧而牢固的名声已经产生，既然已经存在了这么久，也会长期存在下去。我的判决已经被宣告，我的自由也已告终。

今天一位三十岁的美国教授、布洛赫专家给我写信：他想在他的新版书中加入关于我和布洛赫关系的一章。对此我无法告诉他真相：这真相对布洛赫来说会很不体面，我今天依然认为布洛赫是最被高估的现代人物。很久以来我就知道，布洛赫根本没有自己的原创思想。他所仰慕的那些神话都被否定了。穆齐尔对他的所有怀疑都是**有道理的**。自从我在他的书信中发现，他是如何**毫无廉耻**地建立自己的名誉，我再也不能把他当作正人君子。

我无法忘记索邦大学那些年轻人的面孔。我的思绪每个小时都会回到他们身上。没有什么东西有足够的分量把我带离他们。他们拥有美好的面孔，但是我却视他们为受害者，从在那里的第一眼开始我就视他们为受害者。他们是新旧名人的受害者。我现在就是这样一个名人，还会成为更有名的人。有朝一日这些面孔也会引用我的话语。我最初开始的时候，是否**也如他们**今天开始之时，知道自己将会添乱？有没有**不添乱**的可能？我不知道，我不知道，这是我现在唯一想知道的。

目瞪口呆，但是和许多陌生人一起。

周围全是玻璃，是喘气，是黑暗。

我在黑人和索邦大学的年轻学生之间感到被来回撕裂，别的事情引不起我的兴趣。对后来发生的、我再也不愿见到的一切的好奇心也减弱了。但这不是疲惫，我只是不知所措。

一个人能否把他写过的东西全部**收回**，直至它们完全消失？亚伯拉罕·索内：他依旧是我心中神圣的名字。我**现在**真想去问问他。

认识他的时候，我还年轻，但是已经写下了我的作品，在灾难中我失去了他。"**散发着战争的臭味**。"现在巴黎就在散发着臭味，内战的臭味。

1968 年 6 月 8 日

重新审视卡夫卡原稿时内心幸福的宁静，好像过去的两个月什么事都没发生过，好像那篇**文字**的生命又重新连接上了。

1968 年 6 月 13 日

卡夫卡是如此的虚弱，以至于在读完他给菲利斯的信后，我对他的尊敬完全没有减弱。

1968 年 6 月 25 日 [1]
致鲁道夫·哈尔腾

亲爱的鲁道夫·哈尔腾：

我没有马上回复您的信件，因为我还抱有一些希望，能尽快把卡夫卡文章的第二部分收尾。我在过去的这周里重又认真地对此进行了研究，

---

1 参见埃利亚斯·卡内蒂：《我对您期待良多：1932—1994 年书信》，由斯文·哈努舍克和克里斯蒂安·瓦辛格编，第 293—294 页，慕尼黑，2018。

现在我发现这不可能完成。我肯定还要在 7 月专注于此事，因此我请您通知一下，把这个后续放到再下一册里出版。

要怪当然得怪巴黎。我在那里待了很久，那里发生了您知道的那些令人激动的事件，在索邦大学的日日夜夜，我有好多话想对您诉说，简直不知道从哪里说起。我敢肯定，这些事也会让您触动，就如它们感动我一样。一段时间以来，我感觉到，新一代年轻人满脑子不再只充斥着滥交和吸毒，还满怀抱负，思考着真正重要的事情，这个感觉已经被强烈地证实了。这一代年轻人的骄傲、猜疑，他们对这个社会的厌恶和无情的痛恨，他们蔑视绝大多数的市民、官僚、钻营家、唯技术论者、汽车崇拜者、流行文化白痴、俄裔美国人、超级大国、警察暴虐狂等，毕竟他们天天与这些人为伍，这些人的做派令人光是一想到就要流泪。我并不羞于对你讲那些在别人看来很可笑的话：就算我今天必须死去，我也不再死于对这个世界鬼知道几十年来现状的彻底绝望，而是满怀希望地死去。不管会发生什么事情，我现在就**知道**，这些人不会再被憋死。我见过他们，和他们交谈过，倾听过他们的见解。至少他们有一点：对命令的直觉反感，能认识到僵硬的计划和目标的危险。

亲爱的鲁道夫，您一定会理解我，也不会怪我把卡夫卡文章搁置了几个星期。现在我已经找回了进入论文的道路，虽然不乏困难，并且我会坚持下去。在我看来，关注这件事一点都不多余，只不过回到过去找到某种平衡不太容易。我现在也很期待第一部分，想必很快就要出版了。

如果您能把您的新作品寄给我，我会很高兴的。在那些年长的人中间，就是"我们的一代"（我知道您比我小了好几岁呢），我感觉到和您真实的亲密联系。您是唯一一个我可以毫无疑虑地说出心里话的人。在您面前我可能也会比较可笑，一如在这封信里。

向您致以最诚挚的问候

埃利亚斯·卡内蒂

P. S. 顺致对艾丽的最诚挚问候

1968 年 6 月 30 日，星期天

上半年的最后一天，非常炎热，我觉得虚弱，心情不快，是因为我不能没有赫拉吗？还是因为我什么事都没做，什么事都没有进展？中午和阿依莫尔[1]一起吃饭，下午和米诺斯[2]一道，晚上与玛黛，一天就这样虚度，刚才我给赫拉打了电话，她在家，她那里也是酷热，她在捷克的木偶剧院，她很喜欢那里，还坐在新公寓的桌边，翻译中文。

我喜欢她的声音，我必须听到她的声音才行。

我写下这番话时，电话铃声响起，是她，她第一次自己选择了这些字母，被它的美丽震撼了。

我还有什么可抱怨的呢，难道我不是最幸福的那个人？我们的声音时刻交织在一起。我还有什么可难过的，哪个人能够在夜里坐在桌边，时刻就能把要听的声音召唤过来。离电话只不过四五步远，13 个字母，一分钟之内，不超过一分钟，几乎不会，我就能召来她的声音。难过，我笑了，这些可怕的人和我有什么关系。我今天和他们在一起，我应该漠视他们，他们活该，这些可怕的人。阿依莫尔，他只会幸灾乐祸，每次他自己还没意识到，我就看出他的情绪；米诺斯，作为一个希腊人，他的谎言太糟糕了。玛黛，无比投入地倾听她那个愚蠢的厨房男孩说话。这些人关我什么事，他们关我什么事，仅仅只是我太了解他们，不想和他们相处，因为我为他们丑陋的弱点感到羞愧。

享受别人的遭遇会让自己的际遇也变糟。

1　阿依莫尔·麦克斯维尔爵士（Sir Aymer Maxwell，1911—1987），埃利亚斯·卡内蒂在英国流亡时期的朋友。

2　米诺斯·沃兰纳基斯（Minos Volanakis，1925—1999），希腊戏剧导演、翻译家。自 1966 年起偶尔居住在英国，把卡内蒂的剧本《确定死期的人们》译成希腊文。

1968 年 7 月 2 日

也许通过卡夫卡，人们所有公开或隐蔽的浮夸容易受挫。以前那些"漂亮的作家"（此处想到的并不是卡尔达诺[1]）描述他们的生活或世界的状况，就好像它们是顺理成章、毋庸置疑、不偏不倚的，对此，我们会感到不耐烦和不相信，好像他们说的是另一个星球，也就根本不**会**把他们当真。

卡夫卡给这个世界注入了新的东西，一种对世界的更明确的质疑，它不是带着仇恨，而是带着对生活的敬畏。这双重的感受——敬畏与质疑——是独一无二的，一旦体验过，就不会再失去。[2]

卡夫卡的弱点也就成了世界的弱点，因为他**从不**忽视他试图逃避的权力。对他来说，权力永远都在，以各种形式存在，他从无能为力的立场出发，用各种形式把权力表现出来。尤其重要的是，他把权力感受为对身体的威胁，在公认的**折磨时期**，可能显得理所当然。在历史上曾经有短时期，酷刑在意识形态上——即使在现实中也从未完全被禁止——导致了人类可怕的自我欺骗，这在今天已经不再可能发生，因为今天人们更为了解，只有可悲的傻瓜才敢做这种无耻可怕的事，把他的民众禁锢在**一块**土地、**一个**民族和**一种**文化中。这种情况无处不在，不仅浮现在新近的过去，在当下，还作为日益增强的威胁，存在于每一个哪怕是最好的乌托邦未来。

卡夫卡曾经亲身感受，但是没有陷入这种权力的手中，他曾经感受和描述，是为了能够感受和描述，他拒绝了平常的那种"平衡的"、舒

1　在卡内蒂的图书馆里有一本由他注释的意大利医生、哲学家和数学家吉罗拉莫·卡尔达诺（Girolamo Cardano，1501—1576）的传记，该书 1643 年首次出版。

2　参见《人的疆域》，《卡内蒂笔记 1942—1985》，《全集》第 4 卷，第 316 页。

适的、愉快的感觉，拒绝得如此彻底，以至于他时不时要试图说服自己，他根本无法达到那种感觉。

直到他病重时，他感到自己不受那种廉价幸福的保护，他才得以让自己去领会通常意义上的幸福，例如去体会肉体上的愉悦，他的疾病越重，他对疾病的恐惧便越轻。

他这一路走来，各个阶段的经历，在里瓦的瑞士女人，在马里恩巴德与菲利斯一起的短暂时光，都伴随着对幸福的不信任的症状，记入了身体里，比和其他任何人一起时都要强烈；身为作家的使命感，是他唯一的幸福。为了这个使命，他不惜减少了自己最幸福的爱情时光。

如果说卡夫卡给世界带来了新的东西——意思是指另一种知识，那么意味着如果不变成另一个人，就无法体会他。

但是由于他的读者原本就是作为不同的人而进入他的世界，他为他们带来的改变（中断、希腊寄生虫出现）也就是完全不同的了。

1968 年 7 月 10 日

无处不在，无处不在，甚至在卡夫卡这里也有新柏拉图主义的痕迹。

而我却不喜欢谈论身体的监狱。

我爱人的身体就是自由，是高于太阳的。每当她环抱我，每当我进入她的身体，我的身体对她来说不是监狱，（之后）所有的门都会向她打开，她飞翔，她欢呼。我身体的沉重让她快乐，她希望它更加沉重。留下，快乐的重压，她欢唱道，把你的全部身体都给我。

每当我想到卡夫卡，我就感觉自己像个快乐的小伙子或者像个大学生，有时候是这个，有时候是那个，但是不会更多，我必须告诉自己，想要变得有智慧，我还远远不够。[1]

1968 年 7 月 13 日

在这第二部分里，我想重拾我在第一部分里掩盖的卡夫卡的光辉。

研究卡夫卡在给菲利斯信中提到的他对于他人的"冷漠"，这种冷漠是指保护自己不受他人侵犯的固执。除了变形，他只剩固执。

卡夫卡有很多方法，所有方法都有某种束缚，因为全部都是这些方法的**尝试**。

卡夫卡缺乏那种理所应当的东西（而歌德那里就有不少）。他和荷尔德林比较相似，都缺乏某种理所应当的东西。

卡夫卡的媒介，即他所挖掘的土地，却是理所当然的。通过他的活动，改变了他的本质：一切都变成小小的鼹鼠堆。

而在荷尔德林那里，呼吸却可以变成浩大的苍穹。

1968 年 7 月 14 日

我没有卡夫卡的怀疑、谨慎和语言，我只有敬畏。

（三十五年前我想在布洛赫那里找到的东西，现在我想在卡夫卡那里找到。）

我把自己交给他时，我在犹豫，他让我变得更好，但是我在失去我

1　参见埃利亚斯·卡内蒂：《汉普斯特德补遗》，《卡内蒂笔记 1954—1993》，《全集》第 5 卷，第 218 页。

的力量。

一个人怎么可能完全不固执呢？但是索福克勒斯固执吗？阿里斯托芬呢？利希滕贝格呢？毕希纳呢？——那么**今天**，一个人怎么可能没有卡夫卡的固执呢？

我在我的足迹中，和弗洛伊德在他的足迹中一样粗野。我对弗洛伊德的反感就是对我自己的反感。

现在我简直是个幸运儿，我还有生活的权利吗？

如果我的生命是借来的，谁把它借给了我？如果我的生命是偷来的，谁为我付出了生命？我寻找我生命的来源，那个人不是我的父亲。

灵丹妙药就是：所有的生命都会腐烂，只有不确定的规则才会被应用。

你渴望固执，却害怕在你的爱人身上看到它。

精彩的剧目："有许多人在等待，显而易见的一大群人，迷失在黑暗中。他们想要什么？他们显然提出了某些要求，我会去倾听这些要求，然后回答。**但是我不会走到阳台上去，就算我想，也根本做不到。阳台门在冬天是上锁的，钥匙不在手边，但是我也不会走到窗口，我不想见任何人，我不想被任何景象迷惑，就在桌边，这是我的位置，把头埋在手中，这是我的姿势。**"

"森林里，一场比赛开始了。到处挤满动物。我试着维持秩序。"[1]（精彩）

大部分的断篇，**是关于空间的。**

1　收录在《弗兰茨·卡夫卡：〈乡村婚礼筹备〉及其他遗作》，马克斯·布罗德编，法兰克福，1953。

1968 年 7 月 16 日

卡夫卡作品里贯穿的语气，听上去都是软弱的。

但这不是软弱，这是对来世的放弃，其余的都是放弃的声音。[1]

你躲在卡夫卡的作品里，对你没有什么帮助，你的粗俗会从他的句子里冒出来。虽然你的粗俗外面裹着谄媚的外衣，也于事无补，这是伪君子的粗俗。

卡夫卡对权力的领悟比你多得多，但是他从未能够行使权力。

我想消失在卡夫卡的作品里，坚守在他的词句中，再也不听别人的声音，忏悔并沉默。

卡夫卡从不推动什么，所以他也不会推动太远，也就不会隐瞒任何东西，于是对他来说一切都是有问题的。

卡夫卡的活动并不仅仅是变形为小虫，不过两者总有一个小的，或者他或者变形的那个。

《一条狗的研究》里，颇有点像托马斯·曼的特点。（太间接了）

对《一条狗的研究》很反感，尤其反感它的语言。

有四分之三的内容乏味得令人尴尬。而在最后的四分之一里，也就

1　参见埃利亚斯·卡内蒂:《汉普斯特德补遗》，《卡内蒂笔记 1954—1993》，《全集》第 5 卷，第 218 页。

这部分还比较像样，饥饿艺术家的主题又回来了，然后是另一条狗的求爱，一个真正的爱情故事，比发生在人间的故事更令人感动。最后的几页又回到了前面四分之三的那种令人难以忍受的乏味状态。

这里的变形是故意的，是被故意阻止的。

令人回忆起自己的出血和饥饿艺术家主题的联系。

把"研究""科学"作为苦行主义，破坏了变形。怎么会有这样的故事。它试图联系那些不相容的事物，因此风格也就变得间接而循环往复。

（这也是对布洛赫最糟糕的作品《维吉尔之死》的预告。）

你总是走得太远，不过这样的话你必须走得更远。

后来的尺度是满足，因此就很可怕。

你都说了些什么观点啊！你用怎样的力量来相信它！它可能都是假的，而你却深信不疑。

你缺乏怀疑精神。怀疑从来没有保佑过你。

卡夫卡身上我不喜欢的地方，是那些可以总结为"新柏拉图主义"的东西，如果我能够完全理解，我也许就能把自己从他那里解脱出来。

它无处不在，但这只是表面的，从根本上说都是同样的：方法。

可以实现的愿望是残酷的：肉体的，结实的。

其实你很羡慕卡夫卡的不幸，但是如果有人向你建议："那就把你的幸福交出来吧"，哪怕是为了换卡夫卡的不幸，你都不愿意。

卡夫卡知道的东西很多，他比我们身边每个作家知道的都多，所以他把那些想经历**一切事情**来知道**某些事情**的推测变成谎言。

我和他有一个共同点：我也不相信思维的联系。我也总是希望重新开始，对开始的爱超出了对过程的爱。

而成品是如此有效，光这一点就令人厌恶。

我和他有很多共同的具体"内核"，例如"狗"或"虫子"；它们对我们俩具有相似的分量。

而"鞭""刺""林"和"牙"，这些以及其他东西，我不是从他那里获得的，而是一直在我自己内心的。

但他还得叙述。他要叙述到最后。是什么阻碍了你叙述，而你曾经在这方面更天真更强大？

我必须在我的原始状态下测试，这是我唯一的希望。
哦，有谁能像蒙田一样心情愉快而又毫无恶意地审视自己？

卡夫卡本身还是会描述的，通过歌德、史蒂夫特[1]，尤其是福楼拜，他的描述得到了加强，不过克莱斯特和陀思妥耶夫斯基让他摆脱了描绘的乏味，于是他的描绘哪怕在最细微处都从不无聊。

克莱斯特和陀思妥耶夫斯基给予了他激情。

卡夫卡的目标直指"我"。

1　史蒂夫特（Adalbert Stifter，1805—1868），奥地利中短篇小说作家。译者注。

　　我只了解很少作家，而卡夫卡和司汤达这两位，他们的每丝每毫我都想了解。

　　也许你还太年轻，你究竟什么时候才能变老？

　　两个人的对话："你的权力在哪里？"
　　答案在后来的对话中：在与那个胖女人的共同生活中。

1968 年 7 月 19 日

　　昨天从苏黎世回来，我和赫拉在一起待了十一天。原计划是去工作的，也并非完全不成功，我虽然没有写什么新的东西，但是我与赫拉每天一早就起床，她去美术馆后，我就开始工作。我又深度阅读了卡夫卡，尤其是《乡间婚礼筹备》中的一些片段对我触动很大。其中的一部分，我以前就读过，但不是全部，至少很多东西**在我看来**是新的。而另一方面，也可以假设，我全部读过但是后来淡忘了，否则我不会觉得那么受触动。

　　《桥》
　　转变为桥。它保留了人的感知。桥被赋予了痛苦——因远离所有的人。
　　它是联系和耐心，它开始于这两者，这两个品质是人转变为桥的真实载体。
　　当第一个人过来踏上它，这是它的职责，这是它的义务。

《猎人格拉胡斯》

对于那些在真正的大门前找不到接纳他的永远的逝者来说，地球上的水是无穷无尽的。

《煤桶骑士》

极为轻盈的转变，被寒冻悬浮。

（《桥》也是僵硬冰冷的。）

煤炭贩子的老婆用围裙就可以将他吹走。

三部都很精彩

《法庭门前的敲击》

《审判》的变体。

《邻居》

电话的共同听众。

《十字路口》

"一种奇怪的动物，半猫半羊。"身体之外的变形他没有参与，但是他拥有这种变形，当作父亲的传家宝。

《铁路乘客》

在隧道中，在感官的混乱中，周围都是怪物和一个……万花筒般的游戏。

《日常的困惑》

作为这个非常私人的卡夫卡的"异物"："肌腱撕裂，疼得几乎要晕倒……"

《关于桑丘·潘沙的真相》

属于特有的拉比逆转，当他们被卡夫卡用于神话或文学人物时，我从不喜欢；在我看来，这是他最大的弱点：他在尝试着回避强大的人物，用怀疑来掩盖他们，消解他们，就连他们，对于他都是一种威胁。

《塞壬的沉默》

漂亮的段落，但是总体上与桑丘·潘沙相同。

《普罗米修斯》

尴尬，这里，绝不能疲惫。

《流氓团体》

精彩的最后一句："不过既然在天空前，所有的东西都会被砸碎成本来的元素，于是它们就倒下，空荡荡的巨石。"

《城徽》

最后一段很棒："所以从这个城市里产生的传说和歌曲，都充满了对预言中那一天降临的渴望，到了那天，城市将会被一个巨大的拳头连击五次，击得粉碎。所以这个城市的城徽上便有了一只拳头。"

《波塞冬》

恶心，就像卡夫卡最恶心的那个，K 作为奥芬巴赫。

只有一句话还行："当一个大人物痛苦的时候，那么即使是最无望的事情，人们也要假装努力顺着他的意思去做。"

《夜》

非常美，特别贴近："按规矩必须有人守望，他们说，必须有人在那儿。"

《集体》

伟大。恰恰是这个标题（就算这标题不是他写的）。

1968 年 7 月 20 日

我一口气又重读了《城堡》的一半，我觉得自己的话陈旧得像卡夫卡，我的语句的高调像他的低调一般，这让我讨厌。一个人可以强硬而又谨慎，可以无情而又恐惧，可以没有幻想力却富有创造力，这是一个令人难以理解的奇迹。

卡夫卡看待女性比其他任何作家都更准确。他了解她们，就好像他从未与她们发生过任何关系。他从未被运气收买。他的无情使他可以抵抗任何诱惑，因为他对诱惑并不陌生。不过对他有利的是他的固执，这一点留待后说。

《城堡》

K 身上有**科尔哈斯**的痕迹。

两个助手阿图尔和耶里米亚斯身上带有果戈理的陀布钦斯基和鲍布钦斯基[1]的欢快。

电话（在 1917 年的《邻居》里就有，但是不同的是：那是个不诚实的听众）。

在《城堡》中电话用于**与上面**的联系。

---

1 陀布钦斯基和鲍布钦斯基是果戈理剧作《钦差大臣》中的两个角色。译者注。

读卡夫卡的小说——尤其是《城堡》——可以和读陀思妥耶夫斯基一样飞快。**快得扣人心弦**，没有什么能阻挡读者。不过这不像陀思妥耶夫斯基的热情忏悔，尽管在《城堡》里面有好几个地方都以忏悔的形式出现了启示。

对《城堡》的任何宗教解读都是完全错误的，它的意义远不止这些，所有的宗教活动都发生在**人与人之间的权力关系中**。

《城堡》应该如何结束

"所谓的土地测量员至少部分得到了满足。他没有放松斗争，却死于筋疲力尽。社区的人们聚集在他的病床前，从城堡传来的决定是：虽然 K 没有权利要求**居住**在村里，——不过考虑到某些次要情况，允许他在这里生活和工作。"[1]

1968 年 7 月 21 日

你心中的希望比 K 的大得多，怎么你反而萎缩了很多？或者是因为你总是有个敌人，即死亡？

卡夫卡没有止境，他无法结束，怀疑让所有的道路没有止境。

有兴致读《城堡》的下半部分，但是反感的情绪也同样强烈。我今晚还要怎么决定呢？心中的不快在增长。

当你读 K. 的时候，你为什么感到羞愧？——你为自己的强壮而羞愧。[2]

1　引自马克斯·布罗德在《城堡》初版（1926 年）中的后记。卡夫卡曾经告诉他，小说应该这样结束。

2　参见埃利亚斯·卡内蒂：《人的疆域》，《卡内蒂笔记 1942—1985》，《全集》第 4 卷，第 317 页。

每个人都是某人的克拉姆[1]。每个人都巧妙地把 K 挡在门外。

卡夫卡对**权力**，而且是对各种形式的权力，比所有写过反对权力或关于权力的人更敏感。他的作品浸透了这一点，权力或强权这个词在他那里如此频繁地出现，本身也是非常显眼的。其实，他在写作时并没有针对权力进行讨伐，他运用的是他的无力，权力对于他是无法达到的，这是一种对把握的回避。他惧怕一切对他的入侵，而且是身体的侵犯，他甚至连限制他活动的家具都惧怕。**通过变形为小虫，他逃脱了强权的威慑，他因饥饿而萎缩，如果他不存在，也就不会被抓到。**所以他一直引以为耻的瘦弱，对他来说也有积极的一面。他避开了重量和分量，因为那是一种权力，哪怕是一种非常原始的权力。

最有可能的是他忍受问题并乐于沉浸其中。沉默对于他是必要的。他回避容易造成侵犯的接触，他对接触的恐惧是如此大，就连走到人群中去都不能让他免于恐惧。他认为生活在一个真正的社区是很重要的，但是他自己没有能力做到，试图教育菲利斯做他的代表。（这就是柏林的犹太人之家的意义。）**菲利斯不应该与他生活在一起，而应该代他在一个犹太社区生活。**

他**逃脱**了世界大战——在他的笔记中非常显眼的是，战争很少被提及——他是在避开强权，但是在《审判》中，他却同时与这种强权对峙。

他的许多小说中的言论都在试图解决不可回避的问题。

1968 年 7 月 23 日

卡夫卡对公务员生活的憎恨，直到《城堡》才释放出来。

---

1 克拉姆是卡夫卡《城堡》中的一个人物，一位高官，主人公 K 曾经徒劳地想接近他。

1968 年 7 月 24 日

明天我就六十三岁了，过去的一年里我有什么成就？几乎没什么。卡夫卡文章的第一部分。真是少得要命。

外面有足够多的事在发生。《确定死期的人们》在维也纳上演，《婚礼》在荷兰演出。我**开始**以剧作家的身份存在。《迷惘》在意大利上演，它的一个新版在法国演出。科隆、苏黎世和汉堡在播出电视。在维也纳获得国家奖，在维也纳、格拉茨、汉堡、基尔和尤廷举办各种讲座。赫伯特·赞德的优美文章。德国电台播出《确定死期的人们》，各地的电台在播放。有两篇已完成的关于《迷惘》的论文，另外两篇正在撰写中。《群众与权力》在意大利出版的合同。毫无疑问，各种事情都在发生。但是哪个决定是我自己做的？我何时才能开始创作真正的、全新的、**不同**的作品？写了无数的笔记，当然有些也许有用，但我什么时候才能下定决心写一部新作？我每天都可以开始。是什么阻止了我？我为什么不开始呢？为什么我**不愿**开始？是不是因为薇查已不在世，而我不能忍受有她不知道的新作。我可以对着她的照片朗读。我可以在梦中请求她听我朗读。我可以在前面列出她的名字。我可以用一百种方式欺骗自己，但是她不会真的在那里了，她只会在我心里，越来越进入我心里。为什么这还不够？为什么我不能克服它，为什么我**讨厌**去想一部不亏欠她的目光和她的信仰的新作。

没有她的存在，我是不是太少信仰？或者说我所处的公共环境令我讨厌？如果是这样，我可以专为我自己写一本书，像以前那样，要下决**心不在我有生之年出版，而是留在过世后**。

太棒了！就是它，找到了。我要祝福这个还没开始的生日。这本书是生日送给我的吗，还是薇查送给我的？

我要写一本不打算出版的书，在开启我生命中新的一年时我就动笔。

"我开始写一本不会给任何人看的书。那么我就可以随性地写，不必讨好任何人。我真的不会给人看，完全是保密的。没有人能偷走，也没有人会赞美它。我会再度无人知晓，就像我当年和薇查在一起的时候一样，只不过这次没有希望和她在一起，因为她再也不会回到我身边，但是无人知晓，和当年她还在时一样无人知晓。我成了一个想躲藏的人，我想爬进她的骨灰，只有在她的骨灰中，我才想写作。我想用她的骨灰写作。有谁可以在**她的**骨灰中，谁又曾写过一本这样的书？"

期待更高

在《城堡》中不断出现。他所有的感触都是指向那些徒劳坚持的底层人。他的反感都是针对夹着公文包的上层。因为没有被提到，所以他的反感产生的效果强烈得多。

夹着公文包的在群体狂欢，等待的人排着长队，门口的文件游戏，被官员分别隔离在牢房里。宗教性是存在的，不过是**赤裸裸的**，呈现出对上级的无法满足的渴望。与上级**接触**的本质从来没有比这更真实地表现出来。在卡夫卡之前，没有作家认识到等级制度的本质，但是为什么有些人就会在上层，这个问题从来没有作家提出，连质疑都没有，因此也就没有一部作品像《城堡》一样把信仰和权力同时变得如此可疑。

从某种方式上来说它是现实主义的，这种方式从前没有人预料得到，因为缺乏作家的不纯粹的混杂，因为缺乏谄媚、缺乏祈祷，写作**代替**了祈祷，取代了它的位置，罢黜了它。

可以把《城堡》称为代数书，它用 x 来操作。

对衣服的感觉令人惊奇：佩皮，女主人。

陀思妥耶夫斯基的矛盾变成了疑问。

女人通过做高官情人而获得权力。有没有一种权力在卡夫卡这里未曾出现？这些小说是对权力的越来越深刻的持续探讨，在研究的过程中，没有一部小说能结束，也没有一部可以满足。

1968 年 7 月 26 日

终于，又回到这些信件本身。

我觉得很难回到卡夫卡了，我越是沉浸在卡夫卡中，他的瘦弱却越让我沉重。

今天我要强迫自己重新看看他给菲利斯的信，几个月来我一直小心谨慎地避开它。

在另一种方式上，我和卡夫卡一样难以下决心。并非因为他的多疑，而是我有着猜疑的惰性，它掩盖了很多东西。各种事情都已准备就绪，但是直到我真正决定跳入水中，可能会耗费几个星期或者几个月。所以我不需要他的怀疑，因为我的身边有大量的书，都令我着迷，可以分散我的注意力。如果需要作出我不想作的决定，我会拿出一大堆书出来，开始同时阅读它们。

在过去，这是一种不间断的拓宽和丰富，但是今天，既然只有很少的新东西留下，这其实会让我分心。

他已经消逝在卡夫卡中。

卡夫卡不需要的"最终的住所"——这就是我更喜欢在除了家的任何地方写作的原因，尽管在家里我有最好的工作条件？

1968 年 7 月 27 日

卡夫卡一个字胜过我的千言，这样说还太过仁慈，应该说胜过我的万言。

1968 年 7 月 28 日

在卡夫卡面前的这种不间断的自我贬低：

是因为我**吃东西**毫不讲究？（我从未考虑过要吃什么）

是因为我比他多活了二十二年，而在这段时间却没有创作出任何值得一提的文学作品？

是因为他唯一能做到的就是准确，而这一点我却做不到？（我只了解我夸张的准确性）

是因为我显然可以快乐而且并不回避快乐？

是因为我可以轻松而毫无保留地交流（我很坦然，对任何人都不会保留）并感受到他是多么讨厌这件事？（如果这都没有给他留下什么印象，就像韦尔弗的形象——那么这个想法我是最不能容忍的。）

是因为他不准在头上留下一根好头发？而我却顶着一头浓发，作为一个爱吹嘘的人，我的每一根坏头发都变成了好头发。

是因为我被他感染，把我对自己的那种自我厌恶换成了他的？[1]

K. 承认他在抱怨时夸大其词了，所以他在自我责备时也夸大其词了，并且他也知道这一点。

_____

1　参见埃利亚斯·卡内蒂:《汉普斯特德补遗》,《卡内蒂笔记 1954—1993》,《全集》第 5 卷,第 220 页。

1968 年 7 月 29 日

卡夫卡作品中的**线性**，是一种指导性准绳，是未来的保障。

"直立的恐惧"，我昨天在卡夫卡 1915 年的书信中发现的一个非常深刻而惊人的表述。他在日记中引用了索德布鲁姆《上帝信仰的形成》一书中的某些观点。这本书是我住在哈根博格巷时，我那瘫痪的朋友赫伯特·帕特克[1] 送给我读的。它对我有着重要的意义，我认真研究宗教史的兴趣也许就是由此开始的。现在我才看到，卡夫卡比我早十四年就读了这本书，他在马里恩巴德遇见菲利斯之前一个月的时候读过这本书，1916 年 6 月 2 日在日记中记录了下来。（这个时候我大约十一岁，我们还住在普拉特附近的约瑟夫-加尔路，我母亲当时正在准备从维也纳搬去瑞士。我记得我们是在 7 月时开车去了莱辛哈尔、慕尼黑，从那里经过博登湖去往瑞士。）

需要与卡夫卡越来越多的纠葛。

如果要对非常敬仰的作家认真撰写一篇文章，就会成为一个寄生虫，定居在他身上。然后试图早早地为这种定居方式找理由，自由信件、派遣、指令。

法庭之后

在"阿斯坎尼舍法院"的"法庭"之后三个月，菲利斯和卡夫卡的联系被切断了，但是他和她的妹妹艾尔娜还保持着联系，她对卡夫卡表示了很多同情。她是法庭的证人，但是与姐姐菲利斯和格蕾特·布洛赫

1　在《耳中火炬》中，卡内蒂曾经详细地描述过他与困在轮椅上的赫伯特·帕特克（Herbert Patek）的友谊，他在书中称他为托马斯·马雷克（Thomas Marek）。

相反，她没有谴责他。7月底从波罗的海回程的路上，他在柏林与艾尔娜会面，和她度过了一个晚上。他在日记里提到了艾尔娜，她的态度令他感到舒适。在随后的几个月里，他时常给她写信，也收到她的回信。这些书信不为人知，但是其影响却是众人皆知的：它们导致了姐妹间的暂时疏远。

8月份他开始写作，连续三个月坚持每天写作。写下了《审判》里的重要章节，还有《在流放地》和他一直称为"失踪的人"的《美国》的最后一章。11月初，他在一封信里写下这句话，鉴于他天生的抱怨倾向，这句话表述了多重含义："在今年的最后一季，今天是我不工作的第二天，第一天大约在一个月前，当时我太疲倦。"那么他在其余所有的夜晚都工作了，一个如此令人满意的声明他再难做出了。

这段时期的重要性堪比两年前的那段时期，应该归功于他与菲利斯的决裂。她那强硬的、恶意的控诉，令他永远难忘，也给了他力量，**脱离**她的审判。他非常清楚自己真实的过错，因此他需要一个虚假的、不准确的指控来反击。《审判》是一个抵抗的故事，它在真实的和未知的罪责之间纠缠。值得注意的是，信里的一些地方可以证明，卡夫卡只接受他针对自己的指控。这些非常重要，他的笔记里充满了自我控诉，所以人们很容易忽略他对外来指控的拒绝是多么固执。既然他是一个极端的自以为是者，在防御时他可以屈服于律师的伎俩。针对他父亲和他的家庭的辩护对他至关重要，在这场辩护中，他获得了一种训练，把两者结合起来，即把对自己的投诉与同样执着的反抗外来指控相结合。**这就是**"审判"。他在这里感受到了人类的一个基本状况：一个人无论他多么无辜，无论针对他的指控多么没有根据，他生而有罪，他活着就有罪，无论如何他都有罪，不管他多么顽强地抵抗，都会被这种意识击破。

没有人能如此纯粹、抽象地塑造这种张力，那么就必须审视这个过程。再无辜的人也是有罪的，要用死亡作为代价。但是他应该拼尽所有的力量、计谋和顽强来证明自己的清白。面对死亡，他应该指望无罪释放，但是却越来越意识到不可能。正义越过寄生虫的等级制度延伸，并定居在他身上，要实现却无法实现。希望在努力的过程中而不在结局。就算在努力的过程中，其实却变得有罪。

卡夫卡对菲利斯的追求，直到法庭上，都恰恰具有这种特点。他想得到她却并非出于爱情，这是他的错。但是他想得到她。他求婚的怪异的抽象性，他信中难以理解的语气，信的内容根本和她无关，他不想要**她**而又想得到**她**，一想到她的存在就无比恐惧，他惧怕任何人的存在，不亚于他对孤独的恐惧，作为单身汉的存在也和父亲的存在一样令他恐惧，他只能承受自由，承受没有**社会状况**的自由，因为所有的社会状况，尤其是婚姻状况，都是**有罪**的，这就是他的特点，这就是他的独特之处。

归根结底，这是对于被侵犯的恐惧。他害怕像爪子一样的手，而他变形为某些动物时，还得把爪子当作手，双手的耐心为他把鼹鼠变成人。人们会把《地洞》称为他生命中最后的智慧。在他早期写给布罗德的一封信中，一开始他就描述了一条狗如何追逐一只绝望的鼹鼠，鼹鼠在光滑的地面上找不到一个洞可以救命。而他，作为观察者，就是上帝，起初在享受着生物游戏的乐趣，直到他听见鼹鼠的嘶喊，此刻他从上帝变成了人，把自己变成了鼹鼠。

上帝的视角惊扰了生物的游戏。人作为其中的一员，生活在自己癖好的残酷中，这癖好已经被所有生物的所有残酷性同化，像对待工具一样对待他们。但是掌握了变形术的人，作为最后和最高的变形，收获的却可能是他真的能听到的痛苦的声音。尽管他可以继续生活，他从未听到过痛苦的声音，他变成了人。

他要详细而准确地处理他的**固执**。这是他的主要天赋，因为这会禁止他当场说出答案。他的一些小说中的一些健谈之处，也与他日常说话的反应有关。他笔下的人物**拥有相当惊人的口才**，有时甚至令人尴尬，他们在说到某些东西时**极为**细致，而且角度独特。在《城堡》中就有大段的演讲，帮了大忙，它们只能被解释为：为他自己的口吃问题救了急。

我不认为他的小说中有口吃的人物，我一下子想不起谁来。在他某些更短的故事里，情况可能有所不同。

他的断篇小说大部分开了头而未完成，都是化身为第一人称的形式，就好像有人突然开始一段较长的演讲。"他**找到了语言**。"

小说的这种从第一人称到第三人称的关系应该弄清楚。

读了阿多诺在《棱镜》中关于卡夫卡的散文，一篇特别恶心的文章。他成功地将克劳斯、克尔恺郭尔、弗洛伊德、马克思、普鲁斯特以及鬼知道什么其他的语言与思想因素掺入到一篇关于卡夫卡的论文中，这种极端可恶的折中主义，精神上的势力投机，连卡夫卡本人都深恶痛绝。为了报复，我在此庄严地宣誓：再也不碰阿多诺了！

（个别的好观点，输给了整体的丑陋精神。）

他把卡夫卡编在他漂亮的轮子上。[1]

1968 年 7 月 30 日

当我在维也纳从 L. E.[2] 那里听说勋伯格是多么厌恶阿多诺时，我一点都不感到惊讶。我无法想象一个做自己事情的人，不会有这种反感。

但是我从未像昨天读关于卡夫卡的文章时那样强烈地感受到这一点，就好像一条章鱼伸向了卡夫卡。

对于这种可怕的缺乏尊重，我不禁要问自己，是不是对卡夫卡也太过失敬。

1　参见埃利亚斯·卡内蒂：《汉普斯特德补遗》，《卡内蒂笔记 1954—1993》，《全集》第 5 卷，第 219 页。

2　此处应为女歌手兼钢琴家洛特·艾斯勒（Lotte Eisler），是汉斯·艾斯勒（Hanns Eisler）的妻子，卡内蒂的朋友、奥地利画家格奥尔格·艾斯勒（Georg Eisler，1928—1998）的母亲。

我在多大程度上爱卡夫卡身上的犹太性、反战性和我自己？

我想把卡夫卡完全接纳并保护。

假定？不，他是我反对**权力**的最珍贵盟友。

就我所知，卡夫卡惊人的**责任感**是一种犹太人的责任感。

在现代知识分子中，有法利赛人、撒都该人和以赛亚人。

卡夫卡是以赛亚人，卡尔·克劳斯是撒都该人。如果把他与这两个人并置，那是不可想象的，那么阿多诺就是法利赛人。

以赛亚人没有虚荣心；撒都该人有攻击的虚荣心，这对于他是必要的；而法利赛人则对他所知道的所有系统有着可鄙的虚荣心，他不允许增加任何东西进去，他只在**其中**运作。

对官僚和布拉格的仇恨

在战争期间，他对官僚体系的厌恶更加明确。这不仅仅有通常的因素，还因缺乏时间**用于**写作。官僚主义本身，其性质就已经给他留下了难以磨灭的印象。对它的塑造开始于《审判》，并在《城堡》中达到完善。

也正是在战争期间，公务员阶层的特权被"剥夺"了，不能被征召为士兵。这有违他的心愿，他想应征入伍当兵。很难想象他服役当兵，除非让他当医务人员。一个朝敌人开枪的卡夫卡是不可想象的。他怀着何等惊惧交织的心情把他妹夫的战争描述写入日记里。但是他没有入伍，他那个保险公司的主管确实对他不错，放弃了索赔，而准许他放假。

对他来说，"奥地利公务员"概念正在普及，可以感觉到，这个概念从字面上是受到格里尔帕策推动。卡夫卡越来越自视为其中一员，并**拒绝**与以前十分依赖的福楼拜和陀思妥耶夫斯基的亲缘关系，在这种情况下就更加不再提克莱斯特了。

他对菲利斯的指责越来越多，指责她没有把他从公务员的境遇中解救出来。为什么当初第一次遇见的那个夜晚，她没有要求他一同前往柏林？柏林在他看来就是救赎地，他越来越倾向于去柏林。在马里恩巴德之后，对未来的设想是，战争一结束，两人就都去柏林居住，各自照顾自己。这个想法让他心里得到放松，他不必养家了。他可以通过文学或通讯的工作养活自己。当然他也会想象，菲利斯白天出去工作，白天就不必在家里见到她。这也缓解了对于共同生活的紧张感，尤其是摆脱了布拉格：从此官僚和家庭都彻底消失了。

任何指向**未来**的东西都让卡夫卡激动，就好像未来是由痛点构成的。

只是这个好像对"战后时期"暂时不适用，如果这个时期是预告布拉格的救赎。

奇怪的是，人们总是寄望于未来，因为一切都在那里**结束**。

"**直立的恐惧**"——卡夫卡的这句话让我无法忘怀。

必须和动物躺在一起，才能被救赎。直立是人优越于动物的权力，但是正是由于他那一目了然的位置，人被暴露在外，看得见，成为目标。因为这种权力同时也是罪过，只有躺在地上，躺在动物中间，才可以看到星星，看见那使一个人免于人的权力之恐惧的星星。

直立的恐惧——这是怎样的一句话。仅仅这一点就值得把他给菲利斯的所有书信读完。[1]

权力在卡夫卡这里终于被实体化了——这是关键性的。

同时，经过经验的训练，他对于官僚权力的感觉，没有任何一个现

1　参见本书第 298 页。

代作家曾经以这种精确性和纯粹性表现过。

当我从所有方面为卡夫卡的作品强调权力的意义时，这并不是我心血来潮，也不是随意植入我自己的关注。

他所有的变形都是为了逃脱的变形。**在他的私人生活中，最重要的是转变为病人，从而逃脱婚姻。**

1968 年 7 月 31 日

《审判》第一章

在读完写给菲利斯的书信后，或者不如说，读到 1914 到 1915 年之交，也就是直到卡夫卡撰写《审判》之时，此时再重读这篇小说，是一个无法抵抗的诱惑，尽管有点不合适。

第一章似乎是 1914 年 8 月撰写的，他还处于前两三个月的冲击之下。这使人不禁产生假设——也仅仅就是假设或者说印象——那场**在柏林的鲍尔家举行的正式的订婚仪式变成了《审判》中的逮捕。**可以对比一下他日记里的订婚场面，这段已经被引用过：

"我觉得自己像个罪犯。就算把我戴上真正的锁链，放在角落里，让士兵站在我面前，让别人这么围观我，也不会比现在这样糟糕，而这就是我的订婚礼。（所有人都试图唤醒我，因为没有人能忍受我现在这副样子。）"

正式订婚礼上压抑的公开场景，人群的聚集，站在错误的位置，这些都写进了关于逮捕的描述中。K 所就职银行的三个职员在场（他们在研究比尔斯特那小姐的家庭照），陌生人从对面房子的窗户向这边张望。卡夫卡一定是体验了订婚与结婚场面上令人尴尬的公开场合，才在这里强烈地展现出来。他在自己的订婚礼上感觉身处陌生人中，而小说里逮捕也是发生在陌生人中。

但是真正的逮捕仪式是在比尔斯特那小姐的房间里发生的。她的白色衬衣挂在窗户的把手上。人们经常会提到，此人姓名首字母和鲍尔姓名的首字母一样，当然也就是菲利斯的姓氏（Felice **B**auer）。不过我觉得更为重要的是，它也是**布洛赫**的首字母，格蕾特·布洛赫（Grete **B**roch）。她当时也参加了订婚礼，与她的纠缠在这个时刻其实重要得多。就在逮捕发生那天的当晚，在比尔斯特那小姐房间里谈话后，K 就袭击了她，出于对格蕾特·布洛赫的渴望，这才是他的过错，而之前他完全没有意识到任何过错。于是他把订婚的情形**分解成**几个组成部分并加以澄清。

格鲁巴赫女士的一句话也包含了这个起源的奇特痕迹，她对 K 说："这关系到她的幸福。"这句话在这里不太合适，要理解它，只能联系到订婚，联系到他在给菲利斯的信中常常援引的幸福，而且听上去从来都不可信，就好像说的不是幸福，而是不幸。

我很清楚，这种对现有文学作品的干预存在多大的争议。毕竟卡夫卡自己也无法完全回避。人们会想到《塞壬的沉默》以及类似的作品。区别在于，人们从他的日记里，尤其是他给菲利斯和格蕾特·布洛赫的书信中推断他的文学作品。我只能举出一个理由作为我的借口：这些书信，一旦被接受，就变成了文学作品。然后人们会试图感觉，它们就是文学作品——至少令人感觉是这样——通过文学作品而被诠释为文学作品。

鉴于卡夫卡那难以言喻的独创性——有他相伴，本世纪文学的绝大部分作品都显得陈旧、呆板、为人熟知、无足轻重——如此无关紧要，它们有许多已被接受，这是令人遗憾的事。没有什么比这更多余、更涣散、更死气沉沉。所以，追踪其中的过程，从而也许能接近诗学过程的真实本质，是很有意义的。关于卡夫卡已经有如此多的错误报道，提高了对他进行肆意研究的冲击力，就如同他自己也这样做的，以一种不亚于他自己的敬畏为前提。

但是我们可以通过认真对待他的一切，他的每一句表达，每一次沉默，每一次纠葛，每一个强迫，来表达对他的敬意，这种敬意还包括，不要把现成的理论加给他，那些理论源于较小的或者完全不同的思想，因而也是狭隘或者陌生的，无法完全包含他。

　　继续阅读《审判》时，我注意到它的**流畅**和**无阻**，它是**多么容易**阅读，简直难以置信。它会吸引人如此迅速地往下读，令人很想**一口气读完**。如果我是侦探小说的读者，我会说，它像侦探小说一样易读。但是我从来不读侦探小说，对此也没有经验，所以我只能让别人代替我说。

　　现在肯定没有人比我更欣赏卡夫卡，但是这种**流畅**在我看来是令人担心的。我真的无法说出为什么，我只能暂时记录下来。我记得在20年代后期也有类似的流畅：那是赫尔曼·凯斯腾早期的四五本书。也许它们的流畅来自卡夫卡，但是我其实并不相信，不过那种流畅也一样，令人恨不得一口气读完这些书。除了读书这个动作，什么也不会留下。而读了卡夫卡后，一切都会保留，会保留很多，以至于我们会希望它不要那么流畅。

　　这是一种特别的口才，它十分**均衡**，用类似的语言，适用于**所有的**人物。与其说是思想，不如说是**争论**，是劝说的碎片，而不是**言语的碰撞**。

　　所以卡夫卡的短篇小说也许真的有某种更令人满意的地方，它们很快就会中断，流畅无法长久驻足。

　　卡夫卡的文字表面和组织是如此美妙，用词不多，重复出现，但是不会令人不安，而是富有吸引力，这种重复会让阅读变得容易。

　　与陀思妥耶夫斯基相比又如何？后者强烈得多，但是同样富有吸引力。在他那里是热切的忏悔，在卡夫卡这里则是总结性陈词。

　　《审判》中的变形是**空间的**变形。
　　一开始，比尔斯特那小姐的房间就变成了逮捕的地点。预审法官的房间是法警夫妇的家。阁楼是法庭办公室。K 所在银行那个监狱般的小房间无异于一个永久的刑讯室。画家的画室突然变成了阁楼上的法庭办公室的附属间。

这些空间上的变化是小说中最令人惊讶的地方之一，它们与戏剧里的舞台转换效果不同，因为它们是在小说的情节发展过程中被发现的，其运动始终是**线性的**。一个总是大步往外走的人物，一直在走，继续走，接着走，从不停步，经历着这种空间上的转变。它们没有戏剧性，它们还是**原始意义上的**转变，不是戏剧中的仪式化或形式化的转变。

在我看来，这只能用卡夫卡居住了一辈子的那些固定房间的僵化来解释。办公室的束缚令他越来越痛苦，他只能通过这种空间的转换来逃避。不知从什么时候开始，他不断搬进新的房间，来为自己创造空间，而办公室却一直没变。

他对菲利斯的办公室或者格蕾特·布洛赫的办公室的兴趣，他对此提出的上百个问题，部分原因也在于此。

卡夫卡对"退出"这个词的频繁使用：退出房间，辞退工作。

当他尝试着从办公室躲到战争中去，令人想到了一种跨越，这是他作品中出现的最大的跨越：银行里的打手。

小说中的"关系"

应对法庭的秘密权力，"关系"是必要的。这个词有各种含义，而与女性的"关系"非常重要。

卡夫卡对女性的认识惊人地正确。在本质上，只有卡夫卡的女人，没有别的女人。他观察的两个主要来源是妓院和陀思妥耶夫斯基。他知道，女性的情感在性爱中是会发生变化的。还在一个人的怀抱里，她们就已经向别人投怀送抱。

但是这并不意味着无情，变化是可逆的，就像陀思妥耶夫斯基一样。

1968 年 8 月 1 日

布拉格的希望。在过去的一周里所承受的压力，就像自己身在布拉格一样。不仅是因为我曾经与卡夫卡共同生活在这里，还有其他因素，更多因素。这也可能源于我对 1937 年 5 月访问过一次这个城市的感激，也感激所有我在维也纳认识和热爱的捷克人。在过去的几周里，我可能**为所有人**而颤抖，为俄罗斯和全世界，为脆弱的和平，但是也为布拉格人，为那里的捷克人和斯洛伐克人，为他们中的每个人，为那些有勇气深吸一口气的人，那些不会把最近的羞辱盲目地用以前的来交换，而是有**新的**诉求的人。俄罗斯和捷克的谈判结果目前尚未可知，但是希望能成功地抵抗残暴的威胁，杜布切克[1] 是世界上少有的几个值得信任和爱戴的政治家，是个有福气的怪人，一个奇迹。

《审判》

如果不是权力的**虚荣**，如果不是要求太高超过了力所能及，**法官的肖像**意味着什么呢？

围绕着僵化的权力等级制度的"关系"藤蔓。

这种等级制度和个人权力的混合体，具体来说就是绝大多数的普通案例，都属于卡夫卡对于权力的特别重要的见解，这些见解归功于他的官僚生活。他在每一次的转变中一再展示了这种案例。权力的来源，即那位专制者，是隐身的。他在叙述中根本没有提到他。但是这绝不意味着他认可他，视之为**好人**。所有的迹象都指向了反面，卡夫卡的上帝，在我看来，毫无疑问是**邪恶的**。

1　亚历山大·杜布切克（1921—1992），政治家，曾任捷克斯洛伐克共产党第一书记，捷克斯洛伐克联邦共和国议会主席。译者注。

　　真是可笑，简直荒谬。像布罗德那样，依照卡夫卡的**希望**去评论他。因为这是他与所有人共同的希望，如果这些希望是决定性的，那么他也就与其他人没有什么区别，那就无法理解，他是如何创作出他的作品的；如果那样的话，他就会和布罗德自己一样变得无足轻重，随时可以替换。布罗德对卡夫卡作品的那些永恒的犹太式解读也令人尴尬，如果那些属实，他的作品就只对犹太人有价值。他的很多前提和特征是犹太式的，这一点当然没错。犹太人有更多的理由、更多的天性感到害怕，也同样无法否认。

　　但是重要的是，卡夫卡在作品中把这些特殊性都**剔除**了，它们帮助他对人类生存的基本条件有了更为清晰、也许还更迅速的洞察。他向东方犹太人学习，因为他们与西方犹太人不同。但是他也向捷克人学，向鼹鼠和狗学。有没有什么是他没学到的？有人可能会说，他的学习**方式**是犹太式的。但是这也不确实，这并不是他学习的唯一方式。他像福楼拜一样**观察**，他对罪责的特殊体验是跟陀思妥耶夫斯基学的，这种不停的体验**活动**并非犹太式的。他身上的仪式感和法律意识是犹太式的，就如同为万物赐福的敬畏感。

　　有人可能因此会说，卡夫卡之所以有今天，要归功于他的犹太身世，但是他早已不同于往日，他具有如此巨大而普遍的约束力，人们感到，如果要试图把他仅限于犹太教，对于他是一种可怕的伤害。

《审判·在大教堂中》

　　究竟是什么原因让我不喜欢《在大教堂中》？二十年后我终于又重读这一章。我本想一口气读完整部《审判》，我昨天和今天也确实在这样做。可能我对这一章不熟悉，因为不论我什么时候重读《审判》，包括今年春季，我都把这一章略过了。里面一定是有某种令我十分不舒服的东西。

　　里面的陈设我就不喜欢，还有和那个意大利的生意朋友的故事。我不喜欢教堂里的昏暗，这一点我很清楚。我不喜欢与神职人员的谈话，对《在法的门前》的诠释，本身倒是不错的，但是对我来说远远不如卡夫卡本身那么亲切。他的"哈西德"故事之一。我尤其讨厌把审判的题材转换到宗教领域，在构思上有马克斯·布罗德的特点，他对卡夫卡的所有浅薄乏味的解释都可参考这一章，就仿佛卡夫卡用这个弱点向他证明了友谊，这位伟大的作家再次加入了超验性的、最最可怕的东西。平时他作为**唯一**的拥有"中国"气质的人，也就此放弃了。这一章里有一个美好的时刻：那就是 K 被神职人员称为"约瑟夫·K!"。但是令人无法忍受的是，这个神职人员和他在黑暗中走来走去，讲述这个传说，然后和他讨论了多个解释。其他任何地方进行这场谈话都可以，但是在教堂里是错误的。在构思上，这一章在我看来是庸俗的，这是我所了解的卡夫卡唯一庸俗的一处。大教堂是被作为景点引入的，并对它做了一点研究，那个专为宫廷牧师而设置的特别窄的讲坛是假的，这太过分了，就像在浪漫故事里的过度解读。我都可以想象，卡夫卡就是因为这一章才把这部小说搁置的，他无法再忍受了。他之所以写，是为了把"在法律面前"写入小说。但我的感觉却是，这个传说并不属于小说，它和小说**一样**，不过是作为传说出现。我现在天真而轻率地写下我的第一印象：这个印象是如此具有毁灭性，以至于我**第一次**开始考虑，我**是不是高估了卡夫卡**！

顺便说一句，"大教堂"里的**活动**与他平时是不一样的，**线性**的特征是既定的。他和神职人员之间的对话有某种**生硬**，而这种**生硬**是**含糊不清**的。

（结局，也就是最后一章，很精彩，不过这一点我一向都知道。）

在大教堂中，犹太教被纳入当地的基督教，但是由于双方都已解散，所以这种结合只会令人讨厌。就为了成为秘密，这实在太弱了，这不是秘密，而是有神秘感。我对这一章的反感与他给菲利斯信中对施尼茨勒的反感一样多。[1]

而我最近也在读的《城堡》，现在在我看来是更伟大的书，《城堡》里至少**没有**《在大教堂中》中的那种尴尬和错误。

列妮，她觉得所有的被告都很漂亮——是卡夫卡最令人愉快的想法之一。

有必要重读《在大教堂中》并更仔细地思考。

《审判》中**生日**的意义。生日作为被捕和死亡的日子，而后者很特别，如同《确定死期的人们》。[2]

《新律师》里的胡尔特是一个糟糕的名字，《审判》中其余的名字都还好，有时对卡夫卡来说出奇地好。

1968 年 8 月 6 日

与菲利斯的关系的后半段可以称为**修复**期。

从最初的七个月直到他们再次见面，这期间的书信，产生了虚假的幻象，最后导致阿斯坎尼舍"法庭"的灾难。

他几乎没有见过菲利斯，也根本没有时间来对她这个虚假的幻象进行必要的修复。对他来说，她的资产阶级的压迫性在家具故事中到达顶峰。

正是"法庭"造成的深度疏离引发了"修复"的开始。1915 年 1 月在博登巴赫，他终于看到了她的本来面目。他开始尝试对她施加影响，

---

1   1913 年 2 月 14/15 号给菲利斯的信。

2   在卡内蒂的戏剧《确定死期的人们》中，人们被以他们的寿命来命名（如"五十""九十"或"十二"），一到那个年龄他们就会死去。

让她改变，但是这种尝试十分谨慎而又相当无望。在马里恩巴德之后，也恰恰是**通过**马里恩巴德，他达到了他的顶峰。现在，通过犹太人之家的约束，他**强迫**她发生改变。他对她的熟悉给他带来了影响，成为一种权力：他开始对她进行**教育**，并清楚地向她表明自己对她的期望，想让她成为什么样的人。他安排菲利斯在柏林访问画家费格尔，也是为了同样的目的。

《观察》

"可以看到，雷雨过后空气的说服力。"

回家路上（1910/1912）

《观察》的片段中频繁出现带**"如果"**的句型。

"路人"的**多义性**——开始走向真正的、真实的卡夫卡。

《男乘客》

我站在电车的站台上，"完全不确定自己在这个世界、这个城市以及在我的家中的地位。我甚至无法随口说出，我可以在某个方向上合理提出的要求"……

地位和要求的不确定性。

关于《判决》

卡夫卡非常看重《判决》的原因，也许是因为他在其中违背父亲的意愿，预先安排了他的订婚礼。他允许自己在小说中大胆地与名为 F. B. 的人订婚。他因此被判溺毙，想必十分满意，因为他是无辜的，而父亲的指控是错误的。所以也可以把《判决》视为他后来给父亲的"信"的前身，可以说是其"初稿"。《判决》中的所有胡说都是父亲那边的。

父亲想比**他**活得更久，突然笔直地从床上坐起来，以一种怪诞的方式变得高大起来。

在特征上，《判决》与《变形记》无法相提并论，但是主题是一样的：被家人驱逐。

把驱逐作为权力行为一直是卡夫卡的话题，不仅仅是个人被家庭驱逐，还有整个家庭被当局、被跟随和听命于当局的社区驱逐（在《城堡》中）。

《判决》中的新娘是一个**来自富裕家庭的**女孩。卡夫卡在见面的第一个晚上获得的对菲利斯的印象，感觉她很可能是一个相当**富有**的女孩。他觉得她不仅能干，而且她的举止、她的着装、住的酒店、旅行乘坐的头等车厢，都给他富有的感觉。这个印象的修正虽然缓慢但是也很重要。因为在信中几乎不会提到这些，人们也就不会注意这一点，但是这绝非不重要，尤其考虑到卡夫卡自身的节俭。

《在流放地》

由于不服从命令和侮辱上司而受到处决。

"顺便说一句，被判刑者看上去像狗一样顺从，似乎可以让他在山坡上尽情奔跑，只需在行刑开始时吹声口哨，他就应声而来。"像狗一样，这种表述在卡夫卡这里很常见。

"他根本就没有辩护的机会。"军官说——就如同"阿斯坎尼舍法庭"上的卡夫卡。

"我被任命为流放地的法官……我作决定遵循的基本原则是：罪责总是毋庸置疑的。其他法庭可能不遵循这一原则，因为他们是由多人决定的，而且上面还有更高的法庭。"

在倒数第二页："他感受到了过去时代的权力。"

在这些**小说**中没有出现动物，是这样吗？

不是。在《城堡》中："**乌鸦**在绕着城堡飞翔。"第一个雪橇旁的马。后来在房东院子里，克拉姆的雪橇旁的那**两匹马**，克拉姆与**鹰**的比较（重要）。

女教师吉萨的猫。

"新年市场上的金丝雀。"

我会有时间回顾我的卡夫卡时代吗？我会不会说，这是我最后的写作时代，虽然是衍生的、微弱的，然后我就一事无成了？

难以忍受，难以忍受的不适感，胸部感到沉重，持续数周，眼睛晕眩，害怕失明。喉咙疼痛，用了猛药以后已经感觉不到这些症状，无法继续工作，或者这篇文章已经让我太厌烦了。无论如何我像这篇文章的研究对象一样抱怨，这也是我这段时间唯一学到的东西。

抱怨的令人舒服的地方在于它**没有约束力**。一旦说出来，它的效力就减弱或者根本不算数了。——如果我们哀悼的死者已经远去，那么就没有哀怨的必要和义务了。一切取决于死者的远近和亲疏。所有哀怨都有这种虚伪的调子。

我害怕，对死亡的猛烈抗争会突然导致迅速的屈服。

绝望在**你**心中产生，它产生于走出去，产生于那些违背你意愿的人，那些打扰你的人，那些永远不变的面孔。

该让赫拉来了，我需要她就像需要空气来呼吸一样。要是她在的时候我不生病就好了，要是破坏了她期待已久的日子，那就太悲哀了。

不论我的感觉如何，最好是我在家，有薇查做伴，有书籍、桌子与灯做伴。

孤独的气息，我还可以呼吸，当它被夺走时，我会渴望这些还能呼吸的日子。

眼睛也还能看见：我能看书。回忆还在，有些回忆在我脑海中闪现。

也许我在卡夫卡这里待得太久，被他的不幸感染了，对于我来说这有点太多。

但我的不幸是什么呢？我不能和我爱的人一直待在一起。出于重要的原因，其实是出于胆怯——与卡夫卡的胆怯又有点不同——而保持分离的状态。但是这种分离其实根本无助于我**做**事。不论这样还是那样我都不会做事，也许我根本已经没有做事的愿望。

卡夫卡之后，没有人会喜欢抱怨。

是不是只要把每个作家反复玩味得足够长久，就能把他变成最伟大的作家？

这些犹太人，事情还没发生就已经在抱怨。

逐渐对卡夫卡的父亲、对家具，甚至对菲利斯产生了尊敬。

卡夫卡的"出血"只是他痰中带血。
在那之后，肺结核变得不可避免。

凌晨两点的愤世嫉俗：卡夫卡化为乌有。

如果我有朝一日研究完了这些该死的书信，我就可以写**所有的东西**了，甚至写点好的。

"9000 到 14 000 册，恭喜你，马克斯。"[1] 不要总是对 K 感到厌倦！

这一切也都是从他那里借来的，从谁那里不是借呢。找到一个不靠借贷的资本就能开始从事文学创作事业的人。

1968 年 8 月 7 日

重读《乡村医生》的所有故事，重又对它们印象深刻，以至于我觉得它们和《变形记》《饥饿艺术家》以及《地洞》一起，都是卡夫卡最精彩、最完美的作品。

我要把《杀兄》剔除出来，实在觉得它糟糕得难以言喻。

也许在我看来，卡夫卡有时候还是不够坦诚，甚至他的严肃性里还有传统文学的残余。

恰恰这些小说里特别富于**变形**。

1. 在其中的第一部小说《新来的律师》中，马其顿亚历山大大帝的战马变成了一个律师布塞法鲁斯。——"可是前不久我在露天台阶上亲眼看见一个傻乎乎的法院杂役，正以赛马场上小主顾的行家眼光，惊奇地注视着这位律师**高抬双腿**在大理石上咯噔咯噔地拾级而上。"

2. 在《乡村医生》中的变形如同在梦中。马匹突然从猪圈里出来。骑着这些马，十英里的旅程瞬间即达。病房窗户外探进的马头，起初还健康的少年突然出现的伤口，伤口里充满他即将变成的蠕虫。作为主要的变化，医生变成病人被放到床上（也许那首儿歌的歌词才是故事的真实起因）。最后医生赤身裸体地躺在马背上，消失在荒野中。

1　引自卡夫卡在 1916 年 7 月 12/14 日从马里恩巴德写给马克斯·布罗德的信。此处贺喜指的是马克斯·布罗德的小说《蒂科·布拉赫走向上帝之路》的第三版出版（印数其实有 9000 到 15 000 册）。

3.《在马戏场顶层楼座》：身为女马术师的那个"小女孩"。

4.《往事一页》：游牧人像猛兽一样，分食了一头活牛。

5.《在法的门前》：许多年过去，那个乡下人与门卫老迈而死。——这里的转变是指他到达后，等到衰老和死亡都不存在的入门之路。

6.《豺和阿拉伯人》：那些豺带来剪刀，要割断阿拉伯人的脖子。——"种姓精神？"

7.《视察矿井》：儿童车里的测量仪。——差役的摆谱。

8.《邻村》：生命的短暂和所有距离的变化。——（想骑马去下一个村庄，结果穷其一生都无法达到。）

9.《一道圣旨》：对于信使来说延绵数千年的距离。

10.《家父的忧虑》：俄德拉代克，线轴，尽管体型微小却如同一个孩子一样是活着的，比所有人都活得长久。——也由于体型小，而成了一个幸存者（与我的"隐形者"[1]有点关系）。

11.《十一个儿子》：这里涉及的是一个微妙的、可以说是通过性格刻画带来的隐藏的转变。——十一个儿子的区别，其实就是父亲的十一番转变。

12.《杀兄》：毫无价值，就是个怪胎。

13.《一个梦》：把活人转变为墓碑上的铭文。

14.《一份致某科学院的报告》：通过训练实现转变——猴子变人。——训练成为转变的手段，这对于《在马戏场顶层楼座》的女马术师来说就已经很重要了。

权力问题非常重要，如下：

1. 当今已经没有伟大的亚历山大。

2. 乡村医生先是失去了罗莎：马夫强奸了她，并驱赶着马匹和医生

1　"隐形者"是卡内蒂《谛听马拉喀什》中最后一章的标题（第4章，《全集》第6卷，第87页）。

去了病人那里。通过反转，医生失去了作为医生的权力，赤身裸体地进入荒原，完全迷失了方向。

3. 女马术师赢得了观众的赞叹，并与他们分享快乐。

4. 游牧民篡夺了权力，皇帝的无能，公牛的撕扯。

5. 门卫的权力。

6. 豺和阿拉伯人：动物在人类凶残的权力面前表现出的厌恶。——"他们是多么仇恨我们！"

7. 差役的傲慢，体现了他的工程师的声望。

8. 生命的无能为力，象征着它的短暂。

9. 皇上的旨意无法传达给任何人。

10. 小机械成为幸存者，对这种权力表示遗憾。

11. 第十一个儿子："但愿我至少是你最后的依靠。"

12. 谋杀。

13. 那些名字的字母，迫使生者进入他准备好的坟墓。

14. 训练有素的猴子在给科学院上课。

在每一个故事里都有权力的因素，有的只略带痕迹，有的非常集中，就如同《往事一页》中的游牧民，但是到处都有不同的种类，而且似乎只是无意识的。

在《失踪的人》最后一章《俄克拉荷马的自然剧院》中，有一种全人类的人性，一种复活，所有过去亲近的、失去的人，在这里重逢。

卡夫卡一生中曾经有**三次订婚**，以及**三部未完成的小说**。《美国》和《审判》属于菲利斯时期的。这两部小说的**放弃**，它们的**未完成**，似乎与这两次订婚的失败有关。更准确地说，很可能在他很早对她失望的时候，他就没有继续撰写《美国》；而在"法庭"之后，当他对她的反抗减弱的时候，他不再写《审判》，这篇作品是对她的抗议。

第二次与她订婚后，他进入了完全不同的《乡村医生》故事氛围。

1968 年 8 月 9 日

当我既不说也不想"卡夫卡"的时候，会是一个什么时期？
我会变得更加有信心，还是对什么都不相信？

在为数不多的几个思想家面前，我的自我意识会完全停止。他们不是那些取得了最高**成就**的人，相反，那些人只会刺激你的神经。而这些人能够在自己的成就后面看到更重要、更难以企及的东西，以至于他们的成就要因此而缩水乃至消失。

卡夫卡就属于其中之一，对我来说，他比普鲁斯特产生的影响要深远得多，而后者取得的成就却要大得多。[1]

1968 年 8 月 14 日

从星期天开始，赫拉就在我身边，已经三天了。我星期天不再工作是意料之中的事。我们隔了几周才重逢，互相深深迷恋，有说不完的话。她向我诉说，我向她诉说。就在当晚，我已经知道了在美术馆和苏黎世所有和她有关的事情。而我已经提出了关于卡夫卡的新想法和理论，考虑到赫拉的疲惫，我感觉她不太跟得上我激烈而狂热的表述。现在当我和她说话时，她的脸上会出现这种茫然和不确定的表情，我觉得这种表情令人不安，还不太知道该如何解释，反正这是新的现象。有可能是因

1　参见埃利亚斯·卡内蒂：《人的疆域》，《卡内蒂笔记 1942—1985》，《全集》第 4 卷，第 321 页。

为我关于卡夫卡的永恒话题——已经持续了半年多——令她害怕。她喜欢安静，所以她说我太过投入，是有道理的。我是如此屈服于另一个精神，她从未体会过，这可能令她困扰。我真的很难摆脱卡夫卡，有时候我觉得我会永远被他束缚。

不过我知道，这事关非常重要的事情，不仅关系到卡夫卡本人，当然还会关系到我们这个时代对于权力的**另一种**完整和有效的反应，而且是一个特别有趣的反应，因为它是从一个独特的立场出发的，即绝对的**无能为力**。这个想法并非出自我本人：我对权力的认识，都是从我私下对个别人行使权力中学到的。如果不是常年试图控制弗里德尔，我又怎么可能完全理解命令的效果？我很早就失去了父亲，即使他还活着，也完全不同于卡夫卡的父亲。我的母亲自然是很专横，我和她的斗争虽然很激烈，但是反叛期只有几年，而卡夫卡一直到最后几年才摆脱了与父亲的斗争，因此他的斗争比我的要更奇特、更有趣、更复杂也更丰富。

卡夫卡最独特的地方，即他的诗歌的真正实质，在于他**逃脱**权力的方法，这很难用别的方式形容。这与他变小的天赋密切相关。所以我不仅可以在他这里重新找到常年困扰我的所有关于权力的方面，仅此一点就值得做一个非常细致的研究，我还可以在他身上追踪一种特殊形式的转变，这是他与众不同之处。我也十分幸运，遇到了这位 21 岁的年轻人的经历，在这种经历中，它似乎永远是预先形成的。他在给布罗德的一封信中提到了一只被他的小狗追赶的鼹鼠。我要把这个放到观察卡夫卡转变成小人物，以及与权力有关的奇特地位的纠葛的中心。[1] 它原本独立于与未来的关系之外，即使在他的最后一部——在我看来也是他最重要的——作品《地洞》中，两者也是重合的。

《地洞》构成了卡夫卡所有元素的惊人统一。在他的私人表述中以特别令人压抑的方式呈现的"方法"，在这里与他那种转变为小人物的

1　参见本书第 299—300 页。

方式结合起来。这样一种居住在洞穴中的鼹鼠类动物，用一种谨慎而又无与伦比的方法建造了洞穴。卡夫卡经常责怪自己的"算计"，觉得这种算计是"公务员式的"，其实他这样想是没有道理的，这其实是对自己未来的一步步确定，也就是说，是一种提前谋划。这是他对于**不同未来**可能性的非常敏锐的感觉，而要把自己限制在其中一个，总是需要他作出非常艰难的决定。因此有无数的开头和故事，大部分都被他搁置，每个本来都有它们自己"未来的"特征。但是就算他在一部作品上迷失，也会被某种奇特的冲动继续驱使到某个清晰的未来，然后他经常又受到另一个未来的诱惑，并把它再度放下。他不能不看到他的结局总是存在于死亡中，引人注目的是，所有**已完成的篇幅更大的**小说都是以死亡告终：《判决》《变形记》《在流放地》《饥饿艺术家》以及《地洞》。但是只有在《地洞》中，结局被纳入了叙述结构中。三部长篇小说中，结局确定的那一部也是以死亡结局：约瑟夫·K 被处决。《城堡》的假定结局是一个临终场景。很奇怪的是，这些都有非常具体的死亡形式：有来自外部的**死亡判决**，如《判决》和《审判》；有自我施加的，如《在流放地》；以及禁食，如《变形记》和《饥饿艺术家》。

（此处中断，受到来自约翰内斯堡的女孩干扰）

1968 年 8 月 16 日

昨天我和赫拉在家工作得很好。她成功地找到了解决办法。她在非常漂亮的厨房里工作。她把中文书堆在桌上，那里现在已经变成了不一样的厨房。我想，我自己现在有时候也会想要去那里工作。

下午赫拉去了大英博物馆看展览，三小时后她回来，带回来一块在塞尔福里奇买的厨房油布。她的包里还放着一本厚重的大部头书。她欣喜地把书拿给我看：是中文的《论语》和《孟子》，理雅各版[1]，非常实用，装订成一册。还有较小本的《中庸》和《大学》。她有点愧疚，说书很贵，花了 5.15 英镑，但是她无法抗拒。我极为高兴，提出这是我送给她的礼物。她对书籍的狂热不亚于我，她如此认真地对待中文，并逐渐掌握所有经典文本，带给我无以言喻的欢乐。我为此对她产生的爱，不亚于她的爱情带来的。我在我的书里找到一本老子、列子与庄子的中文与法译合集。这是维格的《道家祖师》，薇查去世后我在巴黎发现的，在格奥尔格那里放了三四年。大约一年前我把它带去伦敦，现在把它送给赫拉。她高兴得像个孩子：**一天之内**她获赠五本世界上最珍贵、最重要的中文书籍。两本现在放在我沙发旁的小桌上，她现在就睡在这个沙发上。晚上入睡前和早上醒来后她就会读这些书。

刚才她经过"咖啡杯"（Coffeecup）咖啡馆。之前她去购物了，而我来到这里工作。雨开始下得很大，她既没有罩衣也没有伞，她要回家必须经过这里。但是为了不打扰我——她知道我看见下雨会让她进来——她飞快地走过"咖啡杯"咖啡馆，我没能赶上她，她就浑身淋湿地回家了。她是一个极为温柔体贴的人。我说服她在我这里再待一个星期。我没有让她意识到，我其实心里略带不安，因为我现在真的必须在动身去慕尼黑之前完成卡夫卡论文的第二部分。昨天我们一起工作了一整天，之前我并没有把握，能否做到和她在同一个公寓里，和我深爱的她一起继续工作。但是昨天的事实证明，即使我一直工作到夜晚，她也不会变得不耐烦。她的确让我放松，她也会试着在不干扰我的情况下，把我们的爱稍稍收敛，以便不妨碍工作。事实证明，如果有必要，我们也可以在同一个公寓内共同居住，我们所需要的一切，不过是多几间房，以及金钱上相对宽松些。至于在真正的穷困中我们还能否相互容忍，这

1　英国汉学家理雅各（James Legge，1815—1897）的译本，是儒家经典早期英译本中影响较大的版本。译者注。

个尚待尝试。可能也没有这个必要。自从她这次来这里，我对我们的未来非常有信心。

我想知道赫拉不断增长的中文知识会带来什么。如果这么学下去，如果她不厌倦，有可能会成为一个重要的专家。她在学习古代汉语和现代汉语。可惜她的学术资历不足以获得一个大学的教职，但是她一旦厌烦了修复工作，我完全能够想象，她可能有机会把中文知识付诸实际用途。当然这种情况只有在我的财务状况没有显著改善的情况下才会有必要。今天，我可以靠我的收入生活，可以支付她往返伦敦的旅行费用。不过，很可能我的剧本的演出逐渐增多，我的状况也会随之改善。我很希望她住在苏黎世，尤其是自从她搬进美术馆里那三间漂亮的屋子里，可以过一种体面的工作生活，也可以临时雇一个助手，就不会太局促和不便。我乐意待在苏黎世，我喜欢开车去她那里，从我少年时起瑞士对我就意味良多，有时候我甚至会产生去那里定居的想法。但是薇查在汉普斯特德的房子，我永远都不能完全放弃，只要允许，我就要保留它。现在一切都取决于我要好好工作，大量写作。我可以想象，赫拉和我在一起对我更好。最困难的是她不在我身边，我会变得不安，会过于频繁地去咖啡馆。关键在于，我现在需要承担一个确定的、短期**必须**完成的工作。我以前躲避的那些工作，现在也该**找找**。所有可以强迫我进行正常工作的事都是**好事**。迫于压力写一些小文章，就像现在这篇关于卡夫卡的文章，逐渐发展，会有兴致做更长的文章，乃至创作我自己的作品。

我对赫拉感激不尽。自从她来了，我的喉咙痛症状就几乎消失，两周来困扰我、让我以为自己患上了严重的致命疾病的恐惧，现在也显得可笑而不可理喻。

1968 年 8 月 17 日

《审判》的最后几句：

"但是，一个人已经用两手扼住了 K 的喉头，另一个则把刀刺进了他的心脏，而且转了两转。K 瞪着双眼，看着面前这两个人彼此脸颊紧贴靠拢在一起，注视着这最后的判决。'像一条狗！'他说，仿佛他的死，要把这无尽的耻辱留在人间。"《审判》以"耻辱"结束。

这又回到了给予他力量开始写书的最初的打击。"阿斯坎尼舍法庭"的判决带来的耻辱让他承受了这么久。他默默地接受，却从未承认"法庭"。当它终于找到时，他心里仍然为那两个人感到羞耻：彼此脸颊贴着脸颊，紧紧地靠拢在一起，注视着这最后的判决。

从那时起，在疾病爆发后，直到 9 月 9 日，他再未收到任何来信。

此后，只有三封信：9 月 9 日来自布拉格，9 月底和 10 月 16 日来自居劳。

这期间发生的一切，只能间接地，而不能从菲利斯的信中推断。

最初读时（其实也不是真的最初）我觉得所有这些书信都令人尴尬地不诚实。尤其通过他们的真相，通过他们所揭示的真相，他们是不诚实的。

他心中支持菲利斯和反对菲利斯的两派斗争的故事，尤其可怕。这是糟糕的，也即不准确的文学作品，他知道这一点。

他对她的不公平，他必须这样做，总体上他必须负责，而为她抗争的人，几乎没有，尤其是现在，因为他正在写作。

从根本上说，这就是一个诡辩式的演讲练习，就像以古代"十字路口的赫拉克勒斯"开始的演讲。

他在居劳期间给自己写的东西是多么美丽而真实，他给她写的东西是多么不真实。

也许最可怕的是他给她的第二封信结尾告诉她的"秘密"：他不会再康复了。他用这种方式为她杀死了他自己：通过一种自杀于未来的方式而从**现在**逃避她。

内心的这两者抗争的戏剧化，本身是彻底错误的。他为了摆脱她而生病了，这是事实。他不得不摆脱她，这也是事实。他一旦坚定不移地决定要摆脱她，他就高兴，这也是事实。他与菲利斯彻底诀别后在布罗德面前"哭泣"的故事，是一个转变的故事。他是作为菲利斯在哭泣，她最后几天的哭泣印入他心里，他要在布罗德面前发泄出来，以维护他的尊严。

正是卡夫卡自己、他的严谨和他能做到的真实，迫使我接受这个事实。

如果不是他自己把这个问题带入关系解体中，一切本可以超越是非问题来看待：他针对自己说的一切，歪曲了别人本该针对<u>他</u>说的话，因为这关系到他本人，别人没有权利去接受他的话，并满足于此。

1968 年 8 月 21 日，**星期三**

布拉格被占领，可怕的事情发生了，一切希望都被埋葬，后果无法预计。

美国总统将会是尼克松、汉弗莱或约翰逊其中的一个。

一切都是徒劳的，权力一如从前，无论你为什么而生，一切都不会改变。沉沦是**无法避免的**，未来只适用于黑色。不管是美国还是俄罗斯，完全没有区别。

布拉格的人们，布拉格的人们啊，我想伴随他们一起与绝望同在。那些士兵与希特勒的士兵一样**听话**，我无法呼吸，生不如死。

现在，如果全国人民都停下工作，把手放下，如果人们都宁愿**挨饿**也不忍受屈辱，不要战斗，不要开枪，只要**沉默和挨饿**。

很可能美国人现在会借助核武器与越南打仗。我想死。我想死了。我不想再了解这方面的消息。没有一丁点希望了，哪里都没有。一切都是枉然。

1968 年 8 月 23 日

过去的三天里，脑子里只想着一件事：**布拉格**。

赫拉和我在一起，我们也分享了上次在巴黎的公众事件。这次一切都离我们很远，那次我们身临其境。那次是关于希望，关于青春的光辉和美德，啊，这次却是关于一种可怕的崩溃，其后果还远远无法预计。

1968 年 8 月 30 日

而现在我却要回到关于卡夫卡的论文中。虽然涉及的是同一个地方，却没有让工作变得更轻松。但我必须这么做，因为我觉得我在政治问题上正在失去理智。我如狼似虎地阅读，每次拿起一件别的东西，我的兴趣几分钟就会消失。前天我已经完成了关于 K 和权力的文章。我试着以庄重的风格来证明，一个人可以如此深入地处理"逃脱"的故事。

1968 年 8 月 31 日

赫拉今天开车穿越南斯拉夫。

我估计她明天早上才能到达希腊边境和萨洛尼卡，中午两点她会到达雅典。

我很想她。没有她在身边很难受。但是我必须要自己解决这一切，找到自己的方法。我这次能不能真的做到，我也不知道。

终于又和卡夫卡度过了一夜，从 20 号以来，从布拉格的十一天以来，这是第一次。解脱。

在政治上不存在作家的诚实。他可以私自处理政治，而一旦公开，哪怕出于最大的善意，也便和其他任何人一样，不再值得信任。

1968 年 9 月 4 日

女歌手约瑟芬或耗子民族

六个多月前我读过这个故事，并深深为之失望。现在我重读了一遍，印象完全改观。

也许一个故事需要几个我现在才具备的前提条件。

这是卡夫卡展现的**群众**，唯一他认为值得的。也许 1917 年冬天在居劳的老鼠入侵，对这个印刷本的编写是有必要的。他深受其害，这是居劳时期唯一的巨大恐慌。那时他对这些老鼠大起杀心，布罗德给他弄了一个捕鼠器，可以一次杀死四十只老鼠，他把捕鼠器安装了起来。幸好后来发现这样无法奏效，他原计划的大规模捕杀没有实现。但是"耗子民族"也是对这个计划的一种赎罪。它们被当作人类的民族来看待，具有洞察力，比较温和，他没有忘记它们那时候的口哨声，他后来是否真的发现有会唱歌的老鼠，这一点我不能确认。

他肺里的哨声变成了女歌手的哨声。约瑟芬也是他，他努力变得衰弱，变得越来越弱。这个民族代表着犹太人，但是不仅仅代表犹太人，也同时代表每一个群体。

小说中"我"和"我们"的交替是非常重要的，其中"我"相当罕见，留下的都是"我们"的印象。

1968 年 9 月 6 日

经过一番无愧于他的艰难思考[1]，我要在结尾为卡夫卡**伸张正义**。

由于布拉格，由于那里前几周发生的大事，我感觉我会成功。

今天报纸上登了一个来自东德的消息，把布拉格趋势归咎于卡夫卡。魏玛的一个白痴[2]为了证明卡夫卡的可恶，把浮士德与《变形记》中的格里高尔·萨姆沙的形象进行了对比！

卡夫卡引起的猜测和恐惧就像他自己作品里的一部分，虽然质量不同，但属于类似的物质，在每个人身上呈现的密度较小。

所以，当他的迷宫在读者中蔓延、繁殖或扩大时，不少人对他感到敬畏。

1968 年 9 月 7 日

未来的底层

也许"卡夫卡"是你最后写的东西，也许这是你唯一留下的东西。

你能力范围内最卑微的思考。

1　这里可能涉及有关他个人性格的笔记，这些笔记的版权要到 2024 年才解封。

2　弗兰茨·卡夫卡在东德被视为文化政治的自由化象征。1968 年 8 月 28 日，即苏联军队占领布拉格后不久，当时民主德国文化部部长克劳斯·居希在魏玛国家剧院的开幕式上发表了题为"浮士德还是卡夫卡？"的演讲，在其中他问道："哪个遗产对我们更合适？浮士德还是格里高尔·萨姆沙？"并指责民主德国和捷克的卡夫卡捍卫者为"布拉格之春"做了"精神准备"。

1968 年 9 月 8 日

即使在喧嚣中也有智慧，这是卡夫卡的缺陷。喧嚣中有另一种寂静。我进入喧嚣就如进入海中。我在声音中游泳，我唯一的游泳。

声音的战场，在其中证明了自己，我要听见所有的，在混乱的力量中，而不要被分离而削弱。不要怕他，上帝不会审判。不要说兄弟，没有兄弟，你们还在歌唱仇恨。

噪音没有撒谎，他肆意地挥霍，寂静是节俭的，寂静会省去和忽略。寂静是蠕虫的语言，它们秘密生活在噪音中。不叫的鸟儿在哪里？我向前倒下，大地轰然作响。让我站在雷电和暴雨中。不要寻找安静的鸟巢，当一切沉寂的时候，留在睡眠者的噪音中。夜晚啊，你的声音多么明亮。就算太阳会裂开，噪音依然存在。我不要怜悯，耳朵很强壮。当眼睛被打破时，我还能听到说话。言语永远不会消失，误解永无止境。拒绝沉默的纯洁，因为什么都不会留下。

1968 年 9 月 9 日

我把这段对《审判》的解析，作为卡夫卡论文第二部分的开始，现在已经完成了。我认为它是有说服力的，我想展示的东西，已经在其中展示了：卡夫卡的柏林订婚礼变成了《审判》的第一章，即逮捕；在阿斯坎尼舍法庭上取消订婚，则变成了最后一章，即处决。这篇文章虽没有把《审判》作为整体进行陈述，但是用来开启论文的第二部分是适宜的，读者在第一部分出版半年后才看到它，而对《审判》的探讨，尽管简短，却追溯到了第一部分结尾的那个断言，即在与菲利斯的关系和订婚的过程中，面临着"另一个审判"。

布洛赫有时候会**借用**卡夫卡的固执，就像他的其他东西一样，都是向他借的。

犯下错误，造就作家，但是必须知道，必须知道是什么错误，必须去犯这个错。强迫自己把所犯的错误变成某个东西，去改变，否则这个错误永远不会改变；这种强迫才能造就作家。

卡夫卡语言中的节制：要回避特定的言语，就像回避某些食物一样。这种节制变成了他的风格，他的语言中很多东西会消失，某些从未用过的词语的内容会消失或隐藏到其他词语中，再通过新增的含义而令人难忘。但是基本上所有东西都在走向节制的方向，许多词语消失，许多则走偏。

卡夫卡的语言的简约具有某种迷人之处。

1968 年 9 月 10 日

卡夫卡论文的下一章节已经写完了，到博登巴赫之前的他的私人故事的片段。我不得不省略一些东西，也许现在这样篇幅还太小，不过毕竟这是一篇写给《评论》的十页的文章，有头有尾、前后连贯。我原计划明天先口授书信，现在不如把这口授的四个小时先用在写文章上，以便尽可能提高这篇文章的可读性。

几天以来，我一直被一种奇怪的恐惧困扰，我担心还没等我完成这篇文章，我就会突然死去。也许是研究卡夫卡才会产生这样的想法。也许要结束某件事的时候，应该永远拥有它。我已经很久没有产生全新的想法了。但是当已经完成了这么多，即将大功告成，这是多么**吸引人**啊！如果**仅仅**是涉及卡夫卡与菲利斯的关系，我这个星期就可以完成这篇文章。但是我刚刚才起草的关于权力与转变的重要章节，无疑还需要更多考量，我估计还需要下周整整一周的时间。不论怎样我想让泰茜周五和周六都来帮我记录，我会确保有足够的东西口授给她打出来。

1968 年 9 月 11 日

　　与爱德华·阿斯克罗夫特相遇，一如既往的偶遇。晚上与他和他的一个女友在"塞拉诺"热烈地交谈。我怎么感觉，我和同龄的男性很少谈话！孤独与索居——都很美好，但并不意味着我仅仅看到与我无话可说、视野局限在可悲的性爱好上的几个女性？对于那些人我总是能够确切明了她们要说什么，我熟知她们的情绪，就好像我自己就是一个女人。也许我就是一个女人，而不自知。或者我纯粹是出于控制欲而回避与男性为伍？后者更有可能，因为如果年轻的男性来找我，并承认我的优越性时，我会毫无保留地尽力与他们相处。我真正不断回避的是我的同类。

　　即使比我更敏感的卡夫卡，也没有这样生活。在保险公司里，他一直是与男同事一起，作为作家他有亲密的朋友布罗德和韦尔奇，他经常不得不与他们意见相左。出于自尊，我总是让自己轻松对待，为了永不屈服，为了不陷入反抗的暴力，我像避开魔鬼一样避开所有比我聪明的人。

　　所以我所拥有的权威是**未经检验的**。自从上学起，我就不愿与男性再这样相处。竞争和竞赛都是我讨厌的。我坚定不移地坚持我思考的结果，我所给出的一点怀疑，只不过是适应英国的氛围，在这里吹嘘和挖苦都是不受欢迎的。别人可以在这里赞美你，但是你的任何自我赞美都会被视为可笑和可鄙的。绝望，我非常熟悉，但是怀疑？我有没有认真地怀疑过我的思维过程？说我对这种确定性感到羞愧，这也不真实。如果非要说我对什么事情感到羞愧，那莫过于，我非常确信自己取得的成就太小。

　　我之所以喜欢有些作家，是因为他们取代了我与成熟男人的对话，穆齐尔绝对是其中之一，我其实并不知道他是不是那么伟大，我得先持续地验证一下。但我无意于最后能否得出有用的意见，能打开他的作品而不用对话，我已经很高兴了。普鲁斯特也差不多，我只是**知道**他比我伟大得多。能认识**两位**，我感到很荣幸。在我这一生中，我只遇见了一位，令我毫无疑问地佩服的人，那就是亚伯拉罕·索内。我想知道如果放到今天，我和他对话会是什么样子。我上次见他时才三十三岁。我今天达到他那样了吗？我今天会和他一样吗？我最大的希望莫过于事后能配得上我和他有过的谈话。不过他也不可能是这世界上唯一令我佩服的人，就算对世上万物有最丰富的经验，对于我也不够。我只能认真对待那个超越了一切算计和私欲的人。万事万物的兴亡，我都不关心。如果索内当初不是彻底而毫不留情地**回避**聚集在他周围的名誉，我是不会对他鞠躬佩服的。我对于布洛赫的没有把握，现在看来是有道理的。他伪造了他的名誉，他的书信就是一个可怕的证据，在这方面他有着某种商人的狡黠。就算他钦佩卡夫卡，也不能收买我，因为他向**乔伊斯**投降了，而乔伊斯跟卡夫卡恰恰相反，把作家的虚荣心发挥到了极致。我不禁自问，卡夫卡对布洛赫的作品会有什么感受，这是一个没有意义、也没有答案的问题，一个误导性的问题，因为卡夫卡毕竟对韦尔弗着迷，而韦尔弗根本不会指责穆齐尔。这是一场奇特的轮舞，一个循环的游戏。

在年老时受到崇拜是一件有害的事，就算一个人坚持自己所做的那一丁点，他也不值得拥有荣誉。就算没有亲生的后代，也会成为前辈。我已经六十三岁，了解一些"门徒"，他们中没有一个是我真心喜欢的。最糟糕的是寄生虫；不过就算我把类似 H. 这样悲惨而又可怜的人排除——在那些颇做了一番自己的成就，却又是追随我的人里，有谁是我真正喜欢的，喜欢到我可以诚实地说：他和其他那些人一样，把我的领域拓宽了。也许在我死后会有那么几个，我能为他们骄傲和高兴的。今天我必须用卡夫卡滋养我的心灵，用穆齐尔和别人滋养我的精神。

1968 年 9 月 12 日

　　我不是保加利亚人，我没有在那里遭到驱逐。我属于维也纳，因为我在那里受到侮辱。我属于西班牙，因为我的祖先从那里被逐出。很多人无法理解，其实一个人属于他曾遭受最大不幸的那个地方。

1968 年 9 月 13 日

　　卡夫卡通过最不同寻常的手段——之所以不同寻常，是因为它们可以如此精准地被确定——捍卫的人类的自主权，并不仅仅是他自己的。他的身体和精神的完整性，比其他人都偏执，堪称典范，它是世界上每个遭受权力干预和现存机构压力威胁的人的完整性。

1968 年 9 月 17 日

　　整整一天，从 12 点开始，感觉不到刺和痛。已经 8 点多了，没有什么比有目的地完成一项工作更有意义。——是否能够用这种方式**永远地**压制住疼痛？我心里充满了希望，不过无论如何，不管发生什么事情，我都要完成这项工作，即使是最后一项工作。

1968 年 9 月 20 日
致鲁道夫·哈尔腾，关于卡夫卡的文章（第二部分）

亲爱的鲁道夫·哈尔腾：
　　卡夫卡那篇在此。我在这上面也许花了大量的时间，它对于我非常珍贵，出于许多原因：因为这是卡夫卡，因为恰恰是您把这么重要的事情委托给我，尽管您自己本来可能做得更好，还因为赫拉以各种方式参与其中，她对卡夫卡的爱不亚于你我。她对卡夫卡的理解方式与我的不同，出于她自己的天性，她的性格里有很多与他接近之处，我实在愚钝，非常羡慕她。

也许您会对我如此随意地触及这些著作感到震惊，我确实这样做了，因为您想看到关于这些作品的文章，不然我又能怎么写呢？反正整篇文章太长，我一度希望，也下定决心，要写一篇较长的关于卡夫卡作品中权力与转变的文章，不过后来直接变成了一本书。如果我冒昧地指证，给菲利斯的最后三封信是极为不真实的，您也许会觉得我很不得体。但是我相信，在力所能及的范围内，我们欠卡夫卡的是对自己的严格要求。

写这篇文章的过程被打断了太多次，在布拉格之后我有十四天几乎什么都做不成。那里发生的事情把我**摧毁**了，我 5 月份完稿的计划太轻率了，人是多么轻浮的生物啊，我以前从未觉得自己是这样，不过现在我知道了。

我还想在卡夫卡上多花一些时间，我现在对它完全没有判断力。幸好我可以完全信赖您，有什么不到之处，您一定不会放过我的。

只有一件事我要请您帮忙：关于心理分析的部分，我绝不想做任何改动。我越来越偏离它，也记下了对弗洛伊德的一个攻击，这不应该是不值得的。我开始害怕它的影响，就如我曾经害怕尼采的影响一样，这一点会让您震惊。但这是题外话。

请允许我在这封信中告诉您（因为我想，您在电话里听不到这些话），我对您在上期的《评论》中的笔记是多么**欣赏**。这次的**全部**我都喜欢，也包括精彩的箴言。

向您致以最诚挚的问候！

埃利亚斯·卡内蒂

P. S.　请代我亲切问候艾丽。还有一件事：您关于马拉喀什那本小书的评论，我无比好奇，能不能劳烦您把那篇文章寄给我？

1968 年 9 月 21 日

那篇卡夫卡的文章已经寄出。我现在真的不知道它好不好，有一点是肯定的，它太长了。

但是我毕竟是**了结了**一件事，很久以来第一次，毕竟这也有大约一百二十页。研究**一个人**这么久，而且这个人就是卡夫卡，这不仅是**一种经验**。现在我也终于**彻底**了解了他的作品，他的每个字我都看过好几遍。

每当我想到他写了多少作品，我就感到羞愧，**八年来我几乎什么也没写**，这简直无法理解。所有的都是我过去几十年间的作品，就好像我已经死了一样。但是我知道，我不是这样，接下来我要做的，是再次放弃做笔记的习惯，每天持续地做**一件**确定的事情。

要养成只写日记的习惯。不做笔记，而是每天在现存的东西上添加几页。

疼痛消失了——我一周前还惧怕的疾病去哪里了？良药：**工作**。

卡夫卡的上帝比我的还要糟糕，在他年仅四十一岁终于找到真爱时就杀死了他，我的上帝让我在爱情生活中活了六年，但是他杀死了薇查，也许他才更糟糕？

我没有放过卡夫卡那三封写给菲利斯的信，当我面对同样严厉的法庭时，我还会剩下什么？什么也没有。因为薇查已经去世，尽管她和我在一起三十八年。

消失，但不完全消失。回归，却是完全回归。

像读这些书信一样仔细阅读《圣经》，多么艰巨的任务！

让它们向你冲过来吧，一切都是因为马拉喀什！[1] 你可能会身心俱疲地说，自那以后已经过去十四年了，你真正的作品现在开始。

如果好人有一种不一样的**一贯性**，就好了。

他已经没什么可讲，于是最后成为散文家。

从卡夫卡那里走出来太好了，本韦努托·切利尼的生活太棒了（一种现代文的翻译[2]）。这个狂野的吹牛者、斗殴者、罪犯和凶手，这个永远正确的人，从来没有错误的人！

啊，我是多么理解吹牛者，我自己就是一个，虽然不是罪犯和凶手。

啊，我现在多么想写一个全部都是吹嘘的故事！

我这个拥有成为拉伯雷的资质的人，狂妄、自大和粗野，却变成了反面，被卡夫卡禁锢了六个月。

我们的世纪是个胆怯的世纪，而那个世纪是炫耀的世纪？自从在奥斯维辛和广岛显示了威力以来，炫耀是否已变得太过**危险**？

死后带走的东西不可估量，留下的东西不可估量。

1　埃利亚斯·卡内蒂的《谛听马拉喀什》于 1968 年出版，该书受到报纸评论的热烈欢迎。

2　本韦努托·切利尼（Benvenuto Cellinis）的传记，除了比较早期的德文版外，卡内蒂的图书馆还藏有英文版《本韦努托·切利尼自传》，1966 年在英国哈芒斯沃斯（Harmondsworth）出版。

快乐的吹嘘者多么懂得和上帝打交道，他周围快乐的吹嘘者是怎样狼吞虎咽！

忧虑最消耗人，它们把卡夫卡都消耗尽了。

你所受的屈辱太少，为此你太信赖死亡。

我和卡夫卡仅有一个共同点：骄傲。但他很吝啬，这一点我无法忘记。

现在去找回你自己的根吧，你身上有很多东西，卡夫卡还没触及，到目前为止最重要的是死亡。

我周围的一切现在都在用卡夫卡粉饰自己，在过去的几个月里，我一定谈论了很多关于他的事情。

1968 年 9 月 25 日

奇特的是，我会害怕自己在完成卡夫卡论文前死去。这对我来说有那么重要吗？还是说，这是我要做的最后一件事？

这件事他做得很聪明：除了一篇关于卡夫卡的文章，他再也写不出别的了。

1968 年 9 月 26 日

脱离卡夫卡，却脱离不了后果。

我有一种感觉，我可能会被挤上一条不属于我的轨道。我不是散文家，或者这就是我接下来全部能做的？

当这些关于卡夫卡的文章以书的形式出版时，我感觉很想把它献给 H. B.，然而我太胆小、"迷信"，无法这么做。我曾经发誓要把**每一本**书都献给薇查，因此我绝不想剥夺她的权利。我担心卡夫卡献给 F. B. 的结果，首字母 B 令我害怕，因为 F. B. 已经死了，好像这样 H. 也得死似的。这是一种荒谬的恐惧，无法理喻。

我从卡夫卡写给菲利斯的书信中**获益良多**，这很可悲也很可耻。我本应匿名写下的，但是我还没有到那个地步，永远也到不了。

既然我这么了解卡夫卡，那我能摆脱他的影响吗？我现在能否像从未读过他一样进行写作？

1968 年 10 月 18 日

作为一个校长而不是法官，你已经完成了关于卡夫卡和菲利斯的文章。

找到一个**小任务**，没有大任务。

1968 年 11 月 13 日

卡夫卡可能是这个时代世上唯一让我尊敬的作家。

1968 年 12 月 23 日

　　马克斯·布罗德去世了。[1]也许这是一件好事，他再也无法得知自己关于卡夫卡的见解是多么的微不足道。

　　我从来没有把他当回事，我觉得他被宗教污染了，因为他内心对宗教没有诉求，他太忙碌了。也许有朝一日有人会认识到他的真正价值，他用自己的方式激起了卡夫卡对廉价而浅薄的东西的抵抗，唤醒抵抗的人居然走完另一人的整个人生，这是少见的。在这种情况下，这个唤醒者，尽管他对自己引发的事情一无所知，却拯救并收集了它，一次又一次对它进行赞美，把它强加给这个世界：看，这就是卡夫卡！

1　马克斯·布罗德于 1968 年 12 月 20 日在以色列特拉维夫去世。

笔 记

1969—1994

1969 年 1 月 27 日

但是，要像研究卡夫卡一样深入研究穆齐尔，将是必不可少的。

1969 年 1 月 29 日

他是敏感的，但没有遭受伤害，仅此一点就无法与卡夫卡相比。穆齐尔给了自己卡夫卡从未知晓的荣誉，他用女人来衡量自己，比她们有优越感。羞辱不是他的问题，因为他也会像每一个有优越感的人一样羞辱人。人类的兽性从来不会强迫他扮成动物。他熟悉这种**试验**，这种试验最合适的对象就是动物。

无论如何，我现在就已经对穆齐尔心存感激，他帮助我找回连续性和全面性。他没有压垮我，是可以相通的。基本上看他的作品是智力**范围**的问题，**在这一点上**我觉得自己一点也不比他差。而读卡夫卡就不是这样：去年读完卡夫卡的**所有作品**时，我有充分的理由感到自己被摧毁了。他绝不是在鼓励我们**自己**写作，只有白痴才敢模仿他或受他的启发。我们可能会思考他，可能会试图去**理解**他，不过也仅此而已。除此之外，他在我们面前是不可触摸的，这是本世纪最纯粹的文学现象，他的作品表达得如此完美，以至于在他去世四十四年后，这世上依然乏善可陈。因为用不同的方式、用不那么独立的方式来表达出其中的一小部分，实在没有什么吸引力。卡夫卡的伟大和严谨**令人叹为观止**，与他相反，穆齐尔带来的是智力上的享受，是对精神的锻炼，在其他任何地方都难以找到比这更轻松和优雅的。他是这个世纪的对立面，所有过去的思想都在锤炼中发生改变。这些是非常有意识的、有用的练习，而宁愿拒绝这样做的人是傻瓜。作为一个讨厌崇拜的人，他也不愿让任何人崇拜。今天，我们只需要知道他那个时代的零头（威尔甘斯和茨威格等）微不足道，甚至连蔑视都无法引起；知道（韦尔弗式—）费尔毛尔[1]（毕竟比前面那些人还是有才华一些）已经不可读；甚至就连他羡慕的托马斯·曼的成功，也因为穆齐尔的存在而显得乏味；如果没有穆齐尔，托马斯·曼会更加吸引人，这正是穆齐尔所希望的，而这个愿望他又是如何实现的啊！

　　但是谁敢知道卡夫卡有什么愿望呢？谁能猜到他现在会对他的作品有什么感受呢！至少，他可能不再坚持要销毁它。

1969 年 1 月 31 日

　　如果要研究穆齐尔的本质，必然会把**卫生**当作一个中心概念。

　　与卡夫卡不同，这种卫生不是一个受威胁者或某教派的卫生；对卡夫卡来说，他生活过的**最真实的**环境就是荣博恩疗养院：也就是说全部都是他的同类，他的卫生教派。

　　而穆齐尔的卫生出自一个爱自己身体、对身体感到满意、认为身体漂亮的人。

　　通过他自己的身体，他理解了那些特别关注自己身体的女人。

　　他对待思想如同对待自己的身体一样。[2]

　　在穆齐尔面前，我从不像在卡夫卡面前那样感到羞愧，因为穆齐尔天生不会消失，他总是在那里，**保持着**他曾经达到过的高度。

1　费尔毛尔（Friedel Feuermaul）是穆齐尔的长篇小说《没有个性的人》中的一个人物。译者注。

2　参见埃利亚斯·卡内蒂：《人的疆域》，《卡内蒂笔记 1942—1985》，《全集》第 4 卷，第 331 页。

1969 年 2 月 2 日

短时期内我还无法真正与穆齐尔划清界限，现在也还不到时候。

我开始为他带给我的快乐感到羞愧。

我可曾为司汤达感到羞愧？从未！为卡夫卡？从未！为毕希纳？从未！为利希滕贝格？从未！

为我自己呢？经常！经常！经常！这才让我有理由为他人羞愧。

作判断是一件可怕的事情，这是人类遗留的恶习，用来惩罚人被置于万物之上或者自己凌驾于万物之上。这是他高高额头上的权力标记。

1969 年 2 月 22 日

我想，穆齐尔在拖我的后腿，我想摆脱他。

而卡夫卡我永远都不想摆脱，我也做不到。

有时我担心，是犹太—中国的亲缘关系征服了我。

就我而言，还要加上希腊，不过这对于卡夫卡不是特别重要。

我不知道还有谁像我一样，同时受到犹太、希腊和中国的强烈影响。我可能是所有的"现代"折中主义者中最现代的那个。

那些背离卡夫卡的所谓年轻人，没有发觉其实他们已经老了，他们想成为 1914 年之前那个时代的人。

福斯特就是穆齐尔笔下的林德纳，卡夫卡给菲利斯的信中提到了福斯特，在同一批信中还提到，穆齐尔在战争期间访问了卡夫卡。[1]

1　弗里德里希·威廉·福斯特（Friedrich Wilhelm Foerster，1869—1966），哲学家、教育家、和平主义者。罗伯特·穆齐尔的长篇小说《没有个性的人》中那位中学老师和大学讲师奥古斯特·林德纳就是按照福斯特的世界观来构思的。卡夫卡在 1916 年 4 月 14 日给菲利斯的一张明信片上提到了穆齐尔的这次来访。

布伯魅力深远，不过他当然不是一流的人物。

他通过《迷狂教派》[1]对穆齐尔施加影响，通过哈西德主义、中文（道教、鬼怪和爱情故事）对卡夫卡施加影响，通过哈西德主义、中文、《卡勒瓦拉》[2]对我施加影响，结果遭遇我的强烈反抗，又通过他的《圣经》来影响我。

卡夫卡和穆齐尔都没去过伦敦。

我很乐于见到，卡夫卡和穆齐尔相互认识并认真看待对方。

柏林对穆齐尔和卡夫卡两个人的重要性。柏林对我的重要性。（《迷惘》的真正动力源自柏林。）[3]柏林那奇妙的低温的氛围。柏林对"奥地利"作家中的"强硬派"施加了影响。而那些"温和派"如韦尔弗或者最近非常微不足道的多德勒（Doderer），表现得好像从未去过柏林一样。布洛赫比韦尔弗或多德勒好一些，更倾向于"温和派"。

至于福楼拜或司汤达的领先地位，意见通常是有分歧的，卡夫卡属于福楼拜的弟子，穆齐尔和我则相反，我们都追随司汤达。不过我觉得，穆齐尔是通过尼采而追溯到司汤达，而我从未通过尼采达到任何东西。我可以说这是运气，我的尼采是雅各布·布克哈特，就是他。我也不是通过尼采进入前苏格拉底派，这可能是我在维也纳大学的学业中唯一的收获。

1　《迷狂教派》（*Ekstatischen Konfessionen*）为马丁·布伯（Martin Buber）的著作。译者注。

2　《卡勒瓦拉》为芬兰的民族史诗。译者注。

3　1928 年夏天卡内蒂曾经在柏林待了三个月。参见《耳中火炬》中的章节《以拥挤之名，1928 年柏林》，第 8 章，《全集》第 8 卷，第 251 页等。

如果说我承认自己是维也纳作家，这也只是为了向我母亲致敬。

这更是对薇查的致敬，而我母亲却曾是她的敌人。维也纳时期的三部作品，肯定会比我更加长寿，它们从果戈理的《死魂灵》和《钦差大臣》汲取了力量：《迷惘》《婚礼》和《虚荣的喜剧》的诞生带有薇查的标志，都属于她。《群众与权力》也属于她，她为此在伦敦耗费了她的生命。那些"笔记"连同关于"马拉喀什"的小书都属于她。

唯一不属于她而是归功于赫拉的书，是《另一种审判》。

卡夫卡的贫瘠，穆齐尔富足的精神肌肉。

1969 年 2 月 27 日

与卡夫卡不同，穆齐尔从未真正研究过中国人，否则就不会按当时的习惯把老子列入神秘主义者。他的《圣经》是马丁·布伯的《迷狂教派》，他是把它当作一个统一体来体验的，就像布伯自己所想的，如同唯一的"经书"。

穆齐尔从未怀疑过这种语言，这种文字。

1969 年 4 月 13 日

策兰令我感触深刻，[1] 主要是他平稳的外表令人产生可怕的不安全感。

[……]

他不赞成把致菲利斯的信发表，并问我何时出版我的论文的第二部

1　应保罗·策兰（Paul Celan）的要求，策兰与埃利亚斯·卡内蒂于 1969 年 4 月 10 日在巴黎会面，在卡内蒂的哥哥格奥尔格的家里。参见埃利亚斯·卡内蒂：《我对您期待良多：1932—1994 年书信》，第 327 页，慕尼黑，2018。

分，得知它们早已出版时，他感到十分惊讶。我向他叙述了卡夫卡关于
中国的一些观点，他表示认同，但是坚定地声称卡夫卡是犹太人。关于
犹太人是什么，我们对这个问题的**进一步的**概念达成了一致主张。

1969 年 4 月 15 日

　　"您能想象卡夫卡会写诗吗？"

　　我对他的敌人既聋又盲，想必在策兰心里埋下了怀疑的种子。他告
诉自己，我要么比他所想的笨，无法帮助他（他**需要**帮助）；或者我不
愿意反对他的敌人，因为其中有我的朋友。而第三种可能性，也是真实
的那个，即我不想在我们第一次谈话时就看出他的恐惧，从而羞辱了他，
这一点他当然想不到。这是一种策略，一涉及**他自己**的事，他就失去了
洞察力。

1969 年 4 月 20 日

　　在作家中，对维也纳早期影响最大的，除了卡尔·克劳斯、陀思妥
耶夫斯基、《奥德赛》、爱伦·坡、阿里斯托芬、果戈理、司汤达——
后者是经过最初强烈抵抗的，还有卡夫卡的短篇小说，尤其是《变形记》
和《饥饿艺术家》，还有毕希纳，我这里指的是他的《沃伊采克》，司
汤达的则是《红与黑》。

　　也许你根本无法再像十年前或十二年前一样写作，也许你只不过是
摆脱了这个习惯，现在又要重新开始练习。到现在为止你还没有说出一
句新的、有意义的话。你似乎相信，在这些喋喋不休的语句中会突然迸
出一句有价值的想法。错觉啊，错觉，你的时代已经过去，除了回忆，
你已经没什么要说的了；自 1960 年以来，你已经**荒废**了九年。在恐惧

和近乎死亡的状态中度过，而现在，近年来你却生活在难以言喻的幸福恋情中。似乎快乐已经把思想从你体内赶出去了。——关于卡夫卡的文章是个例外，是**他**点燃了你。你只能借助别人来思考，你自己则一无是处，空虚而懒惰，是一个除了贪欢以外什么也不会的废物。但是你居然如此自在，你甚至不会为你的精神的懈怠感到羞愧，这对于你是一个全新而奇妙的经历。

1969 年 4 月 25 日

卡夫卡称格里尔帕策、克莱斯特、福楼拜和陀思妥耶夫斯基为他真正的血亲。

他的本意其实是说，他们是他的榜样。（奇怪的是）他早年曾希望自己能够在一个大礼堂里高声背诵福楼拜的《情感教育》的全文，在他身上带有拉塔综合征[1]的表现。

既然他想逃避订婚，他就坚持学自己的榜样，那几个榜样中只有陀思妥耶夫斯基一个人结了婚。就像在与榜样们咨询，由大部分人来做表决。其中的一个，克莱斯特，自杀了。但是即使是这位，就像陀思妥耶夫斯基是唯一结婚的那位，也是 1 比 3 里面的少数派。

在这里，榜样的意义是帮助这个犹豫不决的人，而卡夫卡的性格在于，他坚持学习四个榜样，这让他得以在其中获得一种自由。自由，如同张力，存在于榜样**之间**。

1　拉塔（Latah）综合征尤指马来西亚文化中的一种心理状态，表现为语言模仿或行为模仿。译者注。

1969 年 5 月 2 日

《庄子》之**最小**和**最大**，其中一半像卡夫卡，但是加上另一半，则比卡夫卡更加完整。[1]

1970 年 1 月 20 日

歌德绝不是个感情匮乏的人：他是一个伟大的抒情诗人。

托马斯·曼缺乏任何抒情的激奋，而他有激情的地方，比如《威尼斯之死》，都被大大地高估了。**他的激情**是理查德·瓦格纳，而歌德非常聪明地懂得保护自己不受音乐的影响。

总的来说，我怀疑歌德对本世纪初我们的一些卓有声望的作家是否产生了好的影响：我心目中的托马斯·曼和霍夫曼斯塔尔，虽然没有完全被他残害，但是为了不辜负他们的榜样，被迫做出本不该有的姿态。他们对于他太**卑微**了。

而他对卡夫卡的意义则是一个完全不同的情况。当我被歌德碾压——这种情况经常发生——我常用他对卡夫卡的影响来安慰自己。

对于真正恐惧的人，对于生活在疯狂边缘的人如卡夫卡，歌德的影响是有益的，而在安静又贫穷的人身上，他的盔甲像一个令人尴尬的避难所。

歌德的《亲和力》中第一部分的严密完全是现代的，在这个意义上，正如卡夫卡的现代性：严密而无望。

与他一贯冷静的语言形成对比，在使用暗语方面的克制，对今天到

---

1   参见埃利亚斯·卡内蒂：《汉普斯特德补遗》，《卡内蒂笔记 1954—1993》，《全集》第 5 卷，第 227 页。

处充斥的阴暗面的掩盖，都加强了它的效果。

1970 年 6 月 23 日

最初是卡夫卡，随后是我，以及后来在贝克特作品中的单调感，都是这三个人对于各自时代的文学的拒绝，而现在却成为这个时代的主流文学。

1970 年 11 月 5 日

卡夫卡尝试着用怪物来描述小东西，他成功了多少次！

1971 年 2 月 5 日

托尔斯泰在舞会上假扮成一只**甲虫**，卡夫卡读过这个吗？ [1]

这些作家有一个特殊的传统，他们**不可能做作**，其中就包括像司汤达和卡夫卡等不同的人。这也很适合我，但是托尔斯泰也属于其中。

1971 年 2 月 15 日

毕竟，你应该对得起这个伟大的主张，最后再**说**些什么。

如果你真的如你所想的这么有能力，你就可以给整个文学一个新的转折，把它从乔伊斯、达达等陷入的奴役中解放出来，它可以重新变得**有意义**，就像陀思妥耶夫斯基或卡夫卡那样。过去的百年里不乏伟大的例子，文学真正的不幸始于大约五十年前，仅此一点就无法弥补。

1　参见埃利亚斯·卡内蒂：《人的疆域》，《卡内蒂笔记 1942—1985》，《全集》第 4 卷，第 343 页。

1971 年 2 月 16 日

自从我不再阅读与托尔斯泰的人生相关的东西，就生活在一种孤独中。

夜已深，我坐在桌边灯下，我在想念什么，但是我什么也想不起。

自从三年前我读到致菲利斯的信以来，我就没有对什么人如此着迷过。

几天前我又处于那种内心的顿悟中，那是我年轻时每当被触动时熟悉的感觉。

我回想起在维也纳读到《沃伊采克》时的那个夜晚，从此它一直留在我心里，如同那些即使死后也没有离开的人。

也许一生中这样的夜晚为数不多。

1971 年 3 月 28 日

这种对卡夫卡的短暂回归是唯一的归宿。也许我该为此感到忧虑，因为怎么可能会在卡夫卡这里找到家的感觉呢？

密伦娜对于她熟悉的韦尔弗的讨厌，对我很有吸引力。

但是她对恩斯特·波拉克[1]的热爱却很可怕（此人我也认识），我觉得很可能波拉克是所有人里最虚荣的那个，他特别喜欢以牺牲韦尔弗为代价来吹嘘，使他们与他反目。波拉克自称是韦尔弗的主要文学顾问，

1　恩斯特·波拉克（Ernst Polak，1886—1947），奥地利文学评论家和出版经纪人，1918 年与密伦娜·耶森斯卡结婚至 1924 年。

按他的意思，如果没有事先与他讨论过每一个细节，韦尔弗不敢起草、撰写甚或发表一部作品。

在古斯塔夫·雅努克[1]与卡夫卡对话的完整版中，可以看到有证据显示，他认识并欣赏考古学家弗洛贝纽斯（Leo Frobenius）的非洲文集《亚特兰蒂斯》（我最喜欢的作品之一——我不能称之为书，因为它有十二卷，四十年来我一直把它们带在身边）。

更重要的是，他热爱并借鉴了庄子。在他办公室的书桌抽屉里有卫礼贤翻译的五卷译本：《论语》《老子》《列子》《庄子》，而第五卷亚努奇错误地把它的书名标为《中庸》，它其实有可能是《礼记》，一本关于礼制的书，因为卫礼贤在这一卷中把《中庸》也收录了进来。现在必须考证，卡夫卡直接受到了中国古典文学的影响，而不只是受到布伯的《中国志怪和爱情故事》的影响。

1971 年 6 月 8 日

我想象着如果我今天住在鲁斯丘克[2]的话，我会是谁？
也许我会是一个如卡夫卡般伟大的作家。

1971 年 7 月 1 日

如果有什么东西永久地打破了自然主义的不足，那就是卡夫卡的《变形记》。与奥维德用来实现变形的手段相比，我们会在这种完全不同的方法中找到惊人的相似之处。[3]

1　古斯塔夫·雅努克（Gustav Janouch, 1903—1968），诗人，著有《与卡夫卡的对话》。译者注。

2　鲁斯丘克（Rustschuk），位于保加利亚，1905 年卡内蒂出生在这里。译者注。

3　参见埃利亚斯·卡内蒂：《人的疆域》，《卡内蒂笔记 1942—1985》，《全集》第 4 卷，第 351 页。

1971 年 7 月 18 日

我已经比卡夫卡整整年长了二十五岁，却比他渺小得多。

1971 年 10 月 29 日

1935 年，当我（带着《迷惘》）踏入世界时，佩索阿去世了。

1924 年，当我来到维也纳时，卡夫卡去世了。

1950 年，我住在梅达古，索内在耶路撒冷去世。

我该如何相信，自己竟然与佩索阿做了三十年的同代人？

但是我不也与卡夫卡做了十九年的同代人吗？[1]

1971 年 11 月 14 日

没有孩子的：卡夫卡、穆齐尔、卡尔·克劳斯、特拉克尔、普鲁斯特、毕希纳、克莱斯特、伦茨、荷尔德林、司汤达、果戈理、莫扎特、贝多芬、舒伯特、福楼拜、波德莱尔、巴尔扎克、布莱克、帕斯卡——一个不可思议的名单。

有孩子的：利希滕贝格、陀思妥耶夫斯基、托尔斯泰、歌德、达尔文、马克思、弗洛伊德、索福克勒斯、塞万提斯、巴赫、**斯韦沃**、乔伊斯、瓦莱里——难道这份名单不如前面那份重要？如果把前者中的年轻死者扣除，两组的人数是大致相同的。

这适用于我最初想到的那些，也许还需更仔细地观察。

1　参见埃利亚斯·卡内蒂：《汉普斯特德补遗》，《卡内蒂笔记 1954—1993》，《全集》第 5 卷，第 242 页。

得找到那些在生孩子前就已经六十五岁的人，然后比较之前和之后的时间。六十五岁之后成为父亲的作家数量是减少了，还是跟之前一样？还是说，最终成为父亲的作家数量增多了？

既然是新生命的事，就不能以此为基础作决定。但是了解一些相关的情况是重要的。[1]

1972 年 1 月 30 日

侦探故事讲述的是人如何逃脱。

当其他人经过一番折腾被抓住的时候，这个人自己却作为自由人躺下睡觉，卡夫卡在这些事情中成功地实现了唯一的逆转。难怪他让大多数人不安。在他这里，一旦被抓住，随之而来在束缚中发生的追捕，是对罪责的追查。

1972 年 3 月 1 日

《迷惘》的确定性看似神秘，其实不然：它来自《奥德赛》。

如果我能下决心忘记现代文学的存在，我可能今天还有这本书。如果"现代"意味着不再有什么东西是能统一地、简单地说出来，而是一切都被分散地说出来，那我就是当今在世的所有作家中最不现代的那个。

我把乔伊斯作为虚假的幻象放在一边，他的财富对我来说一文不值。只有卡夫卡对我有效，他在表现主义的高峰时期使用了一种源于黑贝尔的语言写作。这是**最朴素**的语言。而乔伊斯的却是孔雀的语言，他在文字中转动轮子，并在其中不断地自我陶醉，一种盲目的自我炫耀，通过永不停息的折射来保存色彩，但是色彩背后却没有任何东西可以证明它

1　1972 年，赫拉·布绍尔和埃利亚斯·卡内蒂的女儿约翰娜·卡内蒂出生。

的合理性。在无数的白天里仅有一天，为什么是这天，和一个被截断的、永远装不进瓶中的夜晚。

1973 年 8 月 30 日

我不相信我的确定性，就像卡夫卡不相信他的怀疑一样。

1973 年 12 月 10 日

我原本去寻找米德尔顿在他翻译的《另一种审判》中使用过的一段话，结果很久以后我的手里又拿着卡夫卡的一卷，里面包括八开本和其他册子。我只读了一点，但是却放不下手了。厌恶感席卷而来——我是一个多么可怜的人，又是多么**快乐**，有妻有女，在世上也小有名气。我成了我所不愿意成为的全部。

走开，你不再属于这里。

略微令我慰藉的是卡夫卡对斯特林堡的欣赏。

1974 年 1 月 2 日

从枯萎的禁欲主义词汇，回到言语，回到伟大的言语。

把**精准**拉下神坛，再度沉湎于膨胀和热情。

卡夫卡对我产生了不好的影响，这几年他剥夺了我扩张的欲望，那是我生命中至关重要的。[1]

1　参见埃利亚斯·卡内蒂：《卡内蒂笔记 1973—1984》，《全集》第 5 卷，第 273 页。

1974 年 1 月 7 日

如果吸引你读卡夫卡的仅仅是那种清晰度呢？你小时候不是已经在斯威夫特那里感受过了？

对我们来说，斯威夫特**分解**成了卡夫卡和卡尔·克劳斯。

（非常重要）

1974 年 6 月 27 日

与卡夫卡给菲利斯的书信同时发生的事情。

在两种情况下：远方那个心爱的女人，对于写作的**必要性**；等待来信。卡尔·克劳斯用声音的方式来接收她的信：**他听到那些信落入信箱的声音**。他彻夜工作，就是为了清晨听到那一声响。

他的期待经常受骗，就如卡夫卡一样，然后他用各种方式**要求她**写信，并用最强烈，甚至可以说用霸道的手段强迫她写信。这些要求与他平时自己的信件中那种崇拜的语气截然不同。

1974 年 7 月 6 日

这在卡尔·克劳斯身上能够如此迅速地发生，他的真实想法如同匕首一样凶猛，但是这还不够，他必须把它们扩展为经过深思熟虑的、平衡的句子。对他来说，任何谋杀案都不够**详细**，他乐于把它们放在新的环境下**反复推演**。他只能在整个审判中进行，他创建的文档必须是安全的。他是卡夫卡的补充角色，卡夫卡因为怀疑其真实性而消解了审判的结果。卡尔·克劳斯不触及过程，而是只触及各自的内容，他**利用**了这个过程，自己变成了正义，从报纸上获取他的**被告**，把他们放在他自己的法庭上，他自己集检察官和法官于一体。

1975 年 1 月 29 日

我和卡夫卡同样认真，但是不如他可信，因为我已经活了这么久。[1]

1975 年 6 月 29 日

我永远都不可能创造出一个像瓦尔泽这样奇特的人物，他比卡夫卡还要极端，如果没有他，卡夫卡就不会出现，是他帮助造就了卡夫卡。

卡夫卡的纠葛是地点的纠葛，他的坚韧是被束缚的坚韧，为了遁世，他转向道家。

瓦尔泽特别的运气在于有个平庸的父亲，他**天生**就属于道家，而不必像卡夫卡那样，从犹太人转为道家。[2]

1975 年 7 月 6 日

这种坚不可摧的优势，没有因为死亡、绝望、对他人和更卓越的人的热情（卡夫卡、瓦尔泽、赫拉）而减少，现在变成了我所讨厌的名声：我对此很无奈，只能满怀厌恶来记录它。[3]

1　参见埃利亚斯·卡内蒂：《钟表的神秘心脏》，《卡内蒂笔记 1942—1985》，《全集》第 5 卷，第 392 页。

2　同前，第 397 页。

3　同前。

1975 年 8 月 2 日

新书[1]的顶部大大地写着我的名字，就像薇查过去曾经说过的那样。它的标题比我其他书的都要漂亮。里面有两篇作品是我在她生前创作的。还包括向她最热爱的托尔斯泰致敬。还有两篇是献给卡尔·克劳斯的，这得要归功于她，还包括了关于她长期的谋害者希特勒的最真实、最强硬的文章。书中最有个性的三篇文章，她都是主角，也许一点都不隐蔽。然而，她和卡夫卡并不怎么亲近，对孔子的认识也是源于《迷惘》。这本书是献给她的，她是如此的宽宏大量，《耳证人》是我唯一一本没有献给她，而是献给赫拉和约翰娜的书，但她并没有为此怨恨我。

在哪个梦中，我可以把《语言的良心》放在她的脚下？

1975 年 12 月 29 日

无论如何，对于那些认真对待别人和自己的人，仅靠他们生存的冒险还不够，有必要牢记那些在世时隐藏起来的人，无论他们是早逝还是用疯狂的方式结束。仅就德语文学而言，很难想象没有他们的德语文学是什么样子的：伦茨、克莱斯特、荷尔德林、毕希纳，到了近代有卡夫卡和罗伯特·瓦尔泽。以他们为标准来衡量，任何写作的人都只会对自己感到厌烦。这并不意味着我们就赞同他们的命运，会把他们的不幸编成处方并坚持下去，也确实有人这样尝试过，这意味着，有的人乐于对任何有效性抱有怀疑，尽管对他所处的时代非常依赖，在这个意义上却越是要摆脱它，摆脱它的认可和掌声。

1　《语言的良心》于 1975 年出版，里面也包括那篇关于卡夫卡的文章。《耳证人》于 1974 年，在薇查·卡内蒂去世 11 年后出版。

1978 年 10 月 20 日

一个我喜欢且欣赏的人，给我寄来一篇关于卡夫卡作品中的人名研究的日耳曼学白痴论文，[1]里面各种表格、系统、引文（引自别人的和引自卡夫卡的一样多）。

它是怎么做到，通过扩充把这样一个严格的线性叙述的作家稀释和杀死的。通过时不时冒出的"天才"一词，尝试着让他复活。

他绕开了两者，杀死和复活，但是这种莽撞的处理还是令人恼火。

10 日在波恩，我们三个还坐在柏林艺术学院的沙发上相继朗读——爱默里、本德、卡内蒂：爱默里朗读他的《非迈斯特的漫游时代》，本德朗读他的笔记，卡内蒂朗读《另一种审判》。本德提醒我，在波恩读书会之后，还有莱茵州博物馆的活动。

一周后，在 17 日早晨，爱默里被发现死于萨尔茨堡的酒店房间里。

柏林 1971——萨尔茨堡 1978[2]

1979 年 9 月 10 日

女性主义者指责我忽视了菲利斯。

1　在卡内蒂的图书馆里有一本伊丽莎白·M. 拉杰克（Elisabeth M. Rajec）的书：《弗兰茨·卡夫卡作品中的姓名及其意义：一种解释性尝试》，法兰克福，1977。

2　埃利亚斯·卡内蒂于 1970 年成为柏林艺术学院的成员，1971 年他在那里与汉斯·本德（Hans Bender）和让·爱默里（Jean Améry）一起举行了入会演讲。卡内蒂与爱默里从 1966 年就相识。让·爱默里于 1978 年 10 月 17 日在萨尔茨堡的"奥地利宫"酒店自杀。

1979 年 9 月 12 日

"不过他在小事上也可能很有爱心，比如说我还记得，有一次他给我祖父母的管家送了一把雨伞作为生日礼物，他在每条钢丝的顶端小心地系上糖果，挂在伞上，一下子它就变成了一把很特别的伞。"

（摘自卡夫卡的侄女格尔蒂·考夫曼于 1947 年 8 月 28 日写给马克斯·布罗德的信）

1980 年 11 月 30 日

人们**只**想要伟大的思想家，而不仅仅是单纯的哲学家。普鲁斯特、卡夫卡和穆齐尔都没有孩子。可以肯定，他们如果有孩子，是不会有这样的成就的。那么，由于撰写《群众与权力》，你六十七岁了才有孩子，这样做是正确的？

1981 年 5 月 1 日

你比卡夫卡、普鲁斯特、穆齐尔和布洛赫活得都要长久，那么这种**可怕的**不公正迫使你做了什么？

1981 年 8 月 24 日

昨晚我读了 1968 年为卡夫卡写的文稿，里面有很多内容我都没有收入那篇文章里。

我用了足足半年时间写这篇文章，在我的一生中很少有一段时间用得这么充分。除了传记，我得给自己布置一些其他类似的任务。

1982 年 2 月 3 日

时间已经失去了很多，所剩无几，而我却无法及时计算，我一生所为多么有限，我留下了什么作品。12 月的这个大事[1] 其实掩盖了一点：我所获的奖项很少是为了我现有的作品。当我说出要感谢的那四个人的名字时，我做出一副**谦虚的**姿态，想必每个人都以为这是一种发自内心的礼貌，但是事实上我所指的是其中的三个人——不包括布洛赫。对于他，我指的是当时在维也纳时期，所以我无法把他排除。卡尔·克劳斯本该获得诺贝尔文学奖——直到他最后那次可怕的失常。在他生命中最后的两年，他就不配得到这个奖了。而卡夫卡是高于所有奖项的，或者其实：他本可以通过毁灭所有的作品来逃避这些奖。今天他也值得拥有可以授予的最高奖项，对于这种少见的情况，即使在死后五十年，也可以追授一个迟来的奖。穆齐尔无论过去还是现在还是任何时候都值得获奖，是时候把他从奥地利的平庸作家中剥离出来，把他视为完全独立的个体，视为他内心固有的自我毁灭前的精神丰碑。

1982 年 2 月 22 日

如果多亏了卡夫卡，他的谦虚变成了真的，怎么办？

1982 年 4 月 14 日

与卡夫卡谈**他的**愿望，我是不是也宁愿真的这样做呢？我不知道。他没有孩子。——穆齐尔也没有，卡尔·克劳斯也没有。我带去斯德哥

1　埃利亚斯·卡内蒂于 1981 年获得诺贝尔文学奖，颁奖仪式 1981 年 12 月 10 日在斯德哥尔摩举行。

尔摩的四人组合里，只有我不信赖的布洛赫，有一个儿子。

　　尽管如此，与卡夫卡的**这番**谈话对我来说还是极其重要。我重又发现，他是多么受到陀思妥耶夫斯基的影响。在陀思妥耶夫斯基这里，我们如兄弟般一致。我们各自也有一个奉若神明的法国作家：他崇拜福楼拜，我崇拜司汤达。在德国，我们共同的榜样是黑贝尔。不过我也很喜欢西班牙人，而他却更偏爱犹太人。这是我们真正的分歧，因为我们又都热爱中国文化。——昨天，在《死屋手记》中，我比以前数次阅读**更准确地**领悟了这部作品，我发现《在流放地》可以追溯到他这里。《死屋手记》中的伤痕在他这里变成了新的东西：被**刻入**皮肤的东西，一种**机械主义**，但是两者都没有预料到**毒气**可怕的完美，所以他们没有体验到我们本世纪的大难。奥特拉身上会发生什么[1]，卡夫卡不会知道。他只是通过她来寻求一种庇护，躲避一种不会真正发生的疾病。她的庇护带来了他的健康和对婚姻的挽救。他死后不到二十年，她遭遇了最糟糕的事情。又过了四十年，我陪同他去了斯德哥尔摩：当着全世界的面，我给他颁奖，在一个也许并不适合他的场合，与他同时被提名的两个人他是知道的（其中一个甚至他本人还认识：罗伯特·穆齐尔）。我相信，卡夫卡不会**瞧不上**卡尔·克劳斯，但是和他在一起会觉得不舒服（和谁一起会舒服？）。对于我，他一无所知，对于布洛赫也一样。既然是我把他们大家带去的，作为**搬运工**，我无法置身事外。

　　但是如果我提罗伯特·瓦尔泽的名字，也许更合适一些，可能卡夫卡会很乐意，于我也无碍。我如果这么做，只能**伪造**我自己的故事，因为在我早期生活的故事中，瓦尔泽没有多大的意义。

　　关于这一点，尤其是关于真实，关于**支配**，我也非常想和卡夫卡谈谈。

1　卡夫卡的妹妹奥特拉 1892 年生于布拉格，1943 年在奥斯维辛集中营被杀害。

基本上来说，你就是厚颜无耻，你自以为送给了卡夫卡什么东西，你凑到卡夫卡面前，忘乎所以，就是这样。

1982 年 5 月 24 日

人们从不怀疑一个孩子的未来，就算不了解，也会对未来很确信，也许，世界的进程仅仅基于这一点，而其他一切都变得可疑。

如果不是有这个孩子，也许我早就放弃希望了。

人们可能会认为，事情是刚好相反的：在这样一个世界里，对孩子未来的恐惧会让人无法睡觉和呼吸。人们在孩子身上看到的坚定不移的成熟、长大、繁殖的影响，想必是巨大的，光是他的饥饿就有着某种不可抵御的地方。

如果没有这个景象，人类早就灭绝了，变成一片荒芜的废墟。

我也注意到，来找我的年轻人，全都有孩子了。

卡夫卡没有能力与孩子相处，这也是我今天和他最大的区别。

1982 年 5 月 27 日

人在五十岁时，欲望的**不稳定性**，有着某种令我震撼的东西。

一切看似徒劳，但是却又不断向前继续。没有什么真的在变弱，但是一切却都在解体。

就我而言，必须记住，我五十岁时，有幸去完成《群众与权力》，这又让我坚持了整整四年。

然后是崩溃，对无效的失望，翻译的乏味——最糟糕的是我五十八岁时薇查的去世。极大的痛苦令我濒于解体。这个崩溃是不同的，也许更糟糕，是一种无法满足的负疚感。直到五年后的 1968 年，卡夫卡让我恢复了某种意义上的统一。

1982 年 8 月 1 日

理清小说的头绪。把人物追溯到他们赖以生存的基本人类。
卡夫卡比其他小说家更接近人类的起源。

1982 年 9 月 19 日

有时对卡夫卡感到苦涩，因为他离开得太早了。——这是羡慕吗？
是的，现在他羡慕每一个没有看到他成名的人。[1]

1982 年 9 月 25 日

我为什么无法相信格蕾特·布洛赫在二十年前写给沃尔夫冈·肖
肯[2]的信？昨天我收到他寄来的副本。里面**除了**其他许多内容外，包含
了格蕾特·布洛赫的声明，说卡夫卡有一个儿子，寄养在慕尼黑，1921
年，孩子七岁时在那里夭折。

1983 年 1 月 3 日

"乔伊斯觉得文学对话是很烦人的。关于一群知识分子在一家巴黎
餐馆里的谈话，他这样对苏波说：'如果他们只想谈萝卜就好了。'**乔**

---

1 参见埃利亚斯·卡内蒂：《卡内蒂笔记 1973—1984》，《全集》第 5 卷，第 334 页。
2 沃尔夫冈·亚历山大·肖肯（Wolfgang Alexander Schocken，1908—1995），音乐家，
格蕾特·布洛赫年轻时的好友，与出版商萨尔曼·肖肯（Salman Schocken，1877—1959）
没有亲缘关系。

伊斯 1936 年还没听说过卡夫卡，但他会因为作品中的某一句话而赞美他的同时代人。"

——菲利普·苏波（与玛丽–露易丝·歇勒的对话）

由此看来，乔伊斯在 1935 年初到斯塔德尔霍费尔大街来听我的讲座时，对卡夫卡还一无所知。

1930 年秋天我第一次读到卡夫卡的《变形记》，在那之前我对他一无所知，我也不需要觉得尴尬。

1983 年 1 月 5 日

要找到你觉得和以前的司汤达、果戈理、卡夫卡同样重要的、新的**核心**作家，是不可能的。

1983 年 3 月 30 日

对我来说，最奇特的东西依旧是：昆虫。所以可以想象《变形记》的效果。

我热衷于卡夫卡的原因逐渐显示出来，那就是他**更好地**体现了我自己的特点。

1983 年 5 月 5 日

孩子可以驱逐疑虑。孩子不**允许**怀疑。孩子的生命和跳蚤一样确定。但是跳蚤是孤独的，而孩子是和别人在一起的，并且会感染别人，因此，我之所以崇拜卡夫卡的怀疑，其实是因为他从来不是孩子，也从未有过孩子。

1983 年 7 月 3 日

一百年前的今天，卡夫卡诞生了。纪念这个生日的方式令人难以置信。自从我知道他，今天我第一次担心，有可能会遗忘他的生日。

遗忘，一个被用来嘲弄的词。你真的忘记过**什么事**吗？所以怎么理解，整个人类作为整体，会遗忘什么事呢？

1983 年 7 月 10 日

卡夫卡，对这个世纪提前作出的诅咒。

1983 年 7 月 29 日

"（……）因为我读给他的所有作品，我都会在他梦见我的美梦中告诉他，而且一下子就会像梦幻一样提升。一个人可以同时做两件事：朋友的好梦和自己糟糕的失眠？"（卡夫卡 1922 年 5 月初写给汉斯·马尔德史泰格的信是这样结尾的）[1]

1983 年 11 月 4 日

昨天我读了不少以前从未读过的布罗德传记，他语言的草率、其中的新闻报道和他兴趣的散乱，给我留下了非常糟糕的印象。对我来说比

1　《时代杂志》当天就把这封信刊登出来了。从上下文可以看出，句中的"他"是指马克斯·布罗德。汉斯·马尔德史泰格（Hans Mardersteig, 1892—1977）1922 年时是库尔特·沃尔夫出版社的员工。

较新的是他与韦尔弗的关系，几乎是与卡夫卡建立关系的同时开始的。他对韦尔弗那些丑陋事情的评价，他的极高赞誉——他，这个发现了卡夫卡，也对罗伯特·瓦尔泽颇为欣赏的同一个人——令人难以相信。韦尔弗的第一部诗集是通过布罗德的引荐出版的，他那令人作呕的多愁善感，与卡夫卡正好相反，令我感到恐怖。他们俩都来自同一个布拉格，也是被布拉格的同一个布罗德发现的。

在文学中，唯有节制才是可能的。自卡夫卡以来，人们都知道这一点，或者已经不知道了？

1983 年 11 月 6 日

对布罗德的厌恶——自我厌恶？最糟糕的是，厌恶可能会蔓延到卡夫卡身上，而这会是自我解脱的开始。

你必须获得重新**反驳**的力量，也许是新的特性。

没有比马克斯更好的名字了。他的激动、他的兴奋、他的音乐、他无穷无尽的热情——他身上的某些东西，令我震惊，刚好与卡夫卡相反，而我也许已经把卡夫卡视为圣人太久了。

1983 年 11 月 7 日

一个发现或发明了他那个时代最悲惨的伟大作家的可笑的最后想法。

1983 年 11 月 9 日

B.[1] 卡夫卡是如何超越他的。他现在老了一倍，而在这段时间里，卡夫卡变得越来越伟大。

1983 年 12 月 24 日

这个假扮谦逊的人，他假装自己是卡夫卡，却没有扮出谦恭来。

1984 年 1 月 12 日

从尼采那里获益的所有人，那些伟大的人物，如穆齐尔；和所有不为所动的人，如卡夫卡。

这个区分对于我很重要：

这里是尼采。

这里不是尼采。[2]

1984 年 7 月 12 日

在我死之前，我要把卡夫卡从我这里消除，就像我当年把卡尔·克劳斯从我这里消除一样。如果我足够优秀，我要保留穆齐尔。

1　指布罗德。译者注。

2　参见埃利亚斯·卡内蒂:《钟表的神秘心脏》,《卡内蒂笔记 1942—1985》,《全集》第 5 卷,第 510 页。

1985 年 5 月 9 日

也许我永远也无法完全信任沉迷于音乐的作家。

不论怎样，还是有一个伟大的反例：司汤达，他沉迷于莫扎特和罗西尼，而**不是**瓦格纳。也许只有某种音乐会影响作家的言辞。尼采的风格我就难以忍受，穆齐尔和卡夫卡是没有音乐性的。

1985 年 11 月 20 日

格里尔帕策的日记是他最好的作品，其中可以发现——是时候了！——卡夫卡的构成元素之一。

《审判》　　　　　　　　　　　　格里尔帕策的日记（1826 年）

"4 月 19 日清晨六点，我还在睡觉，因为我睡得很晚，受到三个警察的袭击，他们命令我起床，并检查我所有的手稿。所有东西被搜查了一遍，还进行了大范围的聆讯。起初我以为涉嫌一项重要的国家犯罪，最后发现，整个搜查与所谓的卢德拉姆洞穴有关，那是一群喜欢集会的人，八个星期以来，我曾经在那里待过几个晚上。"[1]

1985 年 11 月 24 日

我在格里尔帕策的日记里又发现了许多卡夫卡的痕迹，以至于我几乎要为自己的疏忽而致歉。不过好在我没有通过剖析来接近它。当初它打动我的时候是**完整的**，现在它也依旧保持完整。如果被剖析的东西就

1　弗兰茨·卡夫卡非常熟悉格里尔帕策的著作，还有他的日记。有关格里尔帕策的小说《可怜的玩者》，卡夫卡曾经在 1920 年致信密伦娜·耶森斯卡时说，他"为这个故事感到羞愧，就好像是他自己写出来的一样"。

此消失，那么剖析又有何用？

1985 年 12 月 5 日

　　所有的日记都是充满了哀怨吗？它们是因此才变得有趣？

　　奇特的是，抱怨会从一本日记传到另一本。格里尔帕策—卡夫卡。卡夫卡欠格里尔帕策的（几乎）和他欠罗伯特·瓦泽的一样多。

1986 年 2 月 1 日

　　狄更斯可以说属于**没有章法**的作家，似乎是伟人中之最伟大者。巴尔扎克也属于此类，还有陀思妥耶夫斯基，他的小说采用了**忏悔**的形式（有章法的忏悔是不存在的）。

　　小说中的章法始于福楼拜，无一不是经过细细筛选的，及至卡夫卡则臻于完美，但是如果没有受到陀思妥耶夫斯基的熏陶，这个章法可能也没有生命力。卡夫卡的影响是压倒性的，这也与我们受制于各种吞噬了所有生命的章法有关，只要有卡夫卡的地方，我们就能从一切事物中感受章法的绝对统治和至高无上，但是卡夫卡还有呼吸，他从陀思妥耶夫斯基的热切忏悔中汲取空气，这种气息给他的章法带来了生命力。只有当章法瓦解，卡夫卡才会死去。[1]

1987 年 9 月 30 日

　　卡夫卡临死前读到的最后一段话：我从来没有经历过比这更悲惨、更羞辱的事。

1　参见《钟表的神秘心脏》，《卡内蒂笔记 1942—1985》，《全集》第 5 卷，第 528 页。

"'难道没有什么办法拯救这个稀罕的人？'半年前韦尔弗在给马克斯·布罗德的信中写道：'他会写出最辉煌的东西，但是这些东西越来越脱离生活，所以最后要走向毁灭。人到了四十岁，不能仅靠**梦**养活，这样看来没有什么饥饿艺术家会饿死。'

"据基尔林说，韦尔弗给他的朋友寄去了那本《歌剧小说》——和一大束红玫瑰。卡夫卡如饥似渴地阅读着和他有关的内容，他只读这本书，虽然读得很慢但是很有规律。'致弗兰茨·卡夫卡，敬爱的作家和朋友，诚挚祝愿早日康复'——韦尔弗的致辞。几周后，1924 年 6 月 3 日，卡夫卡去世——他的爱人朵拉·迪亚芒特[1]和他的朋友罗伯特·克洛普斯托克在他身边。那本关于威尔第的小说是他最后读的书。"

（见彼得·荣格为韦尔弗写的传记）

1988 年 1 月 2 日

要克服对卡夫卡的迫害：非常不易；容易的是，忘却乔伊斯虚荣的自我消解。

1988 年 1 月 7 日

公务员—作家，比作家的身份更常见。
看卡夫卡，看特拉克尔，最纯粹的代表。

1　卡夫卡于 1923 年 7 月在波罗的海的穆里茨与朵拉·迪亚芒特（Dora Diamant，1898—1952）相识，与她一起度过了他生命中的最后一年。

1989 年 1 月 10 日

　　谦虚是徒劳的。通过谦虚和模仿卡夫卡而带来转变是徒劳的。你想**变小**，但转变却没有发生。

1989 年 11 月 26 日

　　昨晚的消息：杜布切克出现在布拉格瓦茨拉夫广场上。

　　1968 年 8 月，赫拉和我在伦敦，颤抖、恐惧和希望，然后，俄国装甲车毁灭性地出现在布拉格。昨天发生了逆转：杜布切克站在欢乐的人群面前。

　　当权者对那些**真正的**群众的尊重，那些日渐自觉**成长的**群众。

　　在瓦茨拉夫广场上人山人海的群众。

　　试图让群众远离瓦茨拉夫广场：血腥的星期五。据说死了一个，但是他没死。

　　然后，只要星期一能到达瓦茨拉夫广场，人群就与日俱增。

　　杜布切克还在，这一点极为重要。我该怎么告诉那个曾经和我一起颤抖的她。她已经不在人世。[1] 那时候我们在一起：那是我的"卡夫卡"时代。

1990 年 2 月 11 日

　　这个世纪的催眠术叫卡夫卡。

　　这是真正的催眠，也有假的，我不会把它们说出来，因为他们早就把自己说死了。

1　指赫拉·布绍尔，埃利亚斯·卡内蒂的第二任妻子，1988 年死于癌症。

但是卡夫卡的催眠术，真正的催眠术，是非常持久的。它在我身上还没消逝，我只是有时候觉得它们会消逝。

1990 年 3 月 8 日

很久以来，我的辩解似乎显得越来越不重要。

回复一封信，惊讶于它的效果。一个日耳曼学学者，认真对待自己，秘密的作家？他要做一个关于卡夫卡日记的报告，并提到他自己的日记。一种我想赞赏的开放态度。

我对德国人的态度很矛盾。他们的统一是正确的，也是不可避免的。但是哪些是思想上的恐惧，哪些是普通的大众。我对所有可能的群众越来越屈服，我自己已经是孤儿。赫拉离我而去，那么迟缓而又坚定，在诊所里关于尼伯龙根的话，让我不安。

我寻找其他的地方，保护我的眼睛不受伤害。

拜罗伊特与卡夫卡，不可能。

1990 年 7 月 3 日

他比卡夫卡老了一倍，成就却不及他一半。

1990 年 8 月 13 日

今天唯一让我高兴的官方祝贺来自斯图加特。当地科技与艺术部长恩格勒回忆起 1980 年颁发黑贝尔奖的情形。他说，我在获奖词中提到了卡夫卡的"百宝箱"，那是路德维希·哈尔特作为他最珍贵的收藏展示给我的。[1]他回忆起当时录制时现场那"令人窒息的安静"，那种安静是他之前和之后在豪森纳大厅里都没有经历过的。他太善意而没有提及，格哈特·鲍曼之前的赞美词受到了近乎敌意的不友善对待。我感谢那一刻，它对我来说的确非常美好，因为它把我崇拜的黑贝尔和卡夫卡聚在了一起。那天赫拉还坐在我身边，所以那一天对我来说是神圣的。也许恩格勒的这封信是因此而打动了我。我没把它看作是走形式，而是为此感激。我要把他作为官员中唯一的一位来感谢。

1990 年 9 月 19 日

我本想再去一次布拉格，一生中只待两周是不够的。

韦尔弗也来自布拉格，在这一点上还是要迁就布拉格。他的书是卡夫卡临死前最后读过的作品，他把《**歌剧小说**》寄给卡夫卡。既然他无法再说话，就应该歌唱。

韦尔弗**亲口对我说**：卡夫卡不是作家，他是个神学家。

作为回报，韦尔弗去世时**受了洗礼**，被允许身穿燕尾服进入坟墓，A.[2]的情人帮助死者做了最后的梳洗。

A.鄙视马勒，因为他是性无能。韦尔弗鄙视她，因为他喜欢被她欺骗。他的名声被她消耗和破坏，现在他被视为海绵状的猎物。

1　参见本书第 323 页。

2　指阿尔玛·马勒-韦尔弗（Alma Mahler-Werfel，1879—1964），她曾先后成为作曲家古斯塔夫·马勒、建筑学家瓦尔特·格罗皮乌斯和诗人弗兰茨·韦尔弗的妻子。弗兰茨·韦尔弗于 1945 年在比弗利山庄死于心肌梗塞，年仅四十五岁。乔治·穆尼尤斯神父致悼词，在讲话中详细介绍了天主教的洗礼仪式，让人猜测，阿尔玛·马勒－韦尔弗在丈夫去世后还让人采取了天主教的紧急洗礼。

1990 年 10 月 18 日

赫拉是因为他（卡内蒂）而学中文的，自从她死后，他无法再承受任何中国的东西。

1990 年 10 月 31 日

我们之间曾经有很多通信，我现在依然回避它们。她的每一封信都可以展开为一本书。我怎么能写出一千本书。

她从不显示力量。她说话时犹豫不决，似乎在询问她说话的对象。

她从不直视任何人的脸，而是将目光微微低垂，看着对方的手。她所能做到的最内在的亲密关系是她的全部目光。

她生活中所有的纠葛都是源于文字。在她轻声说出的所有话语中，没有一句废话。别人对她说的话，她就像对自己说的话一样认真对待。

她不能忍受没有形式。我向她的形式投降。我给她写的信，都源于她的形式。我从没像给她的信里那样忘记自己。我们之间发生了可怕的事，我知道这些事很可怕，因为我太在乎它们的**名字**。

从我们的名字中产生的东西，没有人能够衡量。我自己也做不到。我想，她有能力做到。

我从未认识过一个与我如此不同的人。从她的天性中，我明白了一些本来我无法接触的事情。我相信，如果没有她，卡夫卡永远不会完全进入我的视野。自从我 1930 年秋天读到《变形记》后，我就喜欢上了他。而薇查对他有种深深的反感。我完全接触他是在赫拉时期。1968 年，我读到《致菲利斯的信》，然后读到他的其余作品。很多时候，我以为我认出了他时，我会想到赫拉。自从她告诉了我她的学生时代的故事，我就完全理解卡夫卡要变小的心愿：她是如何把学校的成绩单画乱，把成绩**变得更糟**。她是在放学回家的路上这样做的，然后带一份更差的成绩单回家。

1991 年 3 月 2 日

　　卡夫卡"老了"，不可想象。**一直都老的人不可能老化**。但只有年轻，他才**会老**。

1991 年 4 月 26 日

　　如果可以想象，有人居住的地球将不再像卡夫卡那时的样子？

1991 年 5 月 21 日

　　你唯一一次心情复杂地观察某个东西：卡夫卡写给菲利斯的信。那是二十三年前的事了。从那以后呢？只剩下了故事！

1991 年 5 月 23 日

　　卡夫卡的日记，完整版。我被不知道的新事物所感动。时间回到 1968 年，我写了《另一种审判》，对完美的无力感的不满，让我想起了赫拉的损失：她在本质上比我、比任何人都更像卡夫卡。

1991 年 7 月 4 日

　　被 K 淹没的感觉，徒劳地试图避开它。再通过密伦娜而回归，她有精确的洞察力。他与金钱的关系，这一点隐藏在文字中。如果不考虑这一点，就无法理解全文。

恩斯特·波拉克[1]，我第一眼就讨厌的人：我看他的眼神还不够狠。

洪茶[2]，密伦娜的女儿，骇人听闻的故事。

拉文斯·布吕克，因为两个女人的爱而改变。

为什么妇女营的想法更糟？

营地的权力。赖希-拉尼基[3]是这种权力的产物，德国人将之置于他们的文学之上。

密伦娜对于卡夫卡的意义的洞察力**非常出色**：她当场宣告《变形记》是德国现代文学中最伟大的作品。

好在我读那些给菲利斯的信时，**不了解**给密伦娜的信。在这段较早时期的书信中，他正以作家的身份刚刚立足，还没有患上后来像斗篷一样裹着自己的保护性疾病。

关于 K 我知道得太多，我该如何忘记我所知道的？

卡夫卡的风格很大程度上归功于黑贝尔（我更要感谢他）。

1991 年 7 月 28 日

马丁·瓦尔泽自命不凡的文章，讲述了卡夫卡生命中最后那段时间，以及他自己与朵拉·迪亚芒特的一次不成功的邂逅。[4]

马丁·瓦尔泽把卡夫卡当成了**财产**。卡夫卡的文字洁癖和马丁·瓦尔泽的文字泛滥。

1　参见本书第 182 页脚注。

2　雅娜·切尔纳（Jana Černá, 1928—1981），又称洪茶（小汉斯），是密伦娜·耶森斯卡和她的第二任丈夫雅诺米尔·克雷季卡的女儿。

3　文学评论家马塞尔·赖希-拉尼基（Marcel Reich-Ranicki, 1920—2013）是华沙犹太区的幸存者。

4　1991 年 7 月 26 日，德国《时代报》刊登了一篇马丁·瓦尔泽的文章，题为《卡夫卡的风格与死亡》，是一篇关于弗兰茨·卡夫卡《1922—1924 年间给父母的信》的书评。瓦尔泽在其中描述了 1952 年在伦敦拜访朵拉·迪亚芒特的情形，称之为"搞砸的机会"。

讨厌那些写作时比较随意或喜欢卖弄的人。

1991 年 11 月 19 日

卡夫卡，我的精灵。

1991 年 11 月 24 日

我在德国文学的代表身上，尤其在文学阐释者——日耳曼学学者身上，感受到了德国文学的乡土气。

仅有一个歌德是不够的，他的作品具有巨大的分量，而他的雕像则完全没有。

我觉得没有乡土气的是：利希滕贝格、赫贝尔、穆齐尔。奇怪而无法解释的是：我居然不觉得黑贝尔和克莱斯特没有乡土气（当然还有卡夫卡）。究竟什么是乡土气？

1991 年 12 月 10 日

怀念充实的时光。在哪里？和卡夫卡在一起！

1992 年 2 月 12 日

卡夫卡是对严肃文学的自由转换的征服：对福楼拜的改正、延伸或开放。

1992 年 6 月 18 日

我认为，在那个时代的维也纳和奥地利，谁算得上是伟大的思想家，在这个问题上做出让步，是不对的。现在有四个名字作为我的伟人被提名：卡尔·克劳斯、卡夫卡、穆齐尔和布洛赫。但对我来说，布洛赫不算其一。他绝不是一个伟大的思想家，他实际上是由来自外国的影响**构成**。他的想法没有**一个**来自他自己。他能进入四人之一，是因为我对他很熟悉。可以说，他是我传记故事中的四个人之一。出于感谢，我在一个庄严的时刻（在斯德哥尔摩）也提到了他的名字（即使当时就已经有点内疚）。我想清楚地说明：我并不欣赏他的《维吉尔之死》。索内本人比这个维吉尔更真实、更好。布洛赫对于写作的怀疑，并不是洞察力高低的问题，而是有无的问题。出于**软弱**，他直到生命的尽头一直对弗洛伊德十分依赖。他的性格绝不像我一直认为的那么毫无瑕疵。他为人奸诈到极点，绝不可能对人忠诚。他在他们面前隐藏起来，不像我曾经以为的那样是为了不伤害或冒犯他们，而是为了不失去他们中的任何一个。他的**主张**既矫揉造作又厚颜无耻（这一点又完全不适合他）。

现在跟随我的，是我大约十一年前带入这个世界的东西。虽然我对穆齐尔的评价随着每一次阅读在**增长**，而卡夫卡和卡尔·克劳斯理所当然、无可辩驳地成为我的真实世界的一部分，但是布洛赫对我来说却越来越缩小，而事实上——说出来很可怕——他在精神上于我而言根本不存在。

1992 年 7 月 6 日

就连卡夫卡这样的名字也能被抹杀？直接篡夺，或是隐瞒后篡夺？

1992 年 7 月 12 日

卡夫卡的命运：布拉格的今天。[1]

1992 年 7 月 21 日

卡夫卡的名字给他带来好运，而我的呢？像个男高音！

1992 年 11 月 17 日

我现在避开了卡夫卡。二十四年前，他离我太近了。

1993 年 9 月 5 日

昨天从中午一直到深夜我都和罗伯特·瓦尔泽（索瓦特为他写的传记[2]）待在一起。不久前我在浏览自己的笔记，从中发现一些材料，可以做一个延续到 1967 年的选集，那时我第一次被罗伯特·瓦尔泽的生平深深触动。我读了迈西勒[3]的书，书虽然写得很差，但是里面引用了很多材料，令人对罗伯特·瓦尔泽有**进一步的了解**，但是却不足以完全把握。那时候我自己也读了很多瓦尔泽的书，后来也读了他的书信和塞利格的书《与罗伯特·瓦尔泽一起漫游》，实际上才过了二十五年，在我的一生当中不算很长的一段，但是由于受到瓦尔泽的触动而对卡夫卡

1　参见埃利亚斯·卡内蒂：《卡内蒂笔记 1992—1993》，《全集》第 5 卷，第 389 页。

2　凯瑟琳·索瓦特（Cathérine Sauvat）：《罗伯特·瓦尔泽》，巴黎，1989（德语版：《忘却的远方：罗伯特·瓦尔泽传记》，由赫尔穆特·柯索多译自法文，科隆，1993）。

3　罗伯特·迈西勒（Robert Mächler）：《罗伯特·瓦尔泽生平——一部文献式传记》，汉堡，1966。

致菲利斯的信产生了压倒性的印象，否则这些信对于我肯定不会那么重要。卡夫卡后来又掩盖了所有的东西，我为了我的论文查阅了他的**所有文字**，它对我的影响如此之深，令我如同重新来到这个世界上一样。尽管如此，罗伯特·瓦尔泽依旧还是或公开或秘密地在我心里发挥影响，最后有段夸张的时间（我总是这样），我不禁要问自己，会不会罗伯特·瓦尔泽才是更重要的那个。这也许和卡夫卡已经令人厌烦的那种名声有关，每当他的名字被提到，大家就不想听，**我不能读**关于他的**任何东西**。相比之下，罗伯特·瓦尔泽还没有被晚节不保所困扰，还能成为某人的朋友，因为他还喜欢他。这对于卡夫卡是不可想象的。官方"研究者"或撰写者虽然没有滥用他的作品——也没有人可以滥用——但是他已经成为一个令人厌烦的人。后来他的书信也出版了，出于这个原因，我至今仍然没有阅读。

关于瓦尔泽的一切，对我来说都是**开放的**。然而，那本研究他的新书，我读的是德文译本，深深吸引了我，就好像我还不知道其中的大部分内容似的。描述他的文字，他的书名，都没有受到污染。它们还没有在全世界**所有的**报纸上走一轮。

1993 年 9 月 14 日

1968 年：他的卡夫卡年。那是索邦大学的学生运动、布拉格之春和八月灾难之年。狂野的、示威的、悲惨的一年。

对卡夫卡偶像般热爱和崇拜的一年。

1993 年 11 月 7 日

小研究结束。卡夫卡—赫拉时期结束。

1994 年 2 月 22 日

二十六年前：卡夫卡的二月。

二十三年前：托尔斯泰的二月。

普鲁斯特—卡夫卡—乔伊斯

1948年8月在布莱恩斯顿
暑期学校的英语演讲

当今人类的思想关注着三件事，**第一件**是我们的遗产。一个一无所知的人，睁开眼睛看到的是一个充满了已经存在的事物和传统的世界，它们对很多人是有意义的，没有它们，这些人就无法生活。在这个世界上，有古老的城市和教堂，风景和家庭，人类培育的具有悠长历史的植物，已经习惯与人类共存的动物，有婚俗和葬礼，有古老的器具和服装，有信仰，有姓名，有优美的旋律和故事。在一个人的一生中，把这一切作为一个整体来体验，在其中认识到一个充满意义而非混乱矛盾的相互关联的模式，并赋予它一个统一性，不是通过排斥和拒绝，而是通过学习如何吸收它，如何为它创造空间——这的确是一个必要而又非常艰巨的任务。要做到这一点，仅仅环顾四周，用惯常的理性方式来认识事物是不够的。要认识和要观看的事物太多了。对人类的过去进行专业而系统的研究，地质学、考古学、历史学或神话与宗教的比较研究——它们本身的定义都过于狭隘。这些研究把单个的物体从复杂的、充满生机的环境中取出来，分离它，繁殖它，把它和其他物体相比较，无疑会有所发现并得出重要的结论，如果没有这些研究，简直不可想象。但是它们并没有找到一条途径去解决整个过去。它们所研究的一切都出现在同一片耀眼的光芒中。一个基于重复的、简单的年份数字系统，要传达无法感受的东西。通过客观性的倾向，一切事物的最本质内容都将被剥夺——恰恰是个人的**主观回忆**为我们显示了一个更合适的程序。去认识你的个人记忆所能带给你的一切吧，先把它填满，然后去探索它，消耗它，创造类似于你自己的记忆的科学，你将会成为过去的知识大师。简言之，这正是**马塞尔·普鲁斯特**做过的事情。

人们关注的**第二件**事是我们自己生活中的此时此刻，也就是说**我们自己的时代**——我们自己的时代，和其他所有时代相脱离。没有什么能比在现代城市的繁忙街道上散步更能让各位明白这里所指的意思的了。相互冲突的倾向和活动，目标和行为，声音与沉默，胜利，悲叹和失败；所有这一切构成的混乱；整体的多彩和多义性，它对过去的漠不关心。一切都在突然间发生的印象，一种**共时性**，好像之前或之后的一切都毫无意义；无论事物和事件看上去多么渺小和破碎，其中却充满了活力。所有的一切是在依靠自身微弱的意志并抵抗其他的一切，来朝着一个或另一个特定的方向发展——这是我们现代世界的动物性方面，一个为自己而存在的生命，没有过去没有未来，只有现在的快速而不断膨胀的流动。**詹姆斯·乔伊斯**开发了一种处理这个问题的方法，他在预设的时间和地点的统一中，捕捉到了现在的流动：城市——都柏林；设定的时间——1904 年 6 月 16 日。

人们关注的**第三件事**，也是三件事中最可怕的，是即将发生的事。这里什么都没有设定，什么都不是已知的。周围也没有任何人们可以很确定认为可以构成未来的物体。这座八百年历史的大教堂，今天夜里将会灰飞烟灭，而明天将不再可见。这个充满了生命气息的城市，可能在下一刻便坍塌，明天夜里不得不失去它的身影。所有的毁灭都属于未来，就如同所有的遗迹都属于过去。没有什么恐惧不能成真，任何话语在某种程度上都可被视为预言性的。可能有成百上千种不同的未来，谁关注未来，把它们都放在脑中，谁就会有可怕的负担。对即将发生的事情，怀疑和忧虑是紧密相连不可分开的。恐惧是未来的预兆。在所有的现代作家中，可以说**卡夫卡**是唯一在他颤抖的四肢里感觉到**未来问题**的。他并没有试图摆脱它们，而是耐心地解决这些问题，有时用这种方式，有时用那种，他的勇气似乎很强大，他的勇气杀死了他。当欧洲人民顺从地进行第一次世界大战时，他坚定地与未来进行看似私人的战斗。他甚至没有意识到自己有多么勇敢。由于他不懂得如何在当下繁忙的街道前进，于是他对自己的评价相当差。他不会用拳头打架，他不是拳击手，他不会用文字奉承，他不善交际。作为保险公司的小职员，他肩负着每个人未来的重担。卡夫卡的作品像计划和蓝图，但既不是房屋和工厂的，也不是战场的，而是个人和未知事件的计划。

　　也许我们这三位作家的为数不多的共同点中，最有趣而又最重要的是他们大部分作品中所呈现出来的自传特征。他们每个人对于世界都有一个全新的、非常独特的图景。他们每个人都感到有必要把握自己的和他人的生活，两种生活需要**通过彼此来**解释。这种双重的探索没有任何随意性，也不是肆意地以自我为中心。在普鲁斯特那里，他的小说的叙述者自称为"我"；而在乔伊斯那里，则是斯蒂芬·代达罗斯作为叙述者出现在他的两部主要作品《青年艺术家的肖像》和《尤利西斯》中；在卡夫卡这里，是《审判》中的约瑟夫·K 和《城堡》中的 K——K 是他的主人公名字的首字母，也是卡夫卡自己名字的首字母。对于想了解这些作家内心世界的人来说，这是一种非常幸运的巧合。他们的冲突和斗争、偏见和信念、整体的发展都可以在这里清楚地看到。后来由其他作家书写的传记，并没有增加任何必要的或者必不可少的内容。他们也许试图再发现一两个事实，但是对于具有如此生动想象力的人的一生，这点事实显得多么可怜。总而言之，我们完全有理由说，这些传记只不过是把我们的作家自己研究的复杂和微妙，降低到了对于普通人的接受能力来说更简单和更容易达到的水平。对于他们的如此艰难和多层面的作品，总是有解读的空间。关于他们的生活则没有什么可说的，他们自己都没有发现更好的版本。

　　要理解一位伟大作家的生活，首先要了解的是他为自己创造孤独的方式和程度。有许多方法可以打破这种令人窒息的束缚。反叛的暴力，对这个人来说，可能具有绝对而毫无争议的必要性，而对另一个人来说，却有可能是极其危险的毒药。对于这个人，所有的努力和预防措施可能是为了保护童年和少年时期的最小的习惯，而另一个人可能会拼死抗争，彻底消灭它们。人有无数种，而有创造力的艺术家之间的区别可能比别人的更大。举一个简单易懂的例子：我们的这三位作家与他们的家庭之间的关系，无疑存在着显著的区别。

普鲁斯特从未放弃过他的家庭，他对家人的温柔一生未变。在他长期患病期间，他与母亲住在同一幢房子里，他在这里也度过了少年时的大部分时光。她竭尽所能减轻他的痛苦，他周围的一切都是为了适应他的愿望和需求。他与母亲的关系是他一生中最重要的，她为他创造的氛围经常被描述，但是最好的还是他自己写下的。

他年幼的时候，每天晚上睡前，母亲都会到他的房间来亲吻他。没有亲吻他就无法入睡。他害怕晚上有客人来家里吃饭，那样母亲就会在餐厅里当着客人的面亲吻他，然后让他独自上楼回屋睡觉。但是即使是在餐厅里当众的亲吻，对于他也是必不可少的。没有亲吻的话，意味着一个痛苦的不眠之夜。一天晚上，父亲有点不耐烦，没有给他时间亲吻母亲就打发他直接上楼了。他随后一个人待在房间里遭受的痛苦，后来在他书中的第一章、也是非常重要的一章里，作了描述，这一章是整个故事的萌芽，它描述了与所爱之人分离的痛苦和被阻止的温柔，这种分离代表了后来所有的分离和最终的结局，死亡。

即使在成年以后，普鲁斯特似乎也无法离开母亲生活。母亲去世时，他三十四岁。母亲死后，他立即开始撰写他的伟大作品，耗费了他的十七年余生。我们有全部的理由假设，与母亲的分离给予他写作所需的压力和专注力。只有伟大而深刻得不可估量的东西才能逐渐取代，并赋予他生活的意志和力量。从前，当他晚上外出进行社交的时候，母亲会在家一直等候他。现在，既然已经没有她的等候，他就几乎足不出户。他的疾病是他和工作之间最强的纽带。白天他睡觉，晚上，当他觉得哮喘发作没有那么可怕时，就工作。

但是，在谈到普鲁斯特的家庭时，如果只谈论他的母亲，那是不对的。他的作品可以证明，他的其他亲戚对于他也有重要的意义，这里是指他的父亲，他的外祖母，他的外祖父，一个叔叔，还有几个姑姑。也许除了父亲有点冷漠外，他们所有人都被描述得极为温柔。读者在普鲁斯特的作品里获得的第一印象是一种热情洋溢而又被保护得很好的温柔。无论在他的生活中还是作品中，普鲁斯特似乎总是待在他的家庭的内部，从未出现过与家庭分离的想法，也没有出现过任何持续的不满的理由。

乔伊斯的态度是多么惊人的不同啊！有一份关于他年轻时代的珍贵文件，如果文件这个词对于一个艺术品来说不算太可怜的话。《青年艺术家的肖像》描绘了他前二十年在都柏林的生活。在乔伊斯自己并未出版的该书初稿《斯蒂芬英雄》中，英雄的环境、多人口的大家庭的故事都描述得更为详细。斯蒂芬姐姐的去世，在后来的版本中就完全消失了。不过，就我们的目的而言，既然不清楚，查阅《青年艺术家的肖像》，看看我们能从中获取哪些关于乔伊斯和他家庭的关系的信息，就足够了。斯蒂芬·代达罗斯在这里就是詹姆斯·乔伊斯本人的代表。

他的父亲西蒙·代达罗斯拥有一个非常大的家庭，却是一个不操心的人，带着斯蒂芬去科克，想在那里卖掉一些财产。

"他和父亲坐夜车前往科克……他兴味索然地听着父亲回忆科克的情况和他小时候的事，谈到某个逝去的朋友，或者当他突然想起这次来科克的真实目的时，他的话就会被一声叹息，或者从口袋里掏出酒瓶的动作打断。斯蒂芬听着，但是无法感同身受。这些死者他全都不认识……但是他知道，父亲的财产马上就要被拍卖，他自己那部分的继承权也就要被剥夺，他感到这个世界残酷地粉碎了他的梦想。"

在科克，"斯蒂芬继续走在父亲的身边，听着那些他已经听过多次的故事，一再听到那些失散在各地和已经死去的酒友的名字，他父亲年轻时曾经和他们一起寻欢作乐。他心里微微泛起一阵厌恶。他回忆起他自己在贝尔维德里的难以名状的地位"——贝尔维德里是他上学的那个耶稣会学院——"一个有免费名额的学生，一个对自己的权威地位感到害怕的小头目，傲慢、敏感、多疑，与他贫乏的生活和狂乱的思想在抗争"……

"他仍然听到父亲的声音。——如果你开始出去闯荡了，斯蒂芬——

有朝一日你也许会的——切记，无论你做什么，你一定要和正人君子一起干。我年轻的时候，我告诉你，我的生活可不赖呢。我交往的都是体面的、优秀的男孩。我们每个人都有自己的特长。一个有副好嗓子，另一个是个好演员，另一个会唱滑稽歌曲，还有一个很会划桨或者会打球，还有一个会讲故事，等等。我们那会儿从不消停，总有乐子，生活得很滋润，这对我们也没什么坏处。不过我们全都是正人君子，斯蒂芬——至少我希望我们都是——都是他妈的优秀而诚实的爱尔兰人。我也希望你和这样的心眼很正的年轻人合作。我是拿你当朋友和你说话的。我并不赞成儿子要害怕父亲。不，我对你就像我年轻时你祖父对我，我们更像兄弟，而不像父子……"

但是走在他身边的斯蒂芬却只觉得"父亲的声音令他厌倦而沮丧"。

"在房产被卖掉的那个下午晚些时候，斯蒂芬温顺地跟着父亲在城里的一间间酒馆乱逛……他们一大早就从纽科姆的咖啡馆动身，代达罗斯先生的杯子碰着杯托，发出叮当声，斯蒂芬试图挪动椅子或咳嗽来掩饰父亲在前一晚喝多了的丢人迹象。然而羞耻的事接踵而至：市场贩子虚假的笑容，父亲与之调情的酒吧女郎们飞着媚眼，父亲的朋友们对他说着恭维和鼓励的话……"

"斯蒂芬看着三个杯子从吧台举起，他父亲和两个老伙伴在为他们的过去干杯。命运或性格把他与他们深深地分隔，他的意识似乎比他们的更古板：它冷冷地凌驾于他们的摩擦、欢乐和失望上，如同月亮冷冷地照着年轻的大地。曾经使他们激动的生命和青春似乎都和他没有关系。他既没有体验过和同伴交往的快乐，也不懂什么是粗犷的男性的健康活力，以及父子情谊……他的童年已经死去或消逝，随之而去的是他那能够获得天真的快乐的心灵，现在他像贫瘠的月亮一样在生活中漂泊。"

在科克逗留期间，他的整个态度中有一种对过去的激烈反抗。他不相信父亲的故事——一个只会带来现在的苦难、悲惨和屈辱的过去，能有什么价值？他在父亲的朋友们当中感到孤独，不愿意成为他们中的一员。在他看来，科克显得比都柏林还要狭窄。在这里他就已经显示出对父亲生活方式的坚决抗拒。

回到都柏林后，他饱受"父亲家里经营不善和管理混乱"之苦。父亲号称是绅士的吹嘘——然后再看看父亲带给他们的这种家庭景象！一次斯蒂芬从他的耶稣会学校回家时，是这样描述家里的：

> 菜叶的淡淡的酸臭味从菜园里……飘来……
>
> 他推开没有门闩的前门，穿过空荡荡的走廊进入厨房。他的兄弟姐妹们正围坐在桌边，喝茶时间即将结束，被当作茶杯的小玻璃壶和果酱瓶的底部，剩着已经泡过两次的茶渣。乱扔的面包皮和带糖的面包块，被茶水泡成了褐色，撒得满桌都是。桌上的小坑积满茶水，一把象牙手柄残破的小刀插在咬过的饼上……
>
> 他走到桌旁，坐在他们身边，问父亲母亲在哪儿。有人回答：
> ——去看房子了。
>
> 又要搬家！在贝尔维德里曾经有个叫法伦的男孩经常带着一脸傻笑问他，为什么经常搬家。当他此时又听到问话人的傻笑时，他的额头抽动了一下，露出一丝轻蔑。
>
> 他问：
> ——我们为什么又要搬家，可以问问吗？
> ——因为房东想把我们赶出去啊。

他最讨厌的就是不断地搬家。当他在家里坐下时，手肘旁边就是一排家具推车和一盒当票，这意味着父亲做的一切都是毫无意义的。

斯蒂芬看出父亲的意图是多么愚蠢。"他尝试着建造一个有序的、优雅的大坝来阻挡他周围讨厌的生活，通过行为规则、积极的兴趣和与儿子建立的新关系来遏制内心强大的激流。毫无意义。不论外部还是内部，水已经漫过了屏障……"

显然他也看到了自己毫无意义的孤立。他没有再走进那些他试图接触的人的生活，也没有能够在将他和母亲及兄弟姐妹分离的无休止的耻辱和苦难上搭建一座桥梁。他觉得自己和他们之间几乎不是血缘关系，而是一种神秘的收养关系，是养子和养兄。

"父亲的口哨声，母亲的唠叨，一个看不见的疯女人的刺耳尖叫，此刻变成了使他难堪的声音，威胁着消除他年轻人的骄傲……"

他年轻时的骄傲，对他称之为养父母的主动而坚定的拒绝，与母亲坚定不移的天主教信念的疏远，对摆脱父亲空洞无物的吹嘘渴望——所有这一切都在该书结尾处与朋友克兰利的对话中，以令人印象极为深刻的形式集中地表达出来。我相信，值得引述其中的相当一部分：

　　　克兰利，我今天下午有一场不愉快的争吵。

　　　——和你自己家的人？克兰利问道。

　　　——和我母亲。

　　　——关于宗教问题？

　　　——对。斯蒂芬说。

　　　过了一会儿，克兰利问道：

　　　——你母亲多大年纪了？

　　　——不算老，斯蒂芬说。她希望我复活节去履行我的职责。

　　　——那你愿意吗？

　　　——我不愿意。斯蒂芬说。

　　　——为什么不愿意？克兰利说。

　　　——我不想担任教职。斯蒂芬回答。

　　　——这句话你以前说过了。克兰利平静地说。

　　　——那我现在是事后再说一遍。斯蒂芬急躁地说。

　　　……

——你相信圣餐吗？克兰利问道。

——不。斯蒂芬说。

——那你是不相信喽？

——我既不相信，也没有不相信。斯蒂芬回答。

——很多人都怀疑，甚至包括教会里的人，但是他们克服了疑虑，或者把疑虑抛到了一边。克兰利说。你对这个问题是不是疑虑太多了？

——我根本不愿意克服我的怀疑。斯蒂芬回答。

……

——让我问你一个问题，克兰利说，你爱你的母亲吗？

——我不明白你的话是什么意思。他简单说道。

——你从没爱过任何人吗？克兰利问道。

——你指的是女人？

——我不是指这个。克兰利用更冷淡的语气说。我是问你，有没有对什么人或什么事感受过爱。

斯蒂芬跟在朋友的身边走着，脸色阴沉地盯着人行道。

——我试过爱上帝。最后他说。现在看来我失败了，这太难了。我试过把我的意志和上帝的意志每时每刻联系起来，在这方面我也并非总是不行，也许我还可以……

克兰利打断了他的话，问道：——你母亲有过幸福生活吗？

——这我怎么知道？斯蒂芬说。

——她有几个孩子？

——九个还是十个。斯蒂芬回答。有几个已经死了。

——你父亲……克兰利顿了一下，然后说，我不想打听你家的事，不过你父亲算不算我们常说的富裕？我是说，在你长大以后？

——算吧。斯蒂芬说。

——他是干什么的？克兰利停了一会儿问道。

斯蒂芬开始口若悬河地历数他父亲的特征：

——医学生、划船手、男高音、业余演员、咆哮的政治家、小业主、小股东、酒鬼、老好人、会讲故事的人、某人的秘书、酿酒厂的什么人、收税员、破产者，还成天吹嘘自己的过去。

克兰利大笑，更加使劲地抓住斯蒂芬的胳膊，说道：

——酿酒厂可真他妈好。

——你还想知道什么吗？斯蒂芬问道。

——你们现在生活条件还好吗？

——我看着像吗？斯蒂芬问。

——那你就是，克兰利若有所思地说，你出生在玫瑰床上了。……

——你母亲一定经受了很多的苦难。他接着又说。难道你不想让她不再受更多的苦，就算……还是怎么？

——要是我可以的话。斯蒂芬说。这也费不了我多大劲儿。

——那就去做吧。克兰利说。她想让你做什么，你就去做，这对你又有什么关系呢？你即使不相信，这不过是一种形式，没有别的。这样她心里就安慰了。

他停顿下来，由于斯蒂芬没有回答，他也就没有说下去，接着，好像要大声说出自己的想法，他又说：

——无论这个臭气熏天的世界是多么的不可靠，母亲的爱却是可靠的。你母亲把你带到这个世界，先在自己身体里怀着你，我们又是否知道她的感受？但是，不论她的感受如何，至少，她的感受必然是真实的。一定是的。我们的想法和野心都是些什么？

斯蒂芬依旧无动于衷。他们的谈话以更多的伪装触及同一个题目后，以一个声明结束，这个声明可称为年轻的乔伊斯的"信条"：

> 你看，克兰利，他说道，你刚才问，我愿意干什么，不愿意干什么。那么我就告诉你，我愿意干什么，不愿意干什么。我不愿意为我已经不再相信的东西服务，不管它把自己叫作我的家、我的祖国还是我的教会：我要试试在某种生活方式或者某种艺术形式中尽可能自由地、尽可能完整地表现我自己，并且只使用我能允许自己使用的武器来保护自己——那就是沉默、流亡和诡计。……你已经让我坦白了我所害怕的一切。可是我也要告诉你，我不害怕的又是些什么。我不怕孤独，不怕为别人的事遭到排挤，也不怕抛开我必须抛开的一切。我也不怕犯错，哪怕极大的错误，终身无法弥补，或者也许永远无法弥补的错误。

我们对这一信条没有什么可补充的。不久后乔伊斯就离开了都柏林，去了巴黎，抵达时几乎身无分文：上大学、挨饿、逐渐从"都柏林的冷漠外表"中解脱出来。父亲的一封电报把他召回了母亲的临终病榻前。即使面对死亡，他也没有屈服于他们的宗教要求。她完全意识得到他处于不相信的状态。他在母亲的最后时刻拒绝安抚她，这在《尤利西斯》中反复出现，成为作品中最感人的一幕。他在都柏林又待了一年，随后在 1904 年 10 月，年仅二十二岁时，他永远地离开了这座城市。他成为一名语言教师，定居的里雅斯特，只有一次因为版权问题，他回了都柏林一趟，停留了很短的时间。他被对待的方式，无助于他对都柏林的尊重。他一生都在自我流亡中，充满骄傲地摆脱他的家庭、城市和国家。摆脱的那一刻，他从未忘记，并永远定格在了他的作品中。乔伊斯最后在此停留期间的一天，1904 年 6 月 16 日，成为"尤利西斯"日。围绕着他的反抗行为，他重建了整个城市，这是前所未有的：他存在的**一刻**，一天，连同街道、商店、房舍，所有看得见听得着的一切，这里的人们、语言和思想。

如果必须找到乔伊斯的行为方式的主要动机，他的感觉的最终的、根本的起源，就不得不提到他的**骄傲**。这在他与家人的关系和他年轻时的宗教信仰中表现得最为明显。乔伊斯没有普鲁斯特慷慨的柔情，不会充满爱意地、成功地坚持他所熟悉和熟知的一切。我们再来看一个完全不同的故事，是卡夫卡和他父亲的不愉快的关系。我们会看到，这里缺乏的是逆反的力量和自信。怀疑必然取代骄傲，**被拒绝**的感受占了上风，而不是**拒绝**。

弗兰茨·卡夫卡于 1883 年出生，比乔伊斯晚一年，他们差不多完全是同时代人。他的家人居住在布拉格，他父亲在这里独自建立了一个相当大的公司。这位赫尔曼·卡夫卡，是一个魁梧的人，身材高大，肩膀宽阔，劳动力和韧性无穷。他自己的父亲在那个时代曾经是一名屠夫，身强力壮，能用牙齿咬着把一袋面粉从地上提起。赫尔曼年轻时生活艰苦而忙碌，他对自己的坚韧和勇敢，以及克服所有的困难感到非常自豪。他用夸夸其谈的方式向孩子们吹嘘自己残酷的青年时代，来对比他为他们创下的轻松得多的生活。

弗兰茨，一个柔弱的孩子，把这些故事当作了针对自己的指责，并承受了巨大的痛苦。与父亲的关系始终是他一生中的痛点。在他看来，他所有的不足和失败都是父亲这个行为的结果，从他幼年就开始了。三十六岁时，当他的婚姻计划彻底失败后——关于这一点的更多内容，我们将在后面的报告中听到——他给父亲写了一封一百多页的信[1]。他认为，对他们之间长达三十六年关系进行详细剖析，或许有助于他们更好地了解对方。他把这封信交给母亲，请她转交；但是她把这封信又还

---

[1] 下文所引的卡夫卡《致父亲的信》中的文字，引自《卡夫卡小说全集Ⅱ》，杨劲译，人民文学出版社，2018。译者注。

给了他。这封信作为一个整体，从来没有出版过[1]，用于出版，它似乎太个人化了；马克斯·布罗德在他的卡夫卡传记中选用了一些片段，我从中引用一些。卡夫卡对父亲的评价是微妙的，既残暴又温柔，他对父亲既充满敬佩又充满怀疑。

"最亲爱的父亲，"信是这样开头的，"你最近曾问我，我为什么说怕你。一如既往，我无言以对，这既是由于我怕你，也是因为要阐明这种畏惧，就得细数诸多琐事，我一下子根本说不全。"他描述着他们两人性格的对立：他自己，作为儿子，性格里有"反抗、敏感、正义感、不安分"，而他父亲则"强壮、健康、食欲旺盛、声音洪亮、能说会道、自鸣得意、高人一等、坚韧沉着、有识人之明、相当慷慨，当然还有与这些有关的所有缺点和弱点。比较一下我俩吧"。

后来他解释了自己为什么不能结婚："而最重要的婚姻障碍却在于，我已根深蒂固地相信，要抚养家庭，甚至仅仅是维持家庭，就必须具备我在你身上看到的一切品性，优点缺点都不可缺，就像它们在你身上有机地融为一体一样：强壮、对他人嗤之以鼻、健康、肆无忌惮、能言善辩、不随和、自信、对任何人都不满、优越感、专横暴戾、世故、不信任大多数人，另外也有绝对的优点，比如勤劳、坚韧、沉着、无畏。相比之下，我什么都不具备，要有也只是一星半点，我明明看见就连你在婚姻中都步履维艰，对孩子们甚至束手无策，我这样就敢结婚吗？……正如我前面已试图描述的，在每件小事上，你都以你的例子和教育使我确信我很无能，既然每件小事都是一个印证，都证明你是对的，那么，这件重大的事——婚姻——当然必定更会证明你的正确。"

他说到他的教育："我小时候很胆小，当然，既然是孩子，我肯定还很倔，母亲肯定也很溺爱我，可我不认为自己特别难调教，我不相信，

1　卡夫卡的《致父亲的信》写于 1919 年，卡夫卡在世时并未发表，直到 1952 年才出版。译者注。

一句和善的话、一次不动声色的引导、一个鼓励的眼神不能使我乖乖顺从。你其实是个善良仁慈的人……你只可能按你自己被塑造的方式来塑造孩子，即通过力量、叫嚷和发火，这种方式之所以很合你的心意，还因为你想把我培养成一个强壮勇敢的男孩。"

然后他还提到父亲对孩子各个方面都不屑一顾，包括他的小乐趣、他与朋友的交往、他的整个生活方式等，这被孩子视为巨大的负担，并最终导致孩子妄自菲薄。

"你完全凭自己的本事干成了一番事业，因此，你无比相信自己的看法……现在你是坐在你的躺椅里主宰世界。你的观点正确，任何别的观点都是荒谬、偏激、疯癫、不正常的。你如此自信，根本不必前后一致，总是有理。有时，你对某件事毫无看法，因此，对这件事的任何看法必定都是错误的。比如，你可以骂捷克人，接着骂德国人，接着骂犹太人，不仅挑出某一点骂，而且方方面面全都骂，到头来，除你之外所有的人都被骂得体无完肤。在我眼里，你具有所有暴君都具备的神秘莫测，暴君的正确靠的是他们本人的存在，而不是思索。"

"对每件事的勇气、决心、信心、喜悦都无法坚持到底，只要你反对或料想你反对；而差不多我所做的所有事，料想你都会反对的。……我在你面前说话——只要说到你的事，你都滔滔不绝——断断续续，结结巴巴，就这样你还觉得我说得太多了，我终于哑口无言，开始时可能是出于执拗，后来则是因为我在你面前既不会思考，也不会说话了。加之你是我的真正的教育者，这影响到了我生活的各个方面。

"我的写作都围绕着你，我写作时不过是在哭诉我无法扑在你的怀里哭诉的话。这是有意拖长的与你的诀别，只不过，这诀别虽然是你逼出来的，却按我所确定的方向进行着。"

"我的自我评估更多地依赖于你，而不是其他东西，比如外部的成就……在我生活之处，我总是遭到抛弃、贬斥、压制，尽管我努力想逃往别处，但这份努力并非劳动，因为这是在做不可能的事，除了小小的意外，这是我力所不能及的。"

他也说到渴望看到父亲微笑："你的脸上也会绽放一种特别美丽、十分罕见的微笑，一种沉静、满意、赞许的微笑，你向谁这样一笑，他就会深感幸福。"他历数自己生命中与父亲为数不多的亲近时刻。"这种情形很罕见，却妙不可言。特别是以前当我看见：盛夏的中午，你在店铺里吃完饭后，疲惫地打个盹儿，胳膊肘支在桌子上；星期天，你精疲力竭地赶往我们所在的避暑地；母亲身患重病时，你紧紧抓住书箱，哭得浑身打战；我上次生病时，你蹑手蹑脚地走到奥特拉的房间来看我，在门槛上站住了，伸长脖子看看躺在床上的我，怕打搅我，只挥挥手表示问候。每当这种时候，我便扑到床上，幸福得哭了起来，此刻我写到这儿时，眼泪又夺眶而出。"

这封信没有被逆反、而是被持续的疑虑所支配。父亲的优越性从未受到质疑，但是他对自己权力的使用却受到了仔细的探究。卡夫卡太过软弱，无法拒绝他的父亲。他的强大，他在别人那里取得的成功，都太明显了；但是儿子却发现他的不成功之处，并引以为戒。他们之间并没有真正的冲突，直接的碰撞；乔伊斯二十岁做到的事情，卡夫卡三十六岁还没有完成。他还在与父亲争辩，而争论却看不到尽头。五年后，死去的是儿子，而不是父亲。前面我从信中引述的最后一段话，证明了卡夫卡对父亲的柔情的希冀，对他的微笑的渴望，这对于一个三十六岁的男人是罕见的。在这种情况下还要想着普鲁斯特，似乎是痛苦的，他几乎被爱窒息了；也就是说，他不能在其中窒息，他想要的越来越多，而他也如愿地得到了。卡夫卡耐心地等候着父亲默默地挥手问候，而且仅仅在生病卧床时才能享受到。

我试图展示三位作家与家人的关系，来揭示他们的特征。但是我的目的并不仅仅在于展示他们是什么样的人。我想为展示他们与工作之间的关系铺平道路。他们必须为自己的工作创造什么条件？他们是作为纯粹的艺术家，过着超脱于时代的生活，还是谦卑地为时代服务？

　　关于作者和他所处时代的关系，已经有很多误导和肤浅的说法。有些人认为，作家应该夸大他与其他人之间的区别，表现得好像他在这个世界上是孤独的；他不应该受道德规则的约束，应该在适合他的时候，做他想做的事情；应该鄙视他人平凡的生活方式和品位；从不穿他们的衣服，说他们的语言；一旦发现有太多的人认同他最珍视的信念，他就该放弃这些信念。遵循这个方向的作家，他们的行为就好像在冷静的蔑视中，一种特殊的生命力自己就导致了创作。他们对人缺乏任何真正的、必要的热情，他们被一种微弱而又无法控制的、看上去独一无二的冲动所吞噬，但是他们通常过于软弱，无法执行他们独特的方案。他们很少是独一无二的，甚至很少独处，他们结成了一群同样傲慢无情的生物。他们鄙视那些饱受现实生活的忧伤和痛苦的人，他们不了解绝望，绝望带给他们的压力太大了；不育是保护他们一生的盾牌。这种艺术家今天到处都是，任何国际大都市都不会缺少他们。无论是法国人、英国人、美国人、瑞典人还是瑞士人，他们到处都是完全一样的。很奇妙的是，这些人一贯重视与别人的不同，却比任何没有受过教育的工人还要缺少个性。

　　然后，还有一个群体的特征是完全相反的：那些人从一开始就与其他人类具有强烈的同根同源感。他们知道，发生在别人身上的任何事情也同样会发生在他们身上。这种紧密相连的感觉是不可或缺的，任何真正的艺术家都不能没有这种感觉，但是最好不要让它变得过于静态。他们相信自己知道这种纽带是什么，他们认为它有一个精确而持久的名字，一个特定的方向，一个明确无误的目标，他们一劳永逸地屈服于对人类联系的第一次强烈的体验，这个联系碰巧压倒了他们，改变了他们的生活，他们剥夺了自己艺术创作最重要的源泉：转变。毫无疑问，那些真心信奉普世信条的艺术家，比我刚才说到的那些自私的、淡漠的人更值得尊敬，但是如果他们长期专注于同一个信条，他们还依旧是艺术家吗？难道他们有时候不应该突然换一下颜色，以一种惭愧的方式，不需要特定的理由，仅仅因为他们过分强调他们的信仰，让信仰在他们的灵魂中占据了太大的份额？

　　这两个群体的要求都有一点点道理，但是又混杂了很多错误，以至于第一眼看去，一切似乎完全弄错了。那些认为艺术家应该屈服于超越艺术领域的普世信条的人，他们要求的责任比艺术本身可以强加给他们的责任更大。他们不满足于仅由他们的同事或同行组成的法庭进行的判决；即使他们的作品具有非常高的技术优势，即使最有能力的专家给予他们理由，对他们高度评价，这对他们来说也是不够的。他们想要取悦一个更高的法庭，一个将人类生活视为整体的法庭，而不仅仅是个别方面。"只有我们的时间概念，"卡夫卡说，"让我们这样称呼最后的一天，其实它是常设会议的快速法庭。"快速法庭的权威是我们今天谈到的艺术家们主要关注的。在它成立和受到认可之前，在它的常设会议开启之前，他们无法开始工作。当他们受到威胁时，他们似乎感到更安全。他们太清楚自由的危险，他们在了解国家本身之前，先了解国家的边界。

　　率先尝试与他人不同的那些人，觉得每一件艺术品都是独一无二、不易混淆的，都是原创的、独特的，既然他们不能以拥有原创作品来开始他们的生活——要实现这个目标，还需要一点时间——于是他们开始模仿原创。尽管他们的行为看似卑劣，但是在行为背后，还是有着某种严肃的、不那么虚幻的东西。他说，艺术家的目的在于：

　　　　把握自己和他人的生活，因为风格对于作家来说，就像色彩对于画家，不是技术问题，而是观察方式。它意味着通过直接和有意识的方式，无法揭示世界展现给我们的质的差异，如果没有艺术，这种差异将成为每个人永远的秘密。只有通过艺术，我们才能走出自我，也才能意识到，另一个人是如何看待宇宙，宇宙在他看来和我们看待的不一样，否则他的风景可能就像月亮上的风景一样不为人知。多亏有艺术，我们看到的就

不只是一个世界——我们的世界——我们就拥有了世界的多样
性，也就是说，有多少原创作家就有多少世界，这些世界比那
些无限盘旋的其他世界差异更大，在作为他们起源的炉火熄灭
几百年后——无论他们是伦勃朗还是维米尔——他们依旧向我
们传送他们的独特光芒。

"世界的呈现方式在质上的差异"——我们感受世界的方式——从
这种差异性中产生了作家的实质。只有他与众不同的地方，才是他的根
本。但他必须**体验**他的根本，这需要时间来成长，变得越来越像他的风
格。没有这个实质，他就不是作家。要获取这种实质，他有直接独特的
方式，其他任何人都不具有；对这种方式的真实描述，读起来会让人吃
惊，会让他作品的崇拜者望而却步，幸好很少有人关心这种真相。在作
家的实质形成中，激情的份额通常被完全忽略，除非它是所有人共有的
普通激情之一。但是对伟大的作家来说，它几乎从来都不是一种普通的
东西；这也是他们与其他人不同的地方，别无他法。这样一种激情也没
有什么纯粹性，只有在后来，当**隔绝**过程开始时，纯粹性才重要。

　　看上去，作家常常不得不为了他的创作而隔绝自己，但是实际上他
隔绝的是他的实质。他试图把它从这个世界带出来，把它放到一个受到
良好保护的地方，同时让它与自己也保持一定的距离。他要确保它不受
他的影响，也不受外界的影响。如果他能找到这个与世隔绝的地方，会
让它在那里放置一段时间，经过一个缓慢的净化过程后，可能会变成一
件艺术品。

　　普鲁斯特的实质则是双重的：一方面是他对自己记忆的内部运作的
体验，另一方面是他对巴黎社会的熟悉程度。对于这两方面，我还会进
一步说明。

　　母亲去世后，他住在一个贴有软木墙纸的房间，只在夜里写作，以
这种方式隔绝自己的实质。他试图尽可能少地补充记忆里已有的东西。

他避开社会，以免结识新朋友。他是一个和蔼可亲、有责任心的人，如果不是疾病的帮忙，他可能永远也无法切断无数的联系。他的信中充斥着不去看望朋友的借口，而这些借口又以这样或那样的方式指向他的哮喘。给人留下的印象是，他在生命的后期，也就是他的创作期，为了隔绝他那独特的、极其珍贵的实质，只好病得十分严重。令人震惊的事实是，经历了十七年的病魔缠身和离群索居，几乎就在完成作品那一刻，他去世了。

最能将**卡夫卡**区别于其他人的过程，是**怀疑**的过程，这是他体验世界的一种方式。在他长达五年的痛苦的订婚故事中，他把这个过程拖得这么久，以至于它变成了他的艺术实质。把一个在他的本性中如此固有而又如此稳定的过程隔绝，似乎不太可能，但是它部分地成功了：正如我们将会看到的，在他的作品中，所有的**怀疑**都全方位表现出来了。他的另一种实质是**权力**，正是他父亲的权力散发出来的独特魅力，帮助他实现了这一目标，尽管这听上去如此残酷。他隔绝权力的方式十分特别，我们稍后会回到这一点：他学会了让自己变小，小到最后消失；他的作品没有随他一起消失，这只是一个幸运的巧合。

至于**乔伊斯**，我们已经熟悉他的一个实质：都柏林。我们知道，他背弃了家人和家乡，他二十岁时离开他们，去了巴黎，然后，他又在都柏林待了一年，二十二岁时，他离开后再也没有回来。我们记得他的都柏林作品具有何等的独特性。也许我们倾向于承认，他的自我流放只不过意味着都柏林的隔绝。他通过永远消失来保护他的根本实质，他通过尽早离开，确保它有很长一段时间的净化和后来转变为艺术作品。

乔伊斯的另一个实质，**文字**，从小就是他最大的爱好。他是一个操控语言的高手，对于文字他永远都乐此不疲。为了收集更多语料，他学习了一系列语言。他描述了在他小时候这些语言对他的影响：

> 在康韦尔博士的写字课本里也有一些非常漂亮的句子。它

们都像诗一样，不过那都只是一些教写字的句子。

> 沃尔西在莱斯特修道院去世，
>
> 修道院院长们为他举行丧事。
>
> 人和动物都会染上癌症，
>
> 不是每个男孩脑瓜都好使。

躺在火炉边的地毯上，用手撑着自己的头，想一想这些句子，那可真是一件令人很舒服的事。

后来，斯基特（Walter William Skeat，1866—1953）编撰的英语词源词典成为文字收集者的宝库。但是如果说到他对文字的热情——这难道不是很平庸和浅显吗？每一个作家，每一个小说家都与文字打交道，它们是每一个作家要使用的材料，除了文字，一个作家还能使用什么？只有当我们仔细研究《尤利西斯》，我们才会发现，在这部作品之前，文字的使用是多么简单和幼稚。

如果我们不知道一个词的意思，我们就会打开牛津词典查找，在词典里，我们会在一个印刷整齐的栏目中发现这个词，它的对面有好几个，一般来说不会有过多的意思。我们合上词典，把它带回家，就像带回一个漂亮的、可精确识别的贝壳。我们时不时把这个新词从新习得的小词库里取出来，它光彩照人，与其他词距离很远，我们把它插入一封信或者与朋友的一段谈话中。一个词使用得越频繁，我们对它就越熟悉，它作为单一事物的特征就越少。渐渐地它失去了锐利的棱角，它在词典里的单一身份融化成一系列的身份。它具有了一种不同的发音和形状，这取决于形成它的嘴型和它所在的页面。同一个词，用于报纸上和用于伊丽莎白时代的诗歌中，肯定是不一样的。静夜里突然爆发的呼喊，与写给姑妈的一封善意的书信中发出的一声呼唤，是截然不同的。前者可能是你永远不会忘记的事情，后者还没到信尾就已经忘记了。但是在外表上，它总是同一个词，无论你在哪里努力去查，它都有整齐的定义。

　　这些词语的相对性是乔伊斯主要关注的问题。他似乎了解所有词语的不同方面、每一种氛围和每一个使用手法。他不仅知道它们的用法——也就是说，无论它们是什么意思，他都会懂得——他自己也会在每一种变体中运用它们。但是他也比任何人都懂得**创造**前所未有的新词。我想用一个形象来结束我今天的发言，每当我想到詹姆斯·乔伊斯的两部最伟大的作品《尤利西斯》和《芬尼根的守灵夜》时，我的脑海中不断浮现这个形象。我喜欢把他的《尤利西斯》看作一个"大英文字博物馆"，一个庞大的文字组合，来自各个时代和各种文化，排列整齐，作为**礼物**展示给来访者。他们可以随时进去，每个部分都可以独立参观，都有自己的含义。至于先看到什么，其实并不重要。现在是白天，人们倾向于把所有的物体都放置在那里，以同样的方式呈现它们。

　　当然，如果晚上去，什么也看不到。但是那些物体都还摆放在那里。想象一下，这些文字是如何在夜里醒来，为了换换口味，并试图溜达到其他的陈列室，而不是待在自己的原地。也许它们每个成功的几率不同，有的可能掉在了地上并留在那里，其他的可能只是开始去闯入不属于他们的地方，但是被拒绝。这样一个宏大的梦想——实际存在的文字混合，以各种不同的程度相互渗透——就是乔伊斯的第二部作品《芬尼根的守灵夜》。

另一种审判

卡夫卡致菲利斯的信
（1968）

I

现在这些信件历经五年的磨难，终于出版了，整本书长达 750 页，而未婚妻的名字被谨慎地称为 F，带上一个点，就像 K，以至于很久以来人们连这个名字是什么都不知道，经常在揣测。在所有考虑的名字中，都没有哪个是正确的，也不可能猜到——现在这个名字用大写字母写在书上。这些信的收信人，已经去世八年了。在她去世前五年，她把这些信卖给了卡夫卡的出版商。不管人们怎么看，卡夫卡"最亲爱的女商人"直到最后证明了她的能力，这能力对卡夫卡曾经十分重要，甚至引起了他的柔情。

诚然，当这些信件出版时，他已经去世四十三年了。然而人们内心产生的第一感觉——出于对他和他的不幸的敬畏——却是一种尴尬和羞愧。我认识一些人，他们在阅读这些信件时，内心羞愧滋生，无法摆脱自己闯入禁地的感觉。

为此我很尊重他们，但我与他们不同。我怀着多年来在任何文学作品中从未体验过的感动来阅读这些信件。如今信件明确无误地属于回忆录、自传和通信集，卡夫卡本人正是从中汲取营养的。他本着敬畏为首要原则，从不避讳一遍遍地阅读克莱斯特、福楼拜和赫贝尔的书信。在他一生中最烦恼的时刻，他仍坚信，当格里尔帕策把卡蒂·弗洛里希抱在腿上时，不再有什么感受。对生活的恐惧，幸好大部分人只是偶尔意识到，而只有少数人会在内心力量的见证下，始终意识到。只有一种安慰：把对生活的恐惧包含在以前见证的恐惧中。所以我们的确要感谢菲利斯·鲍尔保留并挽救了卡夫卡写给她的书信，即使她自作主张把它们卖了。

在这里只谈一份文件是不够的，除非用同一个词来证明帕斯卡、克尔恺郭尔和陀思妥耶夫斯基的存在。就我而言，我只能说，这些信件像一个真实的生命一样进入了我的内心，现在它们对我来说是如此神秘又如此熟悉。自从我试图完全吸收人们的思想，以便一次又一次重新理解他们，这些信就好像一直属于我一样。

1912 年 8 月 13 日晚上，卡夫卡在布罗德家里认识了菲利斯·鲍尔。对于这次遇见，他当时有过好几次描述。在 8 月 14 日给布罗德的信中，他第一次提到。这封信中谈到《观察》的手稿，他在前一晚把手稿带去布罗德家，以便和他一起商定最终的编排顺序。

"昨天晚上我在整理这些手稿时，受到一位小姐的影响，或许有可能产生一个愚蠢的行为，或许只是私底下好玩的相互影响。"他请布罗德看看是否合适，并为此感谢了他。第二天，8 月 15 日，日记中出现了这样一句话："颇为想念 F. B.……写下名字前有些尴尬……"

随后，在 8 月 20 日，两人首次见面后过了一周，他试图对自己的第一印象作一番客观的描述。他描绘了她的外貌，他描述自己"与她的身体太接近"，反而感到自己与她略有些疏远。他说当然发现了她这样一个陌生人坐在这个圈子里。他马上就接受了这个情况。"我坐下时，第一次比较仔细地打量了她，坐下后，我心里已经有了一个不可动摇的判断。"下一句话中间突然打断了。所有更重要的信息还会出现，至于出现多少，以后才会见分晓。

9 月 20 日他第一次给她写信并提醒对方——毕竟自那次见面之后已经过去了五周——自己就是在布罗德家隔着桌子一张又一张给她递照片的那个人："最后他与您握住的那只手，此刻正在敲击键盘，您也承诺来年和他一道去巴勒斯坦旅行。"

承诺的迅速、她给予的确定性，是她第一次给他留下的最深刻的印象。他把这次握手视为订约，后面隐藏着"订婚"这个词。对于他这样一个从不迅速作决定的人，他想去的每一个目标向来都被无数的疑虑所阻隔，而不是被拉近，因此迅速果断想必是令他着迷的。但是承诺的目标是巴勒斯坦，对于他人生中的这个节点，很难找到比这更有希望的词了：这是应许之地。

　　如果考虑一下他从桌子上给她递过去的是什么照片，那么当时的情形就更富有内涵了。这些照片是源于一次塔利亚旅行[1]。就在五六周前，7 月初的那几天，他和布罗德一道去了魏玛，在歌德故居里发生了很奇特的事情。在歌德故居，他注意到了故居管家的女儿，一个很漂亮的女孩。他成功地接近了她，认识了她的家人，在花园里和故居前给他们摄影，还获准——在非接待游客的时间——回来参观，也就是可以在歌德故居出入。他还机缘巧合地在小城的各个巷子里数次与她偶遇，暗自神伤地观看她与年轻的男孩走在一起。他曾经约过她，但是她没有来赴约，于是他很快领悟到，她对大学生更有兴趣。这一切都发生在短短几天之内。旅途的活动中一切都发生得很快，有利于邂逅。紧接着卡夫卡就独自去了哈尔茨山上的荣博恩疗养院待了几周，布罗德没有陪着他。这几周他写下了极为丰富的笔记，里面并没有对"塔利亚旅行"的兴趣和对伟大作家故居的敬仰。但是他给魏玛这个漂亮姑娘寄明信片后，收到了友好的回信。他在给布罗德的信中全文抄录了其中的一篇，并附上了下面这句话，这个表述就他的性格来说是充满希望的："因为，就算她对我不反感，却也像对花盆一样无动于衷。但是她为什么会如我所愿地给我写信呢？莫非真的可以用文字来拢住女孩的心？"

　　这次在歌德故居的邂逅给了他勇气，他第一天晚上隔着桌子递给菲利斯的就是这次旅行的照片。他对尝试与女孩交往的回忆，以及他对当时行为的回忆——至少能在他展示的照片中感觉到，此刻都被转移到坐在他对面的女孩菲利斯身上。

　　还有一点要说的是，在那次始于莱比锡的旅行中，他结识了后来决定要出版他第一本书的罗沃尔特，后者答应从他的日记中摘取一些短篇，整理出版为《观察》，这给卡夫卡带来了大量工作。他犹豫着，觉得这

1　塔利亚旅行是指下文提到的卡夫卡和布罗德的魏玛之行。塔利亚是希腊神话中主管喜剧的女神，由于魏玛的音乐名胜古迹，所以称为塔利亚旅行。译者注。

些短篇不够好。而布罗德一直在催促紧盯，书稿终于修改完成，如前所述，在 8 月 13 日晚上，卡夫卡带着最终版过来与布罗德讨论书最后的编排。

所以，这天晚上他具备了一切可以给他勇气的东西：他的第一本书的手稿；"塔利亚旅行"的照片，其中有那个礼貌回信的女孩的照片；袋子里有一本《巴勒斯坦》月刊。

他们是在一个令他感觉舒适的家庭氛围里见面的，如他所述，他试图在布罗德家里把夜晚延长，却不得不被他们友好地赶走，因为他们想睡觉了。这个家庭把他从他自己的家庭吸引过来，文学在这里不会受到诟病。大家为家里的年轻作家马克斯感到自豪，他已经小有名气，他的朋友也受到认真对待。

对卡夫卡来说，这是一个丰富多彩而又有准确记录的时期，在荣博恩疗养院写的日记，作为他的旅行日记中最精彩的部分——也是与他真实的作品最直接相关的，尤其是与《美国》相关——见证了这一点。

在他于 10 月 27 日写给菲利斯的令人惊异的第六封信中，他极为精确地描述了和她的初次见面，可以表明他对具体细节的记忆是多么丰富。从 8 月 13 日那天晚上到这时，已经过去了七十五天，在他记忆中，那天晚上的细节并不是所有东西都同样重要。他记下了一些，可以说是故意的，为了向她表明，他对她的一切都很关注，没有什么能逃过他的眼睛。他以此证明自己是福楼拜式的作家，对他来说，只要是真实的，就不是微不足道的。他带着些许自豪，把这一切向她呈现出来，表达出双重敬意，一方面是为她，因为她当之无愧在每一个细节上都立即被关注，不过也有点为自己，为他那双全能的眼睛。

另一方面，他注意到了其他事，因为对他有意义，因为符合他自己天性中的重要倾向，或者因为弥补了他自身的不足，或者激发了他的好奇，借助于欣赏而让他的身体向她靠近。这里只讨论这些特征，因为是它们确定了她在他身边七个月的形象，过了这么久他才与她再次见面，他们俩之间极为丰富的通信有一半是发生在这七个月里。

　　她非常认真地观看那些"塔利亚旅行"的照片，只在他进行解释或递过来一张新的照片时，她才抬起头来，为了看照片而不再吃饭，当马克斯对饭菜发表什么评论时，她说，没有什么比一直吃个不停的人更令她讨厌的了。（关于卡夫卡在饮食上的苦行主义，后面还会讲到。）她说，小时候经常挨亲兄弟和堂兄弟们殴打，却无力抵抗。她用手顺着左臂摸下去，说起小时候左臂上青一块紫一块的瘀痕。不过她看上去一点都没有愁眉苦脸，他也看不出，怎么会有人胆敢殴打她，就算她那时还只是个小姑娘。他想起自己小时候的软弱，但是她不会像他一样哭哭啼啼。他观察着她的胳膊，钦佩她此刻的强壮，一点都看不出她幼年时的软弱。

　　她一边看照片，一边漫不经心地说，她学过希伯来语。他对此十分惊讶，但是他不喜欢如此漫不经心地说起这件事，因此当她后来无法翻译出特拉维夫这个词时，他心里暗暗高兴。不过在发现她是一位犹太复国主义者，很合他心意。

　　她说，用打字机打出手稿给她带来乐趣，还请马克斯把手稿寄给她。他对此十分惊异，惊异得用手敲打着桌子。

　　她此次是要去布达佩斯参加婚礼，布罗德夫人提起她在宾馆房间里看到的一条漂亮的亚麻布裙子。宴会随后从餐厅移至钢琴房。"您起身时，可以看到您穿着布罗德夫人的拖鞋，因为您的靴子必须晾干。那天的天气非常糟糕。这双拖鞋也许让您有点别扭，穿行在黑暗的堂屋，快走出房间时，您告诉我说，您习惯了穿带跟的拖鞋。这样的拖鞋我从未听说过。"——年长一些的女人的拖鞋让她尴尬，快走出黑暗的堂屋时她对自己的方式的解释，让她的身体比之前观察她的胳膊时离他更近，现在胳膊上已经没有青色的瘀痕。

　　接下来，当大家都告辞的时候，又发生了别的事："您冲出房间，换好靴子再回来的速度，我简直无法相信。"——令他印象深刻的是她转换的快速。而他的转换方式则恰恰相反，在他身上永远是一个特别缓慢的过程，他必须一步一步地落实，然后才会相信。他的转换完整而精确得像造房子。而她刚刚还穿着拖鞋冲出房间，眨眼间便穿好了靴子站在他的面前。

之前他提到过，虽然只提了一句，他碰巧随身带着一期《巴勒斯坦》月刊。于是大家谈起了巴勒斯坦的旅行，她向他伸出了橄榄枝，"或者不如说，我借助一种直觉，把她引诱出来"。——布罗德的父亲和他一起陪她去了她住的酒店。在大街上，他陷入了一种他的"晕眩状态"，举止很笨拙。他还得知，她之前把雨伞忘在了火车上，这件小事丰富了她的形象。第二天一早她就要动身离开。"您还没有收拾行李，甚至还想在床上看书，这令我感到不安。前一晚您看书一直看到早上四点。"——尽管他对她清晨出发感到担忧，但是这种举动想必令他对她更感亲切，因为他自己也是夜间写作。

总体而言，菲利斯给人留下的印象是那种面对各种人都直爽而坦率，并毫不犹豫地对一切事物发表自己看法的人。

两人之间的通信越来越密，不论对于他还是她，都变成了日常信件。这里要说的是，只有他的信件被保存下来，这是一件匪夷所思的事。对于一个不带偏见的读者来说，信中最显眼的是对身体状况的抱怨。在第二封信里就开始了，这时还有点含蓄："小姐，我今天的心情被什么所左右啊！一股紧张不安的情绪笼罩在我的身上。我现在想要的，下一刻就不想要了。我此刻站在楼梯上的时候，仍然不知道我走进房间里以后会是什么状态。我现在必须把不确定感堆积起来，才能变成一点点确定感或一封信……我的记忆力很糟糕……我的优柔寡断……有一次……我甚至下床来，写下我想写给你的东西。但是我马上又回到了床上，因为我——这是我的第二个烦恼——我责备自己情绪不安做出这种愚蠢的事……"

我们看到，他在这里首先描述的是他的优柔寡断，而他的求爱也正是起始于这个描述，但是这一切都与身体状况联系在一起。

第五封信以失眠开始，以他写信的办公室里的骚乱结束。从此以后，可以说没有一封信里没有抱怨。刚开始的时候，它们被他对菲利斯的兴趣所压制。他提出上百个问题，他想了解她的一切，他希望自己能够准确想象她办公室里的情况，以及她家里的情况。但是这听起来太笼统了，他的问题更加具体。他希望她在信中描写：她什么时候去办公室，她早餐吃了什么，她的办公室可以朝哪边眺望风景，她在做什么样的工作，她的男性和女性朋友们都叫什么名字，谁会送她点心糖果作礼物损害她的健康——这只是最早的一批问题，后面还有无数问题接踵而至。他希望她健康平安，他要弄清楚她搬去哪个房间以及她的时间分配，他不允许她出现前后矛盾，并要求当即澄清。他对她提出的准确性的要求，与他描述自己状况的准确性完全一致。

凡此种种，还可以说出不少。如果不试图去理解这些，就无法理解全部。但是在这里，只展示他们通信的第一阶段的深刻意图：要在她的干练健康与他的犹疑软弱之间建立一种联系，一个渠道。跨越布拉格和柏林之间的这段距离，他要紧紧依靠她的坚定性。他对她说的软弱的话，被她以十倍的力量回复。他每天给她写两到三次信，与他软弱的抗议相反，为了获得她的回信，他付出了顽强而不懈的努力。在这个意义上，她比他更任性，她没有受到同样的强迫。但是他成功地把自己的逼迫强加给她，没过多久她也每天给他写信，甚至经常一天两次。

因为他为了争取她的定期来信而付出的这番努力，是有意义的，这不是徒有虚名的通信，不是以自我为目的，不是单纯的满足，而是对他的写作**有益**。给她写第一封信之后过了两晚，他在一个晚上，十个小时，一气呵成写出了《判决》。可以说，通过这部作品，他作为作家的自我意识得到了确立。他读给朋友们听，小说的确定性得到了证明，此后他放弃过那么多东西，却再也没有离开过写作。再过一周，他写下了《司炉》。在随后的两个月时间里，他写下了《美国》的后五章，总共是六章。在写这部长篇小说的十四天间歇里，他写下了《变形记》。

从我们后来的观点来看，这是一个伟大的时期，在他自己的一生中也少有能与之相比的。如果可以从结果评判——我们还能依据什么来评判一个作家的一生呢——那么卡夫卡在与菲利斯通信的最初三个月内的行为，对他来说是正确的。他感受到了他需要的东西：一种远距离的安全感，一个不会因为过于亲密的接触而混淆他的感受的力量源泉，一个在他身边，除了对他的文字以外不对他抱有任何期待的女人，一种他知道并掌握了其技术缺陷的变形机器，那些缺陷他可以通过信件随时补救。那么，他在意的这个女人绝不可以受到他家庭的影响，他已深受与家人的亲近之苦，所以他必须让她远离他的家庭。她要认真对待他所说的关于他自己的一切。他这个拙于口头表达的人，却能够在她面前书面坦陈自己，毫无顾忌地抱怨一切，不必隐瞒任何在写作时会打扰他的事情，会事无巨细地报道这种写作的重要性、进展和犹豫。这一时期他的日记暂停了，给菲利斯的信件就是日记的延续，好处在于他真的每天都在写，可以更频繁地重复，从而放纵自己天性中的基本需要。他写给她的，并非永远不变独一无二的，他可以在后来的信中更改，可以强调或收回，甚至自己允许有出入，而这些出入是一个如此有意识的头脑在单个的日记中不太允许存在的，因为他会认为它们无序，而这在书信的过程中却是很可能出现的。但是正如前文暗示的那样，最大的好处无疑在于不断重复乃至"喋喋不休"的可能性。如果说有人清楚"唠叨"的必要性和功能，那么这个人就是卡夫卡。这是他非常明确的特征之一，最容易导致对他作品的"宗教性"误读。

然而，既然这种书信来往的建立是如此重要，在三个月内就证明了它的有效性，并且可以产生像《变形记》那样独一无二的作品——那么在 1913 年 1 月，他的写作怎么会突然停顿了呢？在这里，所谓作家的高产期和非生产期的一般性描述是无法令人满意的。所有的生产力都是有条件的，得花费一些心思去找到导致停顿的干扰因素。

也许有一点不容忽视，初期写给菲利斯的书信，尽管在文字意义上很少会被看作情书，但却还是包含了一些在相当程度上属于爱情的内容：菲利斯在**期待**他的来信，这对他来说是很重要的。第一次会面令他回味了很久，他把一切都建立在其上，那次他带着第一本书的手稿。她认识他时，他是一个作家，而不仅仅是她读过的某个作家的朋友；要求她回信，是基于她视他为作家。他感到满意的第一篇小说，就是《判决》，是**她**的，他归功于她，把小说献给了她。然而，他对她的文学判断力却不是很有把握，试图在书信中对她施加影响。他要求她提供一份书单，但是却从未收到过。

菲利斯天性单纯，他从她的信中引用的句子虽然不多，但是却足以证明这一点。他和自己进行的关于她的对话——这件如此复杂而又深刻的事，如果可以用对话这样一个经过校订的词来形容——本来可以持续很长时间。但是她对教育的渴望令他困惑，她会阅读其他作家的作品，并在信中提及他们。在他自己的脑海中，他认为自己是广阔世界里的沧海一粟，但是作为作家却想要她完全属于自己。

12 月 11 日，他把自己刚刚出版的第一本书《观察》寄给她。他写道："请善待我这本可怜的书吧！这就是我们认识的那天晚上，你看到我在整理的那几页东西……不知道你能否认出，这些故事在完成的时间上有什么不同。比如说，其中一个肯定是八至十年前写的。请尽量只给少数人看这本书，不要让他们败坏了你对我的兴致。"

13 日他又在信中提到他的书："知道我的书就在你可爱的手中，我真高兴，尽管它对我是多么不堪忍受。"

12 月 23 日，信中有这样一个孤独的句子是关于此书的："林德纳小姐（菲利斯的办公室同事）要是知道像我这样写短文有多难就好了！"他这里指的是《观察》的篇幅很小，可以理解为在回复菲利斯的一封回避的信件。

这些就是这期间的书信，直到他给她寄出这本书十七天后，12 月 28 日他的嫉妒大爆发。正如前文提及，现在只保存了他的回信。整本书只有四十页，印得密密麻麻，说了无数事情。很明显，菲利斯根本没有认真地对《观察》表达过意见。但是他的爆发针对的却是她十分热心的欧伦伯格。

"我嫉妒你信中的所有人，不论是提到的还是没有提到名字的，男人和女孩，商人和作家（当然这些人尤甚）……我嫉妒韦尔弗、索福克勒斯、里卡达·胡赫、拉格洛夫和雅各布森。当你把欧伦伯格的名字错念为赫尔曼，而不是赫伯特时，我的嫉妒心幼稚地高兴，而弗兰茨毫无疑问已经被你掩埋了。你居然喜欢《影子照片》？你觉得它简短清晰？而我只知道完整的《莫扎特》，欧伦伯格……在这里朗读过作品，但是我几乎无法忍受，这篇散文里全是让人喘不上气和感到不洁的句子，当然，以我现在的状态，我对他是不公正的，这一点毫无疑问。**但是你不应该阅读《影子照片》**，而我现在却看到，你对它们'非常热情'。（听听，菲利斯对《影子照片》非常热情，而我却在大半夜对欧伦伯格怒火中烧。）但你的信中还出现了其他人，我想和他们所有人，所有人战斗，不是要对他们做什么坏事，而是为了把他们从你身边推开，为了让你摆脱他们，为了让你只读关于你、你的家庭……当然！当然！还有关于我的信。"

第二天，他意外地收到她的一封信——因为那天正是星期天——并感谢了她："最亲爱的，这又是一封令人安静快乐得热血沸腾的信，信里没有出现那许多的熟人和作家了……"

就在当天晚上，他为前一天的嫉妒找到了解释："为什么昨天的信让我那么嫉妒，我现在知道得更清楚了：你不喜欢我的书，就像你当初不喜欢我的照片一样。那还不算很糟糕，毕竟大部分都是过去的东西……我在其他所有地方都能很强烈地感受到您的亲近，以至于我很愿意……**先**用**脚**把这本小书踢开……但是你没有告诉我，你没有用两个字告诉我，你不喜欢它……如果你对这本书根本无从下手，这也可以理解……没有人知道该拿这本书怎么办，这一点我过去和现在都清楚——挥霍浪费的出版商为我付出的精力和金钱，全都白费了，这一点让我难受……但是你什么也没说，你曾经宣称要说点什么，结果却什么也没说……"

1月底，他的话题又回到了《观察》。他非常欣赏也很喜欢的维也纳作家奥托·斯托伊塞尔，给他写了一封信："他也为我的书撰写了评论，但是却完全误解了我的书，以至于我一度以为我的书真的写得很好，因为即使像奥托·斯托伊塞尔这样一位如此有洞察力、如此有文学底蕴的人，也会有这样的误解……"他为她抄写了这封长信的全部内容，里面出现了令人惊讶的事情。"一种内在的幽默……就像睡足一觉，沐浴一新，穿戴清爽，满怀喜悦欢乐的期待和难以言喻的力量去迎接一个自由、灿烂的日子。自己好心情下的幽默。"这是一个可怕的错误，字字皆错，卡夫卡无法放下"自己好心情下的幽默"，随后又引用过这句话。但是他也补充了一句："这封信与今天出版的一篇过誉的言论十分相配，那一位在本书中只发现了悲伤。"

很明显，他没有忘记她的漠视，他如此详尽地描述外界对他的书的反应，这对他是非同寻常的，后面隐藏着责备。他要给她一个教训，批评她太轻率了，他此举也透露出，她的淡漠反应对他的伤害有多严重。

对其他作家的最严重的爆发，还是在2月的上半月。菲利斯问起拉斯科·许勒，他写道："我无法忍受她的诗，我觉得那些诗只不过是对空虚感到无聊，因做作产生反感。她的散文也同样令我讨厌，里面是一个过度紧张的大城市女人随意抽动的大脑……没错，她的情况很糟糕，就我所知她的第二任丈夫离开了她，我们这里也有人在为她募捐，我对她没有丝毫的同情，却不得不捐了五克朗；我不知道真正的原因，我只能把她想象为一个夜里穿行在各个咖啡馆的女酒鬼……滚吧，拉斯科·许勒！来吧，亲爱的！没有人夹在我们之间，没有人待在我们周围。"

菲利斯想去剧院看《伯恩哈迪教授》。"……我们之间有一条坚固的绳索相连……"他写道，"……最亲爱的，如果你去看《伯恩哈迪教授》，你毫无疑问也是在拖着我一道去看，我们俩会有陷入施尼茨勒作品的低劣文字的风险。"于是，当晚他去看魏德金德与夫人共同表演的《希达拉》[1]。"因为我一点都不喜欢施尼茨勒，也不尊敬他；当然他也小有才华，但是他的大部头剧作和小说对我来说都充斥着最恶心的垃圾文字。我们已经无法把他踩得更深……只有在他的画像面前，在他那虚假的梦幻面前，在我都不愿用手指触碰的柔情蜜意面前，我才明白，他是如何从最初的那些优秀作品（《阿拉托尔》《轮舞》《古斯特上尉》）发展到今天这样的。——我在同一封信中都不会谈及魏德金德。

"够了，够了，我该怎样摆脱这个横插在我们之间的施尼茨勒，就像前不久摆脱那个拉斯科·许勒一样。"

只要涉及菲利斯，他针对作家的嫉妒就明显带有我们所熟知的强度，在他身上居然会发现如此自然、不间断攻击他人的欲望，既令人惊异也令人宽慰。因为我们从他无数的信件当中，往往听到的是他对自己的攻击，这些攻击为读者所熟悉，就好像它们就是他的声音。但是这些对其他作家进行攻击的语气是非同寻常的，里面的凶狠、粗鲁，与他本人的天性是如此格格不入，是他与菲利斯关系发生改变的征兆。由于她对他自己的小说缺乏理解，他们的关系也发生了悲剧性的转变。他的写作需要她的力量作为永不停歇的营养，而她却无法判断她在用自己、用她的信件，滋养谁。

由于他第一本书出版的性质，他的处境在这方面变得尤其困难。他太聪明、太认真，从而不会高估《观察》的分量。这本书中的一些主题受到了冲击。但它是拼凑起来的，还有点任性和戏耍性质，也泄露出受国外的影响（罗伯特·瓦尔泽），尤其是缺乏连贯性和必要性。这本书对他还是有意义的，因为他第一次见到菲利斯的时候，身边带着这本书的手稿。

但是那天晚上见面之后过了六周，就在他给菲利斯写第一封信之后，

1　《希达拉》（*Hidalla*）是德国剧作家魏德金德的一部五幕剧。译者注。

他在《判决》和《司炉》中找到了自我。可以说更为重要的是，在这种情况下，他完全意识到了这两部作品的价值。与菲利斯的通信开始了，他每天晚上都在继续创作，八周后就在《变形记》中达到了空前绝后的高度。他写下的这部作品，后来再也无法超越，因为没有什么能超越《变形记》，这是本世纪为数不多的几个伟大而完美的文学作品。

《变形记》完成后四天，《观察》出版了。他把这第一本书寄给菲利斯，等待她对此书的看法，等了十七天。信件每天来回数次，他徒劳地等候着，并完成了《变形记》[1]和《美国》的相当一部分。哪怕是一块石头也会对此感到怜悯。

他现在才发现，她信中一直供养他写作的营养，其实是盲目给予的。她并不知道自己在滋养谁。他身上一直所带有的疑虑，现在变得势不可挡，他不再确定自己有权强迫她如同在两人亲密时期那样来信。写作，作为他真实的生命，开始露出败象。

这个灾难的一个奇特的、非常强烈的后果是他对其他作家的嫉妒。菲利斯在信中随意提到的名字，都会深深地伤害到他。在她眼中，他们都是作家，但是在她眼中，他又是什么呢？

她对他的赐福就此告终。他以强大的坚韧，惊人地一改他的软弱，坚定地维持着这种确定的关系，从此以后他只能充满渴望地回顾那天堂般美好的三个月，这三个月再也无法回来了，这三个月带给他的平衡也就此被破坏了。

当然，在那段日子里也发生了其他的一些事情，共同导致了这个困扰。那是他最好的朋友马克斯·布罗德的订婚礼，后者曾经比任何人都积极地敦促和激励卡夫卡写作。卡夫卡害怕这种友谊的变化，因为在他看来，朋友身边多了一个女人，他们的友谊就不可避免地会发生变化。

1　原文如此。前面说在《观察》出版之前《变形记》已完成。此处或者是作者笔误，或者是指修改完善。译者注。

这段时间他的妹妹瓦莉也在筹备婚礼。他在父母的家里，也是他自己的家里，近距离体验着这一切。妹妹的离开令他难过，他感到他痛恨的家庭在分崩离析。但是他已经适应了这种痛恨，并且需要它。婚礼前的一个月里要发生这么多不同寻常的事情，在他看来就是一种困扰。他自问，为什么要忍受这种方式的订婚礼，仿佛不幸瞬间直接降临到他这个旁观者身上，而那些主要参与者自己却意外地高兴。

他做了如此充分的准备，对婚姻生活方式的厌恶却还是变得更强烈。在人们可能期待他这种生活方式的地方，他却发泄了自己的反应：他开始把菲利斯视为危险，他孤独的夜晚受到威胁，他让她感受到了这一点。

但是在叙述他是如何试图抵抗危险之前，有必要更详细地了解他受威胁的性质。

"我的生活方式完全是为了写作……时间短暂，力量微薄，工作可怕，住所吵闹，当我们无法获得美好而直接的生活，就只得想办法通过技巧来解决。"卡夫卡在1912年11月1日的一封较早的、他的第九封信中这样写道。随后他向她解释了新的日程安排，借助这个安排，他得以每天夜晚十点半坐下来写作，视体力、兴致和运气而定，一直工作到一点、两点、三点。

但是在这之前，就在同一封信中，他对自己做了一番令人难忘的表述，有一点是难以置信的："在我认识的人里，我是最瘦弱的，我经常会去疗养院，就说明了这一点……"这个追求爱情的人——当然因为一开始人们以为他在追求爱情——却马上说自己是最**瘦弱**的人！为什么这样的声明在这个时间点显得这么不合时宜，几乎是在犯罪？可是爱情也包括体重。为什么？因为事关身体，身体必然是重要的，如果连良好的身体都没有，还去追求爱情，那是可笑的。敏捷、勇气、冲击力可以取代体重。但是它们必须主动，要展示出来，也就是说要令人鼓舞。卡夫卡在这里表现的是他真实的存在：实在的身体，清晰地呈现在被追求的人面前，实在的就是他的身体。这只对相关的人产生影响，对别的任何人都不能，或者他们会觉得不可思议。

如果一上来就谈他的瘦弱，而且是以强硬的语气，那么就意味着，他深受其害，被迫要告知对方。就好像他不得不说"我是聋子"，或者"我是盲人"，因为否认这样一个事实必定会使他成为骗子。

不必在他的日记和信件里搜索很久，就可以找到他的"猜疑症"的核心和根源。在他 1911 年 11 月 22 日的日记里，可以看到以下记录："可以肯定，阻止我进步的主要障碍是我身体的状况。以这样的身体，什么都无法实现……对于我虚弱的身体来说，我的体格太长，没有一丁点脂肪来产生有益的热量，来保持内在的火力，没有一丁点脂肪可以在不损害身体的情况下让精神在超过日常的需求时受到滋养。最近经常给我带来刺痛的这颗衰弱的心脏，该如何把血液推向我的长腿……"

1912 年 1 月 3 日他详细罗列了自己为写作做出的牺牲："当我的身体清楚，写作是我的本性中最有成效的方向时，我身体的一切都在向它推动，并将其余的一切能力搁置，首先是性、吃、喝、哲学思考、音乐等方面的快乐。我在所有这些方面都减弱了。这是必要的，因为我的体力整体上太弱，把它们集中起来才能勉强应付写作目的……"

1912 年 7 月 17 日他从前文提到过的荣博恩自然疗养院里给马克斯·布罗德写信："我有一个愚蠢的想法，把自己变胖，并由此整体把自己治愈，好像真的能治愈或者哪怕有可能变胖似的。"

按照时间的顺序，他下一次关于瘦弱的表述，是在前文已经提过的 1912 年 11 月 1 日给菲利斯的信中。两个月后，1913 年 1 月 10 日，他又给菲利斯写道："在家庭浴场玩得怎么样？可惜我这里有一句话不能说（是关于我在浴场里的外表，关于我的瘦弱），我在浴场里看上去像个孤儿。"然后他诉说着，小时候在易北河边的一个避暑胜地，他是如何避开狭小而拥挤的浴场，因为他对自己的外表感到羞愧。

1916 年 9 月，他决定去看医生，这在他来说是一项不同寻常的举动，因为他不信任医生。他向菲利斯叙述了这次就医："给我看病的那位医生……让我满意。他很安静，不过从他的年龄和大块头身材来看（我永远无法理解，像我这样一个又瘦又高的人，是怎么让你有信任感的）又比较滑稽，所以从体重来看……是一个令人信赖的人！"

我还要引用他生命中最后七年的几句话，这时他与菲利斯已经彻底断绝了关系。重要的是，我们要意识到，他对自己身体瘦弱的想法一直持续到生命的最后，并且影响了所有的记忆。

写于1919年的那封著名的《致父亲的信》中，又有一段关于早年洗澡更衣的内容："比如，我还记得我们经常一起在更衣间脱衣服的情景。我瘦削、羸弱、窄肩膀，你强壮、高大、宽肩膀。在更衣间里我已觉得自己很可怜了，不单单在你面前，在整个世界面前也是如此，因为你是我衡量万物的尺度。"

令人印象最深刻的是他在1920年写给密伦娜的第一封信。在这里他也被迫很快就要向一个他正在追求的女人——他正在狂热地追求密伦娜——介绍自己身体的瘦弱："几年前我常去伏尔塔瓦河上的饮魂者号，我划船而上，然后顺水漂下，穿过那些桥洞。由于我很瘦，从桥上看起来可能很可笑。我公司的一个官员曾经在桥上看到过我这副模样，他充分强调了我的可笑后，又总结道：看上去像是最后审判前的样子。就像那一刻，棺材盖已经打开，死者却还在静静地躺着。"

瘦子的形象与死者的形象被视为一体：与最后审判的想象相联系，于是便产生了他的肉体形象，没有比这更暗淡、更听天由命的想法了。就好像合为一体的那个瘦弱者或者那个死者，已经活够了，可以让水流带去接受最后的审判了。

在基尔林疗养院的最后几周，医生建议卡夫卡不要说话。收到访谈提纲后，他会书面进行回答。有一次被问起菲利斯，他写下这样的回复："我本该和她一道（还有她的朋友）去波罗的海，但是我为自己的瘦弱和其他的忧虑感到羞耻。"

　　卡夫卡从未失去对与身体有关的一切事物的特别敏感，前面的引述清楚地显示出，他想必在幼年时期就已经感受到了。瘦弱使他很早就关注自己的身体。他习惯于关注身体**缺乏**的一切。在他的身上，他有一个永远不会消失、永远无法逃避的观察对象。他所看到和感受到的，离他那么近，彼此无法分开。由于瘦弱，他获得了对于软弱的不可动摇的信念。知道这个信念是否一直真实存在，也许并不重要。因为基于这个信念而产生的受威胁感，是肯定存在的。他担心敌对力量入侵他的身体，为了防止这种情况，他密切注意它们可能采用的路径，并逐渐开始思考每一个器官。他逐渐对这些器官特别敏感，直至对每一个器官分别看管。但是这样一来，危险也会成倍增加——一旦意识到各个器官的特殊性和脆弱性，多疑的大脑就会提示要注意无数的症状。身体各处的疼痛会提醒，掉以轻心将是不妥的，是有罪的。它们宣布危险的来临，是敌人的先兆。多疑症是恐惧的代名词，是为了打消恐惧而为自己寻找的名称。

　　他对噪音的敏感就如同一个警报器，发出多余的、尚未阐明的危险信号。这些危险可以通过避开魔鬼一样的噪音来摆脱，已知的危险已经足够，他用给它们一一**命名**的办法来抵御它们成群结队的攻击。

　　他的房间就是一个庇护所，成为他外面的一层身体，可以称之为外体。"我必须独自一人在一个房间里睡觉……只有胆怯才会抱怨：同样，如果你躺在地板上，你就不会跌倒，你一个人独处，就什么事情都不会发生。"他不能忍受别人去他的房间看望他。就连和家人住在同一个住所，都给他带来痛苦。"我不能和别人生活在一起，我绝对讨厌我所有的亲戚，并非因为他们是我的亲戚，并非因为他们是坏人……而仅仅是因为他们最靠近我生活。"

　　他经常抱怨失眠。也许失眠正是对身体的警醒，它无法被关闭，还在不断听到威胁、等候指令、解释并联系指令、设计相应的对策体系，必须达到看似安全的一点：各种威胁相互制衡达到平衡的一点，安静的一点。然后，睡眠成为真正的救赎，在睡眠中，他的敏感，这种无休止的痛苦，终于放他一马，离他而去。在他这里可以发现一种对睡眠的崇拜，他视睡眠为万灵药，当他对菲利斯的状况感到不安时，推荐给她的最好的东西就是："睡觉吧！睡觉吧！"就连读者听到这样的鼓励也觉得像听到咒语，听到祝福一样。

对身体的威胁包括所有进入体内的毒药：如空气，如食物和饮料，如药物。

糟糕的空气是危险的，卡夫卡经常会提起。令人不由想到《审判》中阁楼上的办公室，或者画家提托雷利的温度过高的工作室。糟糕的空气被视为不幸，会引向灾难的边缘。他的旅行日记里充满了对好空气的崇拜，从他的信中可以清楚看到，他是多么期待新鲜的空气。即使在最寒冷的冬天，他也开着窗户睡觉。吸烟是不受欢迎的，暖气消耗空气，他在没有暖气的房间里写作。他定期在打开的窗户前裸身做体操。身体暴露在新鲜空气中，可以让皮肤和毛孔受到新鲜空气的抚摸。——但是，真正的空气是在外面乡下；他鼓励他最喜爱的妹妹奥特拉在乡间生活，后来他自己也在乡间生活了好几个月。

他寻找可以说服自己的无害的食物，有较长的一段时间他吃素。起初这种行为并没有让人觉得他是真的禁欲主义；在回应菲利斯的担忧时，他寄给了她一份自己晚上吃的水果的清单。他试图让毒药和危险远离自己的身体。咖啡、茶和酒精，他当然是禁止自己喝的。

当他描写他生活中的这个方面时，语句间有着某种轻松和快乐，而关于失眠的消息里却总是笼罩着绝望。这个对比是如此明显，令人不免要解释一下。自然疗法把身体视为一个整体，这种主张吸引他接受治疗师的建议，也完全赞成他们对器官疗法的拒绝。在失眠的时间里，他脑中分解着他的器官，倾听着它们的指令，担忧着它们不祥的躁动，需要一种方法来规定身体的统一性。他对医药的拒绝，一定程度上也带有一点自我厌恶：晚上睡不着时，他也发现自己在寻找症状。

于是，他带着一种幸福感投入到所有要求并恢复身体统一性的活动中。游泳、裸身体操、在家里疯狂地跳下楼梯、跑步、在野外可以获得良好呼吸的远足徒步，这些活动使他精神振奋，带给他希望，使他可以有一次甚至更长时间在过于清醒的夜晚逃脱器官的分解。

在 1913 年的 1 月下旬，经过反复多次失败的尝试，卡夫卡彻底放弃了撰写长篇小说，信件的重点也越来越多地转向了抱怨。要说的是，这些信件现在就只是用来抱怨了。他的不满无法再被任何东西抵消。那些他醒来的夜晚，他的辩解，他唯一的、真实的生活，暂时都属于过去了。除了抱怨，没有什么可以再支撑他，抱怨取代写作，变成了他的——价值低得多的——统一体，但是没有抱怨的话，他会变得完全沉默，陷入他的痛苦之中。他已经习惯了在信中畅所欲言的自由，至少在这里，他与人交往时的固执是有所松动的。他需要菲利斯的信，信中一如既往地叙述她在柏林的生活，一旦收不到她新来的文字，"他就心内空空"。但是尽管有"不写作的后面游荡着一个恶鬼"的不确定性，他仍然一直都是他自己的观察对象；人们一旦满足于接受了他的抱怨，把它视为一种语言，可以拯救其余一切，那么就会在这个永不沉默的媒介里，听到关于他的最最奇特的事情，这样精确而又真实的陈述，只有为数不多的人才能得到。

这些信的亲密程度难以想象，它们比对幸福的完美描述还要亲密。没有任何关于犹疑者的报道可以与之相比，没有任何人对于忠诚度可以如此自我揭露。对一个普通人来说，这样的通信简直是无法阅读的，一定会觉得他是精神无能的无耻做戏，因为与此相关的一切，在信中都能一再找到：优柔寡断、胆小怕事、感情冷漠、对爱情缺乏细致的描述，无助的程度只有通过过于精确的描写才能变得可信。但是当一切以这样的方式去把握时，它就立即变成了法律和知识。起初有一点不可置信，但是随着迅速增长的确定性，人们会体验到，一切都不会再被忘记，就像《在流放地》中被写进了皮肤一样。有些作家，虽然很少，但是他们是如此的自我，以至于任何关于他们的贸然表述都会显得野蛮。弗兰茨·卡夫卡就是这样一位作家，因此人们要尽可能坚持自己的表述，尽管这样可能会有风险，显得拘束。当然，当人们开始研究这些信件中的亲密关系时，可能会觉得羞愧，但也正是这些信件本身，把人们的这种羞愧带走。因为从中会发现，像《变形记》这样的小说，其实比之更加亲密，人们最终会知道，它与其他所有小说有什么不同。

菲利斯的重要之处在于她的存在，她不是被杜撰出来的，她的方式也不可能被卡夫卡凭空杜撰出来。她是如此不同，如此活跃、结实，只要他从远方围着她转，他就会崇拜她也折磨她，把他的问题、他的恳求、他的恐惧和他的渺小的希望堆向她，以强迫她回信。她给他的爱像血液一样流过他的心脏，他只有这颗心，别无其他。难道她没有注意到，他在信中并不爱她——因为那样的话他就必然只想念她，只描写她——而是崇拜她，期待着在哪怕最微不足道的事情上得到她的帮助和祝福。"有时候我在想，菲利斯，你对我确实有这么大的影响力，可以把我变成一个能够让一切顺理成章的人。"他趁热打铁地对她表示感谢："和你在一起是多么美好的感觉；面对这样一个庞然世界，我只敢在夜晚进行写作。"

他在自己身上能感到对方最小的伤口。他的残酷是非战斗方的残酷，能**提前**感受到伤口。他避开了冲突，一切都切入**他**的肉体，而敌人却毫发无损。如果他的信中有冒犯菲利斯的地方，他会在下一封信中让她注意，并向她询问，重复他的道歉，而她却什么也没注意到，甚至不知道他在说什么。因此，他是以自己的方式把她当作了敌人。

他用寥寥数语便抓住了优柔寡断的本质："你有没有认识到或者看到过……一种不确定性，这里或那里有不同的可能性只为你打开，不顾及别人，而事实上是在禁止触动你……"

这里或那里开放的这些不同可能性，意味着这个不容高估的事实，他可以同时看到它们，它们解释了他与未来的真实关系，因为他相当一部分作品中包含了对未来不断变换的可能性的摸索步伐。他不认可只有一个未来，而是有很多个。未来的多样性使他瘫痪，拖累他的步伐。只有在写作的时候，当他犹豫着接近其中一个时，才会注意到它，而不顾其他的方向，但是对它的认识却从不会超过他的下一步所能允许的范围。隐藏更远的东西就成为他真实的艺术。也许正是这种在一个方向上的进步，与其他所有方向的脱离，才使他在写作中感到快乐。衡量成就的标准是行走本身，是成功步骤的清晰性，一旦开始行走了，就没有哪个步骤被跳过，没有哪个要存疑。"我其实……不会讲故事，甚至不会说话，每当我讲故事的时候，我通常有一种感觉，就像小孩子刚迈出第一步时的感觉。"

他一再抱怨说话的困难，与人相处的别扭，并极为清晰地描述过："又是一个不必要的夜晚，与各种不同的人度过……我咬着嘴唇让自己保持专注，尽管我非常努力，还是无法专心，早已心不在焉，但是也不在别处。也许我在这两小时内根本就不曾存在？必然是这样，因为如果我是躺在我的扶手椅里睡觉，我的存在也更有说服力。""我真的认为，我对于人际交往是完全无望的。"他甚至还提到过一个奇怪的说法，他在与马克斯·布罗德连续几周的旅行途中，没有和后者进行过一个长时间的、连贯的、可以激发他天性的谈话。

"在有两三个熟人的熟悉的房间内，我还是能忍受的，因为我是自由的，没有人强迫我持续关注和配合，但是如果我有兴趣，如果我愿意，我可以参与到大家中间，时间长短都随我意，我既不会让人注意，也不会让别人不舒服。如果有陌生人加入，那就更好，那我就可以借助外力变得活跃。但是如果我在陌生的房间，与几个陌生人或让我觉得陌生的人在一起，那么整个房间都会压在我的胸口，我会动弹不得……"

他总是把这样的表述作为对自己的警告，就算它们已经很多，他也每每会重新进行表述："我只是对自己不满，我并不总是做'某事'，如果我有朝一日成为'某事'，我就会用好几个月'不存在'来付出代价。"他把自己比作一只鸟，被某个诅咒抛出了鸟巢，它在空荡荡的鸟巢周围飞来飞去，从不让它离开视线。

"和我们通信的最初两个月相比，我已经变了个人；这不是新的变化，而是变回去了，也许是一种永久的变化。"——"我现在的状态……不是特殊状态。菲利斯，不要屈服于这种假象。你不可能在我身边生活超过两天。"——"毕竟你是个女孩，要嫁给一个男人，而不是地球上的一个软虫。"

为了保护自己，他创立了反面的神话，通过它们来阻碍菲利斯的身体接近，防止她侵入他的生活，其中一个神话就是他对孩子的反感。

"我永远都不会有孩子。"他早在 11 月 8 日就写道，不过他还是对刚生下女儿的一个妹妹表达了羡慕。在 12 月底，当他连续四晚对菲利斯的失望转变为越来越悲观和敌意的信件时，他的态度变得更加认真。第一封信我们都知道了，爆发了对欧伦伯格的嫉妒。第二封信同样，他指责她对他的《观察》没有任何反应。在第三封信中，他引用了拿破仑的一句名言："无子而终是可怕的。"他又补充道："我必须让自己做好承担这一切的准备，因为……我任何时候也不想冒险做父亲。"在新年前夜的第四封信中，他感到自己像狗一样被抛弃，于是刻毒地描述了新年前夜街上的喧嚣。在信的结尾，他回应了她的一句话："我们注定要在一起。"这句话千真万确，他在新年的最初几个小时里，没有更大更愚蠢的愿望，只想"把你的左手和我的右手手腕紧紧拴在一起。我不知道为什么我会这么想，也许因为我面前正摆着一本关于法国大革命的书，里面有当时同时代人的报道，而且有可能……曾经有对夫妇就是这样被绑着带上绞架。但是我脑子里都胡思乱想些什么啊……它把 13 这个不幸的数字放入了新的一年（1913 年）里。"

把婚姻看作绞架，他用这个想法开启了新的一年。尽管发生了各种波折，以及相互冲突的事情，但他在这一年里却没有任何变化。在他的婚姻观中，最令他头疼的是无法变小乃至消失：他必须在场。害怕强权是卡夫卡的中心理念，他抵抗的办法是变小。对地点和时间神化，在卡夫卡身上产生了如此惊人的影响，可以说像强迫症一样，这种神化其实就是对人的神化。每个地点、每个时刻、每个动作和每个步骤都是严肃、重要而奇特的。强暴是不公正的，必须通过尽可能让自己消失来逃脱强暴。人缩得很小或者变成一只甲虫，以避免他人因无情和杀戮而造成罪恶。人宁愿自己饿死，以逃避别人恶心习俗的纠缠。但是无论何种情况，都比不上婚姻对人的剥夺。白天和夜晚的某些时候，不论愿意与否，都必须在场，与伴侣身材比例相配，不可改变，否则就不是婚姻。变成小个子的位置虽然也在那里，却被孩子们取代了。

　　一个星期天，他在家里经历了"疯狂的、单调的、不间歇的、不断以新的活力重新开始的喊叫、歌唱和拍掌"，这是他的父亲上午逗侄孙，下午逗孙子时折腾出的动静。他觉得哪怕是黑人的舞蹈也比这更好理解。不过他认为，烦扰他的也许不是喊叫，而是需要体力，在房间里忍受孩子们。"我做不到，我无法忘记我自己，我的血脉不要延续了，它已经完全停滞了。"这种对血脉的欲望，呈现出对孩子的爱。

　　卡夫卡在孩子们面前也会感到羡慕，但这种羡慕与人们想象的不同，是与不赞同相结合的。最初，儿童似乎是小个子的篡位者，他自己就想变小溜进去。但是，他们实际上并非如他所想的那样是要消失的小个子，这些小家伙是假的，他们只是暴露在成年人的喧嚣和尴尬影响中。那些被刺激长大，然后想要长大的孩子，与他本性的最深层倾向截然相反：他本人想变得更小、更静、更轻，直至消失。

　　如果还要寻找幸福的可能性，或者至少是舒适的可能性，那么在见证了所有沮丧、固执和失败之后，还能找到一些具有力量和决心的，我们几乎要感到惊讶。

　　尤其是写作时的孤独感。在写《变形记》的过程中，在他最充实的时期，他请求菲利斯夜里不要在床上给他写信，而是要睡觉。她要让**他**在夜里写作，要让他有夜间工作的骄傲的小小的可能性；为了证明无论在哪里，就算在中国，夜间工作都属于男人，他还为她抄写了一首他特别喜爱的中国小诗。一位学者在伏案时忘记了上床的时间，他的女友好不容易才忍住怒火，一把从他手里抢过灯，问道："你知道现在什么时候了吗？"[1]

只要他身体健康，他就是这样看待自己的夜间工作的。当他引述这首诗时，他还没有意识到要对菲利斯进行攻击。随后，在1月14日，当情况发生了变化，当菲利斯令他失望，写作开始失败时，他想起了这位中国学者，但是他现在被用来区分自己和菲利斯："你曾写道，我在写作的时候，你想和我坐在一起；你只要想想，那样我就无法写作了……写作意味着要过度开放……所以写作时无论怎么孤单都不为过，所以写作时怎么安静都不为过。夜晚苦短，所以，这就是时间总也不够用的原因，因为路很长，很容易迷失方向……我经常在想，对我来说，可能最好的生活方式就是，带着写作工具和一盏灯，住在一个巨大的、上了锁的地窖最靠里面的房间。食物会有人送来，就放在远离我的房间的地窖最外面的门口。我穿着睡袍，穿过地窖的拱顶长廊去取食物，这条路也可以用于我唯一的散步。然后我再回到我的桌边，慢慢地小心地用餐，然后又开始写作。那样的话，我会写出什么来！我会写出多么有深度的作品来！"

必须完整地读完这封精彩的信。关于写作，没有比这更纯粹、更严谨的表述了。世界上所有的象牙塔都在这个地窖居民面前坍塌，作家的被滥用、被掏空的"孤独"一词突然之间具有了分量和意义。

这是适用于他的唯一的、真正的幸福，它的每一根纤维都在吸引他。

1　清代诗人袁枚（1716—1797）的《寒夜》诗："寒夜读书忘却眠，锦衾香烬炉无烟。美人含怒夺灯去，问郎知是几更天！"译者注。

而令他满意的第二种情况是完全不同的，那就是在一旁观望着别人的快乐，他们把他排除在外，对他不抱任何期望。比如说，他乐意与那些人相处，他们吃吃喝喝的一切都是他自己不吃的。"如果我和十个熟人一起坐在桌边，他们全都在喝黑咖啡，我看到这个场景会感到幸福。我旁边可能是蒸气腾腾的肉，啤酒可能在大杯大杯地喝空，还有那多汁的犹太香肠……可能被我周围所有的亲戚切开……——这一切以及更烦人的事都不会让我产生丝毫的厌恶，相反会令我感到愉悦。这肯定不是幸灾乐祸……而是看到别人快乐时心里毫无嫉妒的淡定安宁。"

也许这两种令他愉悦的情况是人们对他期望的，即使第二种比人们想象的更加突出。真正令人惊讶的是，可以发现他的幸福感还得到了扩展，而且是在**朗读**中。每当他告诉菲利斯，他从他的作品里朗读了一些东西，他的语气就会不一样。他这个不会哭的人，在朗读《判决》快到结尾时，已经热泪盈眶。12 月 4 日，在这次朗读之后紧接着写的信中，其情绪的猛烈程度令人吃惊："最亲爱的……我无比热爱朗读，朝着那些有备而来、专心倾听的听众耳朵咆哮，让我这可怜的心脏无比舒适。不过我也对着他们一直大喊，隔壁房间传来的音乐，想要夺去我朗读的努力，被我直接压制了。你知道吗，指挥别人，或者至少相信他的指挥——对于身体没有比这更大的幸福。"就在几年前，他还乐于梦想着在一个人头拥挤的大房间里朗读整本《情感教育》——这是他最喜爱的福楼拜著作——日以继夜不间断地用法语朗读，只要有必要，"朗读声在四壁回响"。

这并不是真正的"命令"——由于他此刻正处于亢奋状态，他没有完全准确地表达出来——而是他要颁布的**法则**：一个最终确定的法则，如果这是福楼拜，那么对他来说这就是上帝的法则，而他将是它的先知。他也感受到了这种扩展的解脱和振奋。在 2 月和 3 月的痛苦中，他突然给菲利斯写了封简短的信："在马克斯家，一个很美好的夜晚。我在狂热地朗读我的故事。"（这里指的可能是《变形记》最后的部分。）"后来我们也许是放松了，开心地笑了。如果我们对这个世界锁上门窗，那么还可以在这里或那里创造一个美丽存在的外观和几乎真实的开始。"

2月底，卡夫卡收到菲利斯的一封来信，他对此大为震惊，听上去好像他对自己没有任何不满，好像她什么都没听说，什么都不相信，什么都没理解。他没有立即回复她的提问，但是不久后他回了信，措辞异常严厉："之前你问起……我的计划和打算。我对这个问题感到惊讶……我当然是完全没有计划的，完全没有打算的，我无法走进未来，我可以跌进未来，滚进未来，跌跌撞撞进未来，这我可以，最好是躺着不动。但是计划和打算我是真的没有，如果我状态好，我就专注于现在，如果我状态不好，我就诅咒现在，哪里还管未来！"

这个答案是反问式的，而不是准确的回答，卡夫卡提出的与未来关系的完全不可信赖的方式就可以证明。这是一种恐慌中的抵抗；几个月后从他的天性中的另一些反问式的爆发就可以认识到这一点，它们与他通常平衡的、讲理的语句截然不同。

自这封信以后，他几周前开始萌生的去柏林的想法，越发坚定。他要再见菲利斯，要亲自把她从身边吓退，因为他的信件没有做到。他选择了复活节去，这样他有两天假期。他宣布去看望的方式也非常带有他优柔寡断的特征，在此必须引用他在复活节前那周的信件。这是自他们唯一一次会见的夜晚以来，七个多月后他们第一次要真正再见面。

16日，也就是复活节前的那个星期天，他给她写信："菲利斯，我直接问一句，你在复活节，就是星期天或星期一，有没有时间给我，如果有时间，你觉得我来一趟怎么样？"

星期一，他写道："我不知道我能不能去，今天还不确定，明天就能确定了……星期三十点你肯定就会知道的。"

星期二："其实我的旅行恐怕还是存在障碍，但是作为障碍，它已经失去了意义，这样看来，我还是可以去的，我只是想匆匆告知。"

星期三："我去柏林没有别的目的，只是要告诉你，向你这个被书信误导的人展示我的真实身份。我亲自去会不会比我书面写要说得清楚些呢？……星期天我可以在哪里见到你呢？如果我还是无法成行，我最晚会在星期六给你发电报。"

星期四："……除了旧的威胁，还出现了新的威胁，可能会妨碍这次小小的旅行。我没有想到，现在在复活节通常会有各种各样协会的会议……"他说他可能不得不作为他的保险公司的代表去参加一个这样的大会。

星期五："……我还是不能确定能否去，明天上午才能决定……如果我去，我很可能住在阿斯坎尼舍庄园……不过，我得先睡个好觉才去找你。"

这封信直到 22 号，星期六早上才寄出。信封上的最后一条消息是："还是没有决定。"——不过就在这天他登上了去柏林的列车，晚上抵达。

23 日，复活节星期天，他从阿斯坎尼舍庄园给她写信："发生了什么事，菲利斯？……我现在在柏林，下午四五点就要离开，时间过得很快，我却没有你的任何消息。请找个小伙子给我带个回信……我现在就在阿斯坎尼舍庄园等你。"

经过了这一个星期相互矛盾的各种消息通告，菲利斯几乎不相信他还会来。他在酒店房间的沙发上躺了五个小时，等待着她不一定会打来的电话。她住得很远，最后他还是见到了她。她的时间不多。两个人总共见面两次，每次都只有片刻时光。这是七个月后的第一次再见。

但是即使是短短的片刻，也被菲利斯好好地利用了。她把一切责任揽在自己身上，说他已经成为她不可缺少的一部分。这次访问的重要结果是，两人决定在五旬节再见。这次分开的时间不再是七个月，而是七周。给人的印象是，菲利斯为两人设定了一个目标，并试图向他灌输决断力。

他回来两星期后，给她带来了惊喜，他在布拉格郊区为一个园丁在户外工作，在凉爽的雨中，只穿着衬衫和裤子。这对他有好处。它的主要用途在于"可以好几小时摆脱自我折磨，不用在办公室做那些讨厌的工作……这是一份沉闷、诚实、有用、沉默、孤独、理智而又费力的工作"。所以他也希望夜里能睡得好一点。前不久他在给她的信中附上了库尔特·沃尔夫的信，后者在信中请求寄去《司炉》和《变形记》，被她视为作家受到重视的希望似乎在恢复。

但他也在4月1日给她写了一封完全不同的信，与他之前宣告的内容相反的信，以强调其最终结果。"我真正恐惧的是——没法说出或没法听到更糟糕的事了——我永远也无法占有你……我担心我会坐在你身旁，就如同已经发生过的一样，在我身边感受你身体的呼吸和生命，事实上比我现在在房间里离你更远……我担心我会永远与你隔绝，就算你向我俯身，低得给你带来风险……"这封信指出了他对自己性无能的恐惧，但是不能被夸大，这只能被理解为他的身体恐惧的一种，前文已经详细讲过。菲利斯对此没有反应，似乎不明白其中的含义，或者说太熟悉他，而不想再去了解。

但是在她于法兰克福为公司参展的十天里，他几乎没有收到她的消息，比如明信片或来自展厅的电报。即使回到柏林后，她的来信也越来越少，越来越简短。也许她已经意识到，这是她影响他的唯一手段，通过减少通信，促使他作出接近她预期的决定。他表现出惊恐的状态。"你最近的来信与以往不同。你对我的事情不再关心，更糟糕的是，你也不再有兴趣告诉我关于你的事情。"他和她谈论五旬节的旅行，想认识她的父母，这是重要的一步。他恳求她不要在柏林的火车站接他，因为他每次到达时状态都很差。

在5月11日和12日，他在柏林又见到了她。这次他和她在一起的时间比复活节长，还受到了她家人的接待。后来他写道，他们呈现出一副完全认命的模样。"我觉得自己很渺小，站在我周围的人都很魁梧，带着一副宿命的表情。这一切都符合比例关系，他们占有你，于是很高大，我不占有你，所以很渺小……我想必给他们留下了非常难看的印象！……"这封信中把占有关系和权力关系解读为身体的大小，是很奇特的。他的作品里无力的小人物是人们熟知的，而鲍尔家那些魁梧的、在他看来极为强壮的成员，则与之形成反差。

她的家人，尤其是她的母亲，令他感到害怕和受挫，他也担心他对菲利斯的影响方式："……你毕竟不是我，你的本质是行动，你很能干，思维敏捷，注意一切，我在你家里看到过你……我在布拉格的陌生人中看到过你，你总是那么富有同情心，而又自信——然而面对我，你却委顿无力，看往别处或者草丛，忍受我那愚蠢的言语和我更有理由的沉默，不想认真听我一句，只是忍受、忍受、忍受……"一旦她与他单独相处，她的行为举止便和他一样：沉默，变得不确信和不快乐。不过，很可能他没有正确理解她不确信的原因。她无法认真地从他那里发现什么，因为她知道她会学到什么——新的、非常雄辩的猜疑，她无可辩驳，除了干脆决定订婚。引人注目的是，他对她的想法还是由布拉格那个晚上在"陌生人中"决定的。现在我们会明白，为什么从一开始就如此详细地谈论那第一次见面的夜晚。

但是无论她在他身边的行为带来了什么新的忧虑，他还是答应给她父亲写一封信，并把信先寄给她进行评估。5 月 16 日他宣布要写信，18 日再次宣布，23 日他详细描述了信中会包含的内容，但是信迟迟未到，他写不出来，没法写出来。在此期间，她使用了唯一的武器：沉默，整整十天没有给他任何消息。之后，她寄来了一封，卡夫卡大失所望，称之为"幽灵信"并苦涩地抱怨，他引述道："我们整天坐在动物园里，然后又一同来到旁边的餐馆坐下。我现在在桌子底下写东西，一边聊着关于夏天的旅行计划。"他请求她像以前一样写信："最亲爱的菲利斯，请像以前一样再给我写信，关于你，关于办公室，关于你的朋友们，关于你的家庭，关于散步，关于书。你不知道我是多么如饥似渴地需要。"他要知道，她在《判决》中是否找到了任何意义，他把刚出版的《司炉》寄给她。有时候她写得详细一些，有时候自己都带着疑问。他在准备一篇"论文"来回答，但是还没有写好，在他写完这次报告后，她的信又停了。在 6 月 15 日，出于对她的沉默的绝望，他写道："我究竟想从你那里得到什么？是什么让我对你如此执着？为什么我不放手，不去追随任何迹象？借口要把你从我身边解救出去，我却越发地向你挤过去……"然后，在 6 月 16 日，他终于把"论文"寄给她，这篇论文他写写停停用了整整一周才写好。就在这封信中，他请求她做自己的妻子。

　　这是所有求婚中最为奇特的。在这封信中，他堆砌了许多困难，说到了自己的无数问题，这些问题都会对婚姻生活造成阻碍，并要求她对这些问题一一回应。在随后的几封信中，他又补充了更多的困难。他自己对与一个女人共同生活的抵触表现得非常明显。同样明显的还有，他惧怕孤独，相信另一个人的存在会带给他力量。从根本上说，他是在为婚姻设置无法满足的条件，并期待被拒绝。这种拒绝是他内心期望的，也是他挑起的。他也希望在她身上会有一种强烈的、不可动摇的感情，扫除一切困难，依旧愿意与他携手。而她一答应，他就意识到不该把决定交给她。"反面的证据还没结束，因为它的行列是无穷无尽的。"他假装接受了她的应允，把她当成他"亲爱的新娘。随即……我说，我对我们的未来有一种莫名的恐惧，也害怕由我的天性和我们的共同生活带来的不幸，它会首先影响你，并完全吞噬你，因为我从根本上说是一个冷酷自私而又无情的人，尽管我所有的弱点都会掩盖而不是减弱我的缺点。"

　　现在他开始对订婚这件事进行不懈的抗争，这抗争持续了两个月，最后以他的逃跑而告终。对于这场抗争，刚才引用的这句话最具有代表性。以前他描述自己——可以说是诚实的——现在随着恐慌的日益增加，他在信中使用反问的修辞语气。他成为反对自己的代言人，利用一切手段，而且不容否认，有时候这些手段十分卑鄙。在母亲的授意下，他安排了柏林的一家侦探所调查菲利斯的名声，还把这件事告诉了菲利斯，说这真是一篇"令人厌恶、滑稽可笑的文章。回头我们一起看看这个调查报告有多可笑"。她貌似平静地接受了这件事，也许是因为没有看透那虚假的滑稽语气。但是紧接着在 7 月 3 日，他三十岁生日时，他告诉她，他的父母表达了想调查她家庭的愿望，他也已经同意了。但是此举深深地伤害了她。菲利斯爱她的家人。他用诡辩的论据为自己的行为辩护，甚至连失眠这样的借口也用上了，虽然他绝不承认自己的错误，但是他为自己冒犯了她而道歉，并撤回了对他父母要求调查的赞同意见。这件事与他平素的性格形成如此大的反差，只能用他对订婚的后果感到恐慌来解释了。

　　说到对婚姻的挽救，他只剩下反对自己的口才，这一眼就能认出，主要标志是在用担忧菲利斯掩饰他自己的恐慌："我这几个月难道不是像毒药一样在你面前晃悠吗？我不是一会儿在这里，一会儿在那里吗？你难道没有看到我就感到讨厌吗？你怎么还看不出，如果要防止不幸，你的，你的不幸，菲利斯，我必须得被关起来？"他敦促她，请她的父亲**反对这桩求婚**，就算因此而泄漏信的内容也在所不惜："菲利斯，对你父亲诚实一点，我已经不够诚实了，告诉他我是谁，把我的信给他看。过去和现在的我被爱蒙蔽了双眼，用我的信件、我的央求和恳请把你推入了这个该诅咒的圈子，请依靠他的帮助脱离出来吧。"这种狂想曲般的语气几乎像韦尔弗，他很了解韦尔弗，并被他吸引，这在今天看来似乎不可理喻。

　　他的痛苦无疑是真实的，当他把菲利斯排除在外，菲利斯在这里仅仅呈现为一个幻象，他这些想法倒是发自内心的。他对自己的状况和本性的洞察力是无情而可怕的。我从众多句子中只挑出一句，在我看来最重要和最可怕的是他对人最基本的感觉是冷漠和恐惧。

　　由此可以解释他作品的独特性，他的作品中**没有**大部分文学作品中充斥的嘈杂和混乱的特点。鼓起勇气来想想，我们的世界已经由恐惧和冷漠占主导地位。卡夫卡通过毫不留情地展现自己，率先描绘出了**这个**

世界的图景。

9月2日，在经历了两个月不断增强的痛苦煎熬后，卡夫卡突然向菲利斯宣告了自己的逃脱。这是一封长信，他用两种语言写成，富于修辞的和富有见地的。对她来说，这个"人类最大的幸福"——当然不是他的幸福——他要放弃它，为了写作。对于自己，他从四位榜样吸取了教训："我把四个人当作我真正的血亲，格里尔帕策、陀思妥耶夫斯基、克莱斯特和福楼拜。他们四个人当中，只有陀思妥耶夫斯基结了婚，也许只有在内外交困中自杀的克莱斯特，找到了真正的出路。"他说周六要去维也纳参加国际救援与卫生大会，可能要在那里待到下周六，然后从那里去里瓦的疗养院，并留在那里，然后去意大利北部短途旅行。他要她利用这段时间，让自己平静下来。为了让她获得平静，他要放弃写信。这是他第一次请她不要写信，其实他也不会给她写信。也许是出于策略考虑，他向她隐瞒了真正吸引他的是在维也纳召开的犹太复国主义大会。距离他们讨论一起去巴勒斯坦旅行，已经过去一年了。

他在维也纳度过了糟糕的几天。在他的沮丧状态下，这次大会和他看到的很多人都令他难以忍受。他徒劳地尝试着用写日记让自己平静下来，随后他继续前往威尼斯。他从威尼斯写给菲利斯的信中，拒绝与菲利斯建立联系的态度似乎更加坚决。之后他在里瓦的疗养院待了几天，在那里认识了那个"瑞士女孩"。他迅速地接近了她，两人之间产生了一段爱情，尽管他非常谨慎腼腆，却从未否认。这段爱情只持续了不到十天，似乎让他暂时摆脱了自我憎恨。从9月中到10月底的六周里，卡夫卡与菲利斯的联系是中断的。他不再给她写信，对当时的他来说，任何事情都比她催促订婚更可以忍受。由于她没有他的任何消息，便派她的女友格蕾特·布洛赫去布拉格找他，请她在两人之间调解。于是他们的关系通过第三人开始了一个非常奇特的新阶段。

格蕾特·布洛赫一加入，卡夫卡的情感就分裂了。一年前写给菲利斯的信，现在写给格蕾特·布洛赫。现在他想了解一切的人变成了她，他提的都是同样的老问题。他要想象她是如何生活，她的工作、她的办公室、她的旅行。他要她立即回复他的去信，由于她的信有时会迟到，还比较少量，于是他请她定期回信，不过她拒绝了。他对关于她健康的问题感兴趣，要了解她读些什么。有时候他与她更容易相处。格蕾特·布洛赫更灵活，更易于接受意见，更热情。她会对他的建议予以回应，就算她没有马上阅读他推荐的书目，也会记下来，然后反馈。尽管她的生活方式不如菲利斯健康、爱整洁，但是她会考虑他在这些事情上的建议，在回答时进行权衡，从而促使他提出更果断的建议。而他不会觉得他的影响完全没有成效。他在这些信中更为自信，如果不是涉及他，人们也许会说：更霸道。对他来说，早期通信的缩写自然比现在的那个更容易，毕竟是他练习过的键盘。这些信中有一些俏皮的东西，在以前的信中是罕有的，他公开地追求她的感情。

但是有两件事与过去完全不同。他的抱怨比以前少得多，他几乎不怎么抱怨了。由于格蕾特·布洛赫很快就向他敞开心扉，向他讲述自己的困难，他被她的悲伤吸引，告诉她，对她有点同病相怜的感觉，她跟他有些相像。他试着用自己厌恶的东西来填满她，比如说对于维也纳的感受，自从这年夏天他从那里给她写信，在那里经历了不幸的一周以来，他就痛恨维也纳。他想尽一切办法让她离开维也纳，并且成功了。她在很多事情上很幸运，具有商业头脑，至少他认为是这样，这是她与菲利斯唯一的共同点，他可以像以前那样利用这一点来强大自己。

这些信的主题却还是菲利斯。格蕾特·布洛赫最初是作为她的信使出现在布拉格。从始至终他都可以坦然和她讲述他在这件事情上发生的一切。她也懂得该如何继续满足他对她的兴趣的原始来源。甚至在第一次谈话中，她就告诉了他关于菲利斯的事情，这引起了他的反感：比如说她看牙的故事，还可以听到更多关于她新的金牙的事。但是她也会在他有困难时向他传递一下消息。如果乏善可陈，她会劝菲利斯寄一张明信片或其余的书目消息给他。他对此的感激增强了他对格蕾特·布洛赫的好感，不过他也明确表示，他对格蕾特的兴趣不仅仅因为他们俩与菲利斯的关系。只要是对格蕾特，他的信件就变得越来越温暖，而对于菲利斯，他的描述却带着讽刺与疏离。

他与格蕾特·布洛赫通信所带来的这种距离，当然还有他的新朋友、不喜欢菲利斯并建议他不要和她结婚的作家恩斯特·魏斯，却增强了卡夫卡的固执，重新又向她求婚。他表现得很坚决，现在就要进行订婚和结婚，并且目标坚定地为之奋斗，按照他之前的行为，没有人会相信他有这样的决心。他很清楚自己在一年前的罪责，他在公开订婚礼开始前的最后一刻突然把菲利斯抛下，逃去了维也纳和里瓦。在 1913 至 1914 年的一封长达四十页的信中，他也向菲利斯讲述了那个瑞士女孩，并第二次请求菲利斯嫁给他。

她的抗拒的执着不亚于他的求婚，在有过与他相处的经历之后，很难责怪她。但正是由于这种抵抗，他变得越来越确信和顽固。他忍受着羞辱和令人尴尬的打击，因为他可以向格蕾特·布洛赫描述，一切都会立即详细地报告给她。他的自我折磨相当大一部分变成了对菲利斯的控诉。如果读一读那些常常在同一天相继写给格蕾特和菲利斯的信，就不会怀疑，他的爱是献给谁的。给菲利斯的那些情话听上去虚假而不可信，在给格蕾特的信中，没有明说，但字里行间却可意会，也就更有效。

但是这两个半月里菲利斯一直保持强硬和冷漠。他前一年描述的关于自己的所有尴尬，现在都从她那里回收了，简化为她最原始的句子。但她大多数时候根本不表达。他突然到柏林看望她，在动物园的散步变成了对他最深的羞辱。他在她面前"像狗一样"卑贱，却一无所获。关于她对他的羞辱和影响，他在给格蕾特·布洛赫的好几封信里作了叙述，即使不考虑与订婚事件的关联，这些叙述也是十分重要的。它向我们证明，卡夫卡是如何深受羞辱。当然，把自己变小是卡夫卡最独特的天赋，但是他运用这种天赋来减少羞辱，而成功地减少羞辱是他的乐趣所在。

在这方面他与陀思妥耶夫斯基区别很大，由于他深受陀思妥耶夫斯基的熏陶，经常用后者的方式来表达自己，有时候会在这一点上误解他。他从来不会因为把自己视为蠕虫而不恨自己。

失去了她崇拜的英俊的哥哥，而哥哥似乎是因为一桩不幸的金钱事件而不得不离开柏林，移民去美国，菲利斯从此变得不自信，她的防御崩溃了。卡夫卡马上看到了自己的优势，四周后他终于成功地迫使她同意订婚，在1914年复活节举办了非正式的订婚仪式。

回到布拉格以后，他立即向格蕾特·布洛赫报道此事："我不知道我居然还能以如此的决心来做此事。"但是还有其他事情是他无法尽快写给她的："我的订婚或结婚不会对我们的关系有丝毫的改变，至少对我来说，其中蕴含着美丽的、不可或缺的可能性。"他再次表达了与她会面的请求，他过去就多次设想过，地点最好是在格明特，介于布拉格与维也纳之间。过去他想的是在周六晚上在格明特单独见面，然后周日晚上各自再回到自己的城市，现在他想的是与菲利斯一道见面。

自从复活节订婚以来，他对格蕾特的热情提高了，没有她就不可能有订婚礼，这一点他知道。她给了他力量，也使他与菲利斯疏远。但是现在，大事已成，她对于他更加不可或缺了。他继续维持友谊的请求遭到了对他来说如同暴风雨般的回应。她要求收回她的书信，他却不愿意给她。他非常依赖这些信，就好像它们属于他的新娘。他其实无法忍受任何人在他房间里，此时却急切地邀请她去他与菲利斯共同的住所过冬。他恳求她来布拉格，代替他的父亲，与他一道去柏林参加非正式的订婚礼。他还继续参与她最私密的事务，也许比以前还要深入。她告诉他，她参观了维也纳博物馆的格里尔帕策展厅，这是他一直以来催促她去的地方，对于这个消息，他表示了感谢，说道："您去了博物馆，非常感谢……我觉得有必要知道，您去了格里尔帕策展厅，这样我和这个展厅之间也就产生了一种身体关系。"她牙疼时，他以许多关切的问题来回应，还趁此机会描述了菲利斯那"几乎完整的金牙"带给他的影响："说实话，一开始我都不敢直视菲利斯的牙齿，那灿烂的金光（在这个不合适的地方真是地狱般的光芒）把我吓坏了……后来，我就尽可能故意盯着看……来折磨自己，让自己终于相信，这一切都是真的。在一个忘我的时刻，我甚至问菲利斯她是否感到羞愧，幸好她当然不羞愧，但现在我对此……已经几乎完全妥协了。我不再希望金牙完全消失……我其实从来也没有希望它消失。我现在几乎觉得它们恰到好处，特别合适……一个非常明显的、友好的、总是在指点着的、对于眼睛从来都不会被否认的、人类的缺陷，相比那些在某种意义上也同样可怕的、健康的牙齿，也许会让我更接近菲利斯。"

　　他现在看到了她的缺陷，除了金牙之外还有其他缺陷，于是他想娶带着**缺陷**的菲利斯为妻。在过去的一年里，他以最可怕的方式向她展示了自己所有的缺点。他没能用这副形象把她从自己身边吓跑，但是他所说的事实对他自己产生了巨大的威力，为了躲避这事实和菲利斯，他逃往维也纳，然后又逃去里瓦。在孤独与极度痛苦中，他在那里遇到了"瑞士女孩"并能够去爱，这是他原以为无法感受的东西。这打破了他后来称之为"构想"的东西。我认为，弥补他的失败，赢得菲利斯做妻子，这事关他的骄傲。不过，现在他发现了自我表现带来的影响，在她这里成了顽强的抵抗。如果他要娶她为妻，只有带着他热切寻找的全部缺点，就像她嫁给浑身缺点的他，如此才能达到一种平衡。无论他对她是如何表述的，这都不是爱。没有格蕾特·布洛赫的帮助他就无法赢得争取菲利斯的艰苦斗争，然而在这个过程中，他却对格蕾特·布洛赫产生了爱情。只有把她一同考虑进去，他的婚姻才是完整的。从复活节到五旬节之间的这七个星期，他所有的本能行为都朝这个方向进行。他肯定也希望，在他即将面临令他恐惧的尴尬外部环境中能获得她的帮助，但是他有一个更广泛的想法，他把婚姻视为一种责任，是一种道德成就；没有爱情就不是成功的婚姻，通过他心有所属的格蕾特·布洛赫的存在，他觉得他把爱情带入了婚姻。

　　在这种情况下，不得不说，卡夫卡在谈话中很少感到自由，他的爱情都是通过书面文字产生的。必须把菲利斯、格蕾特·布洛赫和密伦娜列为他生命中最重要的女人，他对她们三人中的每个人的感情都是来自书信。

　　随后发生的事果然不出所料。在柏林举行的正式订婚仪式让卡夫卡感到恐惧。在1914年6月1日鲍尔家族举行的招待宴上，尽管格蕾特·布洛赫如他所愿地在场，他却感到"自己像个罪犯。就算给我戴上真正的锁链，锁在角落里，让警察站在我面前，让别人这么围观我，也不会比现在这样糟糕，然而这是我的订婚礼。所有人都试图将我引向生活，因为没有人能忍受我现在这副样子"。几天后他在日记中这样写道。大约两年后，他在给菲利斯的信中描述了他们在柏林一起购买"布拉格式公务员设施的家具"那些日子里的另一种恐惧，这恐惧依旧深深烙进了他的骨子里。"一旦摆放好就几乎不可能再移动的沉重家具。你最欣赏的恰恰是它的坚固性。而这柜子却压在我的心头，这是布拉格公务员生活的完美墓碑或纪念碑。如果在参观过程中，家具店远处传来一声丧钟，都不会有什么不妥。"

　　招待宴后过了几天，6月6日，他又从布拉格给格蕾特·布洛赫写了一封信，看过前一年通信的读者对于这封信可能会非常熟悉："最亲爱的格蕾特小姐，昨天又是让我完全束缚的一天，我无法动弹，无法给你写信，这封信是我拼尽全部力气来写给你的。有时候——你是目前唯一发现的人——我真的不知道，我怎么能够证明，我要结婚是合理的。"

　　然而，格蕾特·布洛赫对他的态度发生了决定性的变化。她现在按照他的意愿住在柏林，不再像在维也纳时一样感到孤单。她有可以依赖的哥哥，也有以前的一些人，她可以见到菲利斯。她自认为完成了使命，促成了订婚。但是在她搬到柏林前，她收到了卡夫卡的来信，几乎就是不加掩饰的情书，她回复了信件，他们之间有涉及菲利斯的秘密，她内心肯定也对他产生了强烈的感情。他们的信中谈到了她要在订婚礼上穿的裙子，就好像她才是那个新娘。"不要做任何改进了，"他针对**她的裙子**写道，"不管它是什么样子，都会被最温柔的眼睛注视。"这封信是他在出发和订婚的前一天写给她的。

毕竟新娘不是她，这次订婚想必对格蕾特是一个打击。当他不久后在给她的信中抱怨还有三个月才到婚礼时，她写道："你还能活三个月嘛。"虽然人们对她知之甚少，但是光凭这句话就能证明，她其实心怀嫉妒。她现在居住的地方离菲利斯很近，她心里必然特别内疚。只有去找菲利斯，才能摆脱这种内疚。于是**她**突然变成了卡夫卡的敌人，开始带着怀疑的心态窥探他决定结婚是否当真。而他却依旧充满信任地给她写信，并在信中越来越多地发泄对即将与菲利斯结婚的恐惧。她开始向他施压，他用过去的猜疑症论据为自己辩护，因为是面对她，他为自己解释得比前一年给菲利斯的信中更加有说服力和优越感。此举提醒了她，继而她警告菲利斯，于是他被传唤到"法庭"。

在 1914 年 7 月的阿斯坎尼舍"法庭"上，他与两个女人的双重关系达到了危机状态。卡夫卡所做的一切都在推动订婚的解除，看上去好像是外部强加给他的，但是，就像是他自己选择的法庭成员一样，没有哪个被告像他一样做了如此周密的准备。作家恩斯特·魏斯，本人就住在柏林，与他结为朋友已经有七个月，除了他的文学素养外，还给他们的这段友谊带来了对卡夫卡来说无比珍贵的东西：他对菲利斯坚定不移的排斥，从始至终他都反对这桩订婚。卡夫卡对格蕾特·布洛赫求爱已经这么久了，他通过自己的信件使她着迷，并一步步把她拉到自己身边。在私人的和正式的订婚那段时间，他的情书不是写给菲利斯，而是写给格蕾特·布洛赫的。这使她陷入了一种两难的局面，对她来说只有一种摆脱方式：逆转，**她**成为卡夫卡的法官。她把卡夫卡给她的信件里某些地方涂红，作为指控的要点交到菲利斯的手里。菲利斯把妹妹艾尔娜也带去了"法庭"，以制衡同样到场的对手恩斯特·魏斯。菲利斯提出了非常严厉而又充满怨恨的指控，由于证据很少，不清楚格蕾特·布洛赫是否以及在何种程度上直接进行了干预。但是她就在现场，卡夫卡把她视为真正的法官。他什么也没说，没有为自己辩护，这场订婚如他所愿，灰飞烟灭。他离开了柏林，在魏斯陪同下到海边待了两周。后来在日记中，他记录了在柏林的这段僵滞的日子。

现在回过头来，可以看到，格蕾特·布洛赫用这种方式阻止了她所嫉妒的联系。也可以说，卡夫卡以一种有预谋的预感，把她带到了柏林，并在那里用他的信把她置于一种状态，她反而找到了把他从婚约中解救出来的力量。

但是这种解体的性质，它在"法庭"上的集中形式——他从那以后就再也没用过别的称谓——对他有种压倒性的影响。8 月初，他开始对此作出反应。在此之前的两年里，菲利斯和他之间通过书信来往的过程，现在变成每个人都知道的另一个"审判"，是同一个过程，他已经演练过了。它所牵涉的内容远远超过人们从信中看出的，但是这不应该掩盖两个过程的相同。过去他从菲利斯那里寻求的力量，现在被"法庭"的冲击所赋予了。同时，世界法庭也在开启——第一次世界大战爆发了。他对于伴随战争爆发的这次群体性事件的厌恶增加了他的力量。从他的内心的过程来看，他不知道，那种漠视可以把无意义的作家和真正的作家相区别。如果有人认为，内心世界与外部世界可以分开，那么他就根本没有可以分开的内心世界。但在卡夫卡这里，他深受其害的软弱，他的生命力的暂时中止，使他只能零星地把他的私人过程暴露出来，并客观化。为了达到他认为必不可少的连续性，有两件事是必要的：一个看似非常强烈但是在某种程度上却是虚假的打击，如同那个"审判"，它把他对于准确性的纠结转换成了对外的防御，以及外面的地狱世界与他的内心世界的联结。1914 年 8 月的情况就是这样，他自己也认识到了这种联系，并以自己的方式清楚地表达出来。

II

卡夫卡一生中的两个决定性事件，他本想按照他的方式特别隐秘地举行，却极为尴尬地发生在公众面前：6 月 1 日在鲍尔家举行了正式订婚礼，六周后，即 1914 年 7 月 12 日，在阿斯坎尼舍法庭上，订婚解除。可以看出，这两个事件的情感内容直接进入了他 8 月份开始写作的《审判》。订婚变成了第一章的逮捕，而"审判"发生在最后的"处决"那章。

日记中的一些段落使这种联系如此清晰，以至于有人可能会去求证一番。但是小说的完整性并没有因此受到影响。如果有必要提高其重要性，那么认真了解这本书信集是一个好的方法。还好没有这种必要，但是如果有人认为这毕竟是一种干预，这种担忧丝毫无损于这部小说的不断增长的神秘性。

约瑟夫·K 的被捕发生在一个他非常熟悉的公寓里。当时他还在床上，所有人最熟悉的地方，抓捕就开始了。这天早上发生的事情更加匪夷所思，因为一个完全陌生的人站在他面前，随即过来第二个人向他宣告被捕的消息。而这个消息却是临时的，真正的逮捕仪式发生在比尔斯特那小姐房间的守卫面前，在场的所有人，包括 K 自己，全都没有想到。他被要求为这一行为穿上隆重的服装。在比尔斯特那小姐的房间里，除了守卫和两个门卫，还有三个年轻人，K 不认识他们，或者很久以后才认出，他们是担任比他更高职位的银行官员。陌生人从对面房子的窗户向这边张望。至于逮捕的理由并没有给出，最奇特的是，虽然宣布了逮捕，他却获许去银行工作，并且可以继续自由活动。

正是这种被捕后还活动自由的情况，让人首先想到了卡夫卡在柏林的订婚。当时卡夫卡感觉这事与他无关。他感觉受到束缚，仿佛置身于陌生人之中。前文引用过的日记里的这段话是："我觉得自己像个罪犯一样被捆绑。就算把我戴上真正的锁链，放在角落里，让士兵站在我面前，让别人这么围观我，也不会比现在这样糟糕，而这就是我的订婚礼……"这两件事之间共同的尴尬之处在于，都在大庭广众之下。订婚仪式上，两边家庭都在场——他一直觉得很难把自己和家人区分开——这让他比以往任何时候都要腼腆。由于家人对他的强迫，他把他们视为陌生人。在场的还有他真的还不认识的鲍尔家成员，以及其他陌生的客人，比如说格蕾特·布洛赫的哥哥，还有一些其他人，他可能匆忙见过一两面，但即使是有过交谈的菲利斯的母亲，他也从不觉得舒服。不过就他自己的家人而言，他似乎失去了认识他们的能力，因为他们参与过对他的暴力行为。

在逮捕约瑟夫·K时，也可以发现类似的陌生人与熟人的混合体。那个门卫和两个守卫是全新的角色；对面房子里的人，他可能见过，但是互不相干；还有他银行里的年轻人，虽然他每天都能看到，但是他们由于在场从而参与了逮捕行动，对他来说就成了陌生人。

更重要的是逮捕的地点，即比尔斯特那小姐的房间。她的名字和鲍尔的名字都以字母B开头，而格蕾特·布洛赫的名字也是以B开头。房间里贴着全家合影，窗户的把手上挂着一件白色的衬衣。抓捕时房间里没有女人，只有那件衬衣成为一个显眼的替身。

但是，在比尔斯特那小姐不知情的状况下闯入她的房间，这让K心里不安。他无法忘记在那里造成的混乱。晚上他从银行回家，与房东格鲁巴赫夫人谈论了这个问题。尽管早上发生了这样的事，她并没有对他失去信任。"这要看你的运气。"然后她说了些宽慰的话。"运气"这个词在这里听上去很特别，它是一个闯入者，它令人想起菲利斯的信，其中运气的使用总是模棱两可的，听上去好像同时意味着，而且尤其意味着"厄运"。K表示想为占用了比尔斯特那小姐的房间而向她道歉。格鲁巴赫夫人让他安静下来，并给他看了房间，那里的一切都已经恢复了整洁。"就连衬衣都没有挂在窗把上了。"天色已晚，比尔斯特那小姐还没有回家。格鲁巴赫夫人不由得对比尔斯特那小姐的私生活说三道四，内容颇有些刺激。K一直等到比尔斯特那小姐回家，在她房间里和她讨论早上的事情——有点违背她的意愿——描述时变得那么大声，隔壁房间传来重重的敲门声。比尔斯特那小姐感到丢了面子，很不高兴。K 亲吻了她的额头，似乎在安慰她。他承诺在房东面前承担一切责任，但是她不想听，并把他往前厅推。K "抓住她，亲吻她的嘴，吻遍她的脸，就像饥渴的动物用舌头去舔终于找到的泉水。最后他吻了她的脖子，也就是喉咙那里，他的嘴唇在那里停留了很久"——回到房间后，他很快就入睡了。"在入睡之前，他还回味了一下自己的行为，对此感到满意。但是他感到惊奇的是，没有能再满意一些。"

很难摆脱这样的感觉：在这个场景中，比尔斯特那小姐代表着格蕾特·布洛赫。卡夫卡对她的渴望强烈而又直接。这个逮捕的场景源于与菲利斯订婚的痛苦过程，现在被转移到了另一个女人的房间。K 在早上没有意识到任何罪过，但是通过他第二天晚上的行为，通过他对比尔斯特那小姐的袭击，他已经变得有罪，因为他"对此感到满意"。

因此，卡夫卡在订婚仪式上所处的复杂而难以摆脱的处境，在《审判》的第一章中以无比清晰的方式进行了阐述。他非常希望格蕾特·布洛赫能出席订婚仪式，他本人也对她在这样的场合所穿的裙子表现出兴趣。这条裙子变成了挂在比尔斯特那小姐房间里的那件白色衬衣，也不是没有可能。尽管在小说的后续情节中 K 没能与比尔斯特那小姐谈论那天发生的事情，她巧妙地避开了话题，让他很懊恼，而那天晚上的袭击，对于他们俩来说，仍然是一个心照不宣的秘密。

这也让人想起卡夫卡与格蕾特·布洛赫的关系。无论他们之间发生过什么，现在都已经是一个秘密。也无法假设，并没有任何迹象表明这个秘密曾经在阿斯坎尼舍的"法庭"上提到过。因为这涉及他对订婚的怀疑态度，他给格蕾特·布洛赫的信中，她公开披露的部分提到过菲利斯和订婚，而格蕾特与卡夫卡之间存在的真正的秘密，两人都没有提及。今天现存的这个书信集中缺乏任何可以澄清这一点的东西：显然，她的书信中有一部分已经被销毁了。

为了进一步理解对卡夫卡造成巨大打击的"法庭"是如何在《审判》中变成最后一章的处决，这里有必要引用日记和信件中的一些段落。7月底，他试图匆匆地临时记下事件的过程，可以说是从外部：

> 酒店里的法庭……菲利斯的面孔，她用手捋了捋头发，打了个哈欠。突然间她振作精神，说出一番经过深思熟虑、预谋已久、充满敌意的话来。回来的路上与 Bl. 同行……
>
> 和父母在一起。妈妈流下几滴泪。我朗读了讼词。父亲从各方面对它进行正确的解读……他们同意我的观点，没有什么要反对我的。天真无邪的恶魔。Bl. 小姐貌似有错……
>
> 为什么父母和姨妈要这样向我挥手？……
>
> 第二天没有再去找父母，只是派人送去了拉德尔混合啤酒和一封告别信。信写得没有诚意，也很轻浮。"不要把我想得很糟。"来自行刑地的讲话。

于是，事情过去两周后，7月27日，"处决地点"已经在他的脑中形成。随着"法庭"这个词的出现，他已经进入了小说的范畴。有了"处决地点"，他的目标和结局就已经可以预见。这样早早确定目标是很值得注意的，它解释了"审判"过程展开的确定性。

在柏林，**有个人**对他"好得胜过一切"，他永远不会忘记，那就是菲利斯的妹妹艾尔娜。在7月28日的日记里关于她有这样一段话："我想起了 E. 和我从电车站走到莱尔特火车站的那段路。没有人说话，我满脑子没想别的，只想着每一步都是我额外的收获。E. 对我很好，不可理喻地信任我，尽管她在法庭上已经见过我。我甚至到处可以感觉到这种信任的影响，但是我并不相信这种感觉。"

当一切结束后，艾尔娜的善良和父母神秘的挥手，浓缩在《审判》的最后一页，快到行刑前，成为所有读过的人都不会再忘记的精彩至极的段落。

　　他的目光落在采石场旁那座房子的顶层。看到灯光一闪，有扇窗户打开了，一个人突然从窗户里探出身子，伸出两只手臂；他离得那么远，那么高，看上去又模糊而又瘦弱。那是谁？一个朋友？一个好人？一个有同情心的人？一个愿意提供帮助的人？是一个人？还是所有的人？还有救吗？

（在原版里，后面还有几句："法官在哪里？高级法院又在哪里？我要说话，我举起双手。"）

　　卡夫卡在阿斯坎尼舍法庭没有为自己辩护。他保持了沉默。他没有认可头上的这个法庭，并通过沉默表达了自己的不认可。这个沉默持续了很久，他和菲利斯之间的联系中断了三个月。但是他有时候会给她的妹妹艾尔娜写信，她信任他。10月份格蕾特·布洛赫回想起自己的调解人角色，试图为两人继续建立联系。她给他的信没有保存下来，但是他的回信保留了。"虽然您说，我恨您，"信中这样写道，"但事实并非如此……虽然您在阿斯坎尼舍庄园作为法官坐在我的上方——这一幕对于您、对于我、对于大家都是可恶的——但是这只是表面现象，实际上我坐在您的位置上，至今没有离开。"

　　我们有理由把最后这句话理解为自责，这种自责很早就开始了，永远也不会结束。但是我认为，它的意义并没有穷尽。在我看来，更重要的是，他把格蕾特·布洛赫从她的法官位置上移开，他把她赶下台，然后自己占据了她应有的位置。并没有他认可的外在法庭，他就是他自己的法庭，他才是那个法官，而且法庭会常开。对于她的篡权，他没有说什么激烈的话，只是说了句"貌似如此"，但是对她的假设的"看透"，似乎她从未真正坐上过那个审判席。他没有用强力来排挤她，只是证明她那是幻觉。他拒绝与她斗争，但是他高贵的回答掩盖了一点，就是他对她让步的程度很低，就连斗争的仇恨都没有。他意识到，只有他才可以对自己进行审判，其他人无权进行；当他写这封信时，他的审判还远未结束。

十四天后，他在给菲利斯的第一封很长的信中写道，他在阿斯坎尼舍法庭不是出于蔑视而沉默的——这是一个很没有说服力的说法。因为在下一句里他就写道："你所说的，是那么清楚，我不想重复，但是有些事情应该不是在私底下可以说的……我现在也不再反对你带布洛赫小姐前来，我在给她的信中几乎贬低了你，可以允许她在那里。但是你让我几乎不认识的你妹妹也同去，这一点我不理解……"

这个事情的结果，订婚解除，如他所愿，他对此只能感到轻松。但是令他震惊、令他深感羞愧的，是这个过程的对外界公开。这种羞辱的严重性只能用他的骄傲来衡量，在他身上聚积，承载着"审判"并全部写进了最后一章。K沉默着、几乎毫不抗拒地被带去处决。贯穿整个小说的顽强抵抗，他突然完全放弃了。穿过城里的道路就是所有以前被视为抵抗的道路的总结。"这时，比尔斯特那小姐出现在他们的眼前；她从一条低洼的小巷出来，从通往广场的台阶走上来，看样子确实很像她，但也不完全肯定就是她。"他迈开脚步，现在确定了方向。"他循着前面那个小姐所走的方向走去。这并不是说他要追赶上她，或者说要尽可能久地不让她从自己的视线中消失，而仅仅是为了不忘记她的出现便意味着向他敲响了警钟。"这是对他的秘密和他从未表达过的罪责的警告。这与逃避他的法庭无关，与他毫不知情的指控无关，但是却在最后一次散步时加强了他放弃抵抗的决心。而刚才提到的羞辱则持续得更长，一直到最后的几句：

"但是，一个人已经用两手扼住了K的喉头，另一个则把刀刺进了他的心脏，而且转了两转。K瞪着双眼，看着面前这两个人彼此脸颊紧贴靠拢在一起，注视着这最后的判决。'像一条狗！'他说，仿佛他的死，要把这耻辱留在人间。"

最后的屈辱是处决的公开，近在面前的两个刽子手彼此脸颊贴着脸颊，紧紧地靠拢在一起，注视着这个判决。K 瞪着的白眼，见证着他的公开处决。他最后的念头是耻辱，足以被他的死留在人间，而他说的最后一句话是："像一条狗！"

1914 年 8 月，如前文所述，卡夫卡开始写作。他在三个月内每天全力投入写作，只错过了两个晚上，他后来在一封信中不无骄傲地提到了这一点。这段时间他主要创作《审判》，这是他真正的推动力。但是他也同时写作了其他作品，因为他显然无法不间断地写作《审判》。8 月他开始写《回忆卡尔达火车站》，这个作品后来没有完成。10 月他请了十四天假，想把这部作品继续完成，但是结果他在这期间写下的是《在流放地》和《美国》的最后一章。

就在这个假期里，女人们已经在尝试恢复与他联系了。他收到的第一封信来自格蕾特·布洛赫：前文已经引述过他对此的回信，这个回复"看上去毫不让步"。他在日记里记下了这件事，并指出："我知道我会一直孤独，这是命中注定的。"他想到了他对菲利斯的反感，"看到她跳舞时，眼睛死死地低垂着，或者快要离开阿斯坎尼舍庄园时，手划过鼻子，插入头发，以及无数个极其陌生的时刻"。但是他仍然在整晚玩味着这封信，写作陷入停顿，尽管他觉得自己有能力继续写。"她不回信，对我们大家都是最好的。但是她会回信的，而我会等待她的回信。"

就在第二天，抵抗和诱惑都增加了。他安静地生活着，与菲利斯没有任何真正的联系，梦见她就像梦见一个永远不可能复活的死人一样。"现在我有了一个接近她的方法，她又成了整个的中心。我想她也干扰了我的工作。最近，当我有时想到她时，她对我来说，怎么好像变成了我所见过的最陌生的人……"

"整个的中心"，这是他真正的危险，她不可以变成这样，这是他不能结婚的原因，她不可以，任何其他人都不可以。她一直想要的公寓，这就是她，成为关注的中心。他只能成为自己的中心，永远那么脆弱。他的身体以及头脑的脆弱性是他写作的根本条件。尽管他经常看起来好像在努力寻求保护和保障来对抗这种伤害，但是所有这些努力都是欺骗性的，他需要他的孤独**不受脆弱状态保护**。

十天后，格蕾特·布洛赫回信了。"我完全没法决定该如何回复。我的想法是如此卑鄙，以至于我都不能把它写下来。"

他所谓的"卑鄙的想法"，在他这里凝聚成抵抗，这次的力量不可低估。10 月底他给菲利斯写了一封长信，提前发送了电报通知她。这是一封极为疏远的信，里面几乎没有一个抱怨，以他的标准，会令人觉得这封信很健康，有挑衅性。

然而，他并没有想到要给她写信——在阿斯坎尼舍庄园，信件和一切文字材料的无用性已经变得非常清楚。比起以前的信，他更冷静地向她解释，他的作品必须全力捍卫自己，以对抗她这个最大的敌人。他描述了他目前的生活，他似乎对这种生活并不满意。他独自住在他大姐的公寓里（因为他的姐夫在打仗，她住在他的父母那边）。在这安静的三个房间里，他独自一人，不与任何人接触，甚至不与他的朋友会面。在那年的最后一个季度，他每天都在写作。那天只是他没有写作的第二个晚上。他不高兴，当然不高兴，但他有时满足于在这种情况下尽其所能地履行自己的职责。

他说这是他自己一直向往的生活方式，但是她却用嗤之以鼻来看待这种生活观念。他向她列举了她透露出这种反感的所有场合，而最后一次也是最关键的，是她在阿斯坎尼舍庄园的爆发。他有义务监管自己的工作，而从她的反感中，他也意识到了最大的危险。

他详细谈到了他们在住所方面的分歧，作为他们之间沟通困难的具体例子。"你想要的东西不言而喻：一个安静的、陈设宁静的、适合家庭居住的房子，就像你和我这个阶层的其他家庭那样。但你对那个房子的想法意味着什么？意味着你同意其他人的观点，但不同意我的观点……其他这些人，当他们结婚时，几乎已经被满足了，婚姻对他们来说只是最后那个伟大、美丽的小菜。但是对我来说却不是，我没有建立一个公司，来把我的婚姻一年一年向前推进。我不需要最终的住所，在它有序的安宁中来运行我的这个生意——我不仅不需要这样一个住所，它还让我害怕。我是如此渴望工作……但是我这里的情况却与我的工作背道而驰，如果我在这种情况下按照您的愿望来设置一套住房，这意味着……我试图把这种情况变成终生的，而这于我是可能发生的最糟糕的情况……"最后，他还为自己与她的妹妹艾尔娜通信进行了辩护，明天他将给她写信。

　　11 月 1 日，卡夫卡的日记中还包含了一个极不寻常的句子："今天一整天很有自我满足感。"这种自我满足也许指的是那封他现在很可能已经寄出的长信。他已经与菲利斯重新联系，但在任何事情上都没有向她屈服。他的立场现在是明确而坚定的，尽管他有时会对此表示怀疑，但在很长一段时间内他的立场都会保持不变。3 日，他记录了"自 8 月以来我根本没有写任何东西的第四天。都怪写信，接下来我将尽量不写，或者只写很短的信"。

　　所以令人不安的是他**自己的**信件。这是一个非常重要和有洞察力的认识。只要他还在致力于把"审判"从菲利斯身上剥离出来，他就很难再这样详细地向她求助。小说只得陷入困境；随着对他们关系的每一次仔细观察，他又滑向了开始写小说之前的时期：这样做仿佛是在破坏他的根基。所以从现在开始他避免给她写信，在接下来的三个月，直到 1915 年 1 月底，都没有发现他的信。他试图全力以赴地坚持他的写作；他并不总是成功，但他决不放弃。12 月初，他给朋友们读了《在流放地》，"不算不满意"。作为这一天的结果，他记录道："尽管失眠，还有公司的工作，但还是要继续写作，这一定是可能的。"

12 月 5 日，他收到艾尔娜的关于她的家庭状况的一封信，由于几周前她父亲的去世，家庭状况严重恶化。卡夫卡认为自己是家庭的破坏者，此外，他觉得自己在情感上完全脱离了家庭。"只有破坏才产生效果。我使菲利斯不快乐，削弱了现在如此需要她的所有人的抵抗力，导致了父亲的死亡，使菲利斯和艾尔娜不和，最后使 E. 也不快乐……我在这整个内部受到的惩罚够多了，我对家庭的态度也该受惩罚了，我也遭受了这样多的痛苦，永远无法从中恢复过来……但目前因我与家庭的关系而令我遭受的痛苦很少，至少比菲利斯或艾尔娜少。"

他把所有的责任全部归咎于自己——他，整个鲍尔家族的破坏者——所产生的效果，正如所预料的那样，是一种令人放心的效果。这里面没有涉及他对菲利斯的行为的细节；在这个家庭的状况总体恶化的情况下，所有个人的事情都会浮现出来。在整整六个星期里，直到 1 月 17 日，菲利斯和艾尔娜，以及这个不幸家庭的其他成员，都没有出现在日记或信件中。12 月，他写下了《审判》中的《在大教堂中》一章，并开始了两部新小说：《巨鼹》和《副检察官》。12 月 31 日，日记中有对过去这一年成就的回顾。这完全违背了他的习惯，让人觉得被带到了赫贝尔的日记中："从 8 月就开始写作，总体看来写得不少，也不算差。"在总结了一些他自身难免的局限和自我告诫后，他提到了目前正在写作的六个作品的清单。由于对他的手稿的情况缺乏了解，我很难确定，《审判》在这个时期已经写了多少，肯定已经有相当大的部分。无论如何，这份清单令人印象深刻，我们可以毫不犹豫地把 1914 年的最后五个月称为作家创作的第二个高峰时期。

1915 年 1 月 23 日至 24 日，卡夫卡和菲利斯在边境的博登巴赫会面。就在会面前六天，关于这个计划的一些描述才出现在日记中。"我会在星期六见到菲利斯。也许她爱我，但是我不配得到这份爱……前段时间我一直很自满，为了自我辩护和自我主张，对菲利斯提出很多异议……"三天后，日记里写道："写作结束。它什么时候能再度接受我？我是在何等糟糕的状态下见到了菲利斯……无法为会面做准备，而上周我对此事的重要想法还与我如影随形。"

　　这是自"法庭"以来，他与菲利斯第一次再见面，她给他留下的印象很难比这更难堪了。由于《审判》已经很大程度上脱离了她，所以他看待她越来越疏远，越来越自由。然而，"法庭"在他身上留下的痕迹却被证明是不可磨灭的，他在给她的信中有所克制，但在日记中则毫不留情地记录了他对她的印象：

　　　　每个人都默默告诉自己，对方是个绝不动摇、毫不留情的人。我绝不会放弃对专为我的写作设计的美妙生活的要求，她会直接反对所有默默无言的请求，她想要的是平庸的生活，舒适的住所，她感兴趣的是工厂，丰富的食物，晚上 11 点睡觉，有供暖的房间，调我的手表，因为这只表在过去三个月里走快了一个半小时。

　　　　我们在房间里单独待了两小时。我只感到无聊和绝望。我们还未曾共同度过一段让我在其中自由呼吸的美好时光……我也给她朗读过，但是那些句子却被弄得一团糟，与这位听众也毫无关系，她闭着眼睛躺在长沙发上，一言不发地听着……我的判断是正确的，也被认为是正确的：每个人以另一个人本来的样子去爱对方。而以他的样子，他觉得不能和这样的人一起生活。

　　她最敏感的干预是针对他的表。他的表与其他人的表工作方式不同，这对他来说是一块小小的自由。她把它调整到真实的时刻，毫无防备地破坏了这种自由，去适应她的时间，即办公室里、工厂里的时间。但上一句中的"爱"字听起来像是在打脸；它也可以是"恨"。

　　通信的性质从此彻底发生了改变。他无论如何都不想重新陷入旧的写作方式。他小心翼翼地避免让她再次卷入《审判》，而剩下的部分与她几乎没有任何关系。他决定每两周给她写一封信，但也没有坚持下去。在本卷书所包含的 716 页信件中，580 页是截至 1914 年底的前两年的通信，而 1915—1917 年这三年的信件加起来不超过 136 页。这一时期的少量信件已经丢失，但即使它们没丢，也不会对这个比例有多大的改变。从这时候开始的通信比以前少得多，也简短得多，他开始使用明信片，1916 年的大部分通信都是用这种明信片。使用它们的一个实际原因还在于，它们更容易通过战争期间奥地利和德国之间存在的审查制度。语气变了，现在经常是菲利斯抱怨他不写信，索要的人现在总是她，而他是防御者。1915 年，在《观察》出版两年后，她甚至读了这本书，奇迹中的奇迹。

在博登巴赫的会面可以看作卡夫卡与菲利斯关系的一个分水岭。一旦他像看待自己一样无情地看待她，他就不会无助地被她的想法所摆布。在"法庭"之后，他就把对她的想法搁置起来，因为他清楚地知道，她的一封信随时都可能让他的想法再次涌现。但由于他获得了再次面对她的勇气，他们之间的权力平衡发生了转移。这个新的时期可以称为**修复**期。他曾经从她的能力中汲取力量，现在却想把她变成另一个人。

有人可能会问[1]，一个自我逃避达五年之久的故事，真的这么重要，值得人们这么细致地去了解具体细节吗？人们对一个作家所发生的兴趣可以很广，当然，只要证据像现在这么丰富，就可以从中找到可供参考的材料，弄清其内在联系，那么我们就会跃跃欲试。证据越是充分，观察者的胃口也就越大。自认为对一切事物有标准的人几乎对许多新事物还不了解，在自我认识上进步极少，对每一个新理论都不加领悟，视若

1　从此处至第 302 页"泰初有为"引自《论卡夫卡》之《另一起诉讼——卡夫卡致菲利斯的信（节选）》，宁瑛译，中国社会科学出版社，1988 年。其中略有改动。译者注。

无睹。只有个别人继续将不带偏见的具体研究深入下去。因为长久以来就是如此，最能够提出新见解的人，在任何情况下都是独一无二的幸运者。然而对卡夫卡来说更是如此，每一个接近他私人生活领域的人都感觉到这点。一个无能为力的弱者拼命想逃脱各种形式的权力的控制，这种顽强的精神和不懈的努力使人深为感动。在进一步叙述卡夫卡和菲利斯的关系之前，不妨先看看他的脑子里是怎样充满**这样一种**现象的，即我们时代的现象变成了最突出、最可怕的怪事，在所有的作家中，卡夫卡是对权势了解最透彻的专家。他经历并描写了权势的各种形态，各个方面。

他的一个核心主题是侮辱，这也是最易为人考察的主题。在可以说是他的第一部作品的《判决》中就很容易看到这个主题。《判决》写的是两种彼此相互依存的侮辱，父亲的和儿子的。父亲假想中感到自己受到儿子的阴谋活动的威胁。他从床上坐起来，觉得和儿子比起来，自己比原来高大了许多，在对儿子的指控词中，他拼命想把他的屈辱感变成其反面——对儿子的侮辱，于是他判处儿子溺毙。儿子不承认这个判决的合法性，却服从了这个判决，承认这个要他付出生命代价的巨大侮辱。这个侮辱只严格地局限于对自己本身，它毫无意义，然而故事的力量正在于它的效果。

在《变形记》中，侮辱集中在人的躯体上。被侮辱的对象一开始就出场了，突然出现的不是那个赡养家庭的儿子，而是一只甲虫。在这个变形中他无法逃避地任人欺辱，仿佛全家都被动员起来去侮辱那只甲虫，开头还有点犹豫，但后来凌辱渐渐扩大，不断升级，渐渐地大家几乎都无可奈何地、迫不得已地参与进去。他们把开头已经进行过的行动又来一次，直到这个家庭无可挽回地把儿子格里高尔·萨姆沙变成了一只甲虫，又把这个甲虫变成社会关系中的一只可怜虫。

小说《美国》也不乏屈辱的例证，但它不是用如此耸人听闻或非理性的怪诞方式表现出来的。凌辱也包含在对那个大陆的想象中，小说就以这块大陆的名字命名。罗斯曼由于他叔父的关系突然走运又同样突然垮台的经历足以作为其他类似情形的例子。新大陆生活的艰辛通过它巨大的社会动荡得到补偿，被凌辱者总还抱着一丝希望，在每一次跌跤之后都有可能出现一次奇迹。罗斯曼所遭遇的一切都不是命定的最后结局。因此这部书是卡夫卡作品中充满希望的、最不令人惊吓迷惘的作品。

《审判》中描写的凌辱来自上面那个机构，这个机构比《变形记》中的家庭要复杂得多。法庭，只要它一旦被发现，就立即缩回，隐入神秘之中来对人进行凌辱，无论怎样努力也无法接近它。这种努力的脆弱性反映出一切挣扎都是毫无意义的、徒劳的。被追索的每一个踪迹都显得模模糊糊。本来应该是法庭作为立案根据的是否有罪的问题却变成了非实质问题。是的，只是因为一再想办法来找到法庭，所以才有了罪。除此之外，存在于人与人的关系中的基本主题——凌辱还表现在某些个别插曲中。画家提托雷利那一场，以一群小姑娘嘻嘻哈哈的戏谑开始，到展览和出售同样的画片，这时 K 却由于狭窄的画室空气稀少而感到几乎要窒息。K 也不得不旁观别人受凌辱。他看见商人勃洛克怎样跪在律师的床前，变得像一条狗一样，就连这样，也像其他那些场合一样，最终是徒劳的。

关于《审判》的结尾，关于不敢公开处决，前文已述。

在这个意义上狗的形象在卡夫卡作品中一再出现，就是在涉及他生活事件的信中也有。关于 1914 年初的那一事件，他在给菲利斯的信中这样写道："……每当我在动物园里跟在你身后跑着追你时，你总是正准备走开，我则正要扑上去……这样深的屈辱，狗都没有经受过。"《在流放地》第一段末尾，作者用下面一句话概括了那些被绳索捆绑了好多圈的罪犯的样子："不论从哪方面看，这个罪犯都很像一条听话的狗，使人简直以为尽可以放他在周围山坡上乱跑，到行刑前只需打一声口哨就可以把他叫回来了。"

卡夫卡后期写的《城堡》使他的作品达到了一个新的广度。广度在此主要是指作品表现的人之完整，展现出世界之丰富，而不是指景物的宽广。在这部书中也同在《审判》中一样，权力把自己**隐蔽**起来。克拉姆、官僚等级体制、城堡。人们看见了它们，但是又没有把握是不是真的看见了。迁到城堡山脚下的无能为力的人们与官员们的关系实际上是**对上层孜孜以求的期待**。从来没问过这个凌驾于一切之上的机构存在的原因，但凡是从那里发布下来传到普通老百姓中的指令，都是统治者对下层的凌辱。唯一的一次反抗统治的行动是阿玛利娅违抗一个官员的意志，结果全家被驱逐出村子。作家的同情在徒劳地期待着的被凌辱者一边，而对为所欲为的上层则深恶痛绝。在《城堡》中可能有许多可以认为是宗教狂热的东西，但是那种**赤裸裸的**不可抑制地对上层的执念已令人无法理解。书中没有写出比较明确的对上层凌辱、奴役群众的指责，不管是把它看成更高的或者只是尘世间的权力象征。因为**一切**统治者在此合为一体，显得十分可鄙，信念和权力崩溃了，二者的作用已值得怀疑。那些做梦也没想到还可能有另外一种生活方式的牺牲者们的恭顺，却会把虽然大半已失灵、但仍流行的乌七八糟的思想意识毫不触及的那些人，造就成愤怒的反抗者。

卡夫卡从一开始就站在被凌辱者一边。许多其他人都这样做过，且为了成就某种事业而和别人结盟。这种团结所给予他们的力量不久就被每日每时到处发生、永无止境、突如其来的凌辱所消除。卡夫卡抓住这类似的每一种经验，但又和其他人的经验分开。他不是通过把自己的经历讲述出来以摆脱这种经验；他顽强地保护它们，仿佛它们是他最重要的财产——可以把这种固执说成是他的天性。

像他这样敏感的人也许并不怎么罕见，较罕见的是，当他的敏感以离奇的方式表现出来时，他的反应却大大减缓。他常说，他记性不好，但是实际上他从未忘记过什么。从他纠正和补充菲利斯对早年经历的不大准确的记忆就可以看出他的记忆力极好。不同的只是他不能每时每刻都自由支配自己的记忆。他的固执妨碍他回忆，他不能像其他作家那样不负责任地任意玩弄回忆。这种固执性要遵循它自己强硬的规则。可以说这种固执精神有助于他加强自己的自卫力量。这种固执性使他能够不立即服从命令，使人感觉出它的刺，仿佛他是服从了，但然后却是利用它来更加强自己的反抗力。如果到最后他终于顺从了，那已经不是服从那同一个命令，因为由于时间的关系，他已摆脱了原来的命令，这样磨来磨去，左思右想，于是就把命令的危险性减弱并解除了。

　　了解这个过程需要更详细的观察，本来也应通过具体的实例加以说明。我只举一个例子：他固执地拒绝吃某些菜肴。他有很长时间住在家里，但从不向家里的饮食习惯让步，对待家里的饮食习惯就如同对待一个他必须抗拒的命令。于是他坐在父母的餐桌旁，却坚持自己的饮食习惯，为此惹得父亲大发雷霆。饮食习惯上的顽固性给了他在其他情况下的抗拒的力量，也给了他抗拒他人的力量。这一特点在他反对菲利斯宿命论的婚姻观念的斗争中起了主要作用。他一再保护自己，抵御菲利斯期望在他身上发生的顺从性。但是婚约几乎还没取消，他就开戒吃肉了。在柏林的"法庭"之后不久，他曾在波罗的海浴场稍事停留，他从那里写给布拉格的一位朋友的信中怀着厌恶的心情描述了他大啖肉食的情形。就在几个月后给菲利斯的一封信中，他已得意地报告，他怎样在刚刚解除婚约后就和菲利斯的妹妹一起去吃肉。他说，要是她——菲利斯当时在场的话，他本来会点炸杏仁这道菜的，他后来就是这样执行这个已经不再是强制性的"条规"的，因为这时他已不再处于菲利斯的压力之下了。

　　卡夫卡的沉默寡言，他对于秘密的偏爱——在最好的朋友面前也保守秘密，可以看作锻炼顽强精神的必要练习。他并不总是有意识地保持沉默，但是每当他的《审判》或《城堡》里的人物长篇大论地为自己辩护时，人们就觉得是卡夫卡自己的话匣子打开了，他找到了语言。平时他的固执阻止了他多谈，而在此，他那些化了装的人物的口突然给了他讲话的自由。这不是人们熟悉的陀思妥耶夫斯基式的忏悔，这是另一种温度，度数要低得多，它压根儿就是结晶的东西；它更像是弹奏一件只能发出一定的音响、声音清晰的乐器时表现出的娴熟技巧——一位严格但是独特的大师的娴熟技巧。

用其他平常的解释都无法说清楚的反抗父亲的故事就是这种固执抗命的早期历史。关于这一点已有许多说法，但似乎都未说中。人们本来可以期待卡夫卡本人对心理分析表示一个十分明确的态度，这样做至少可以使他摆脱那些分析的狭窄范围。对他父亲的斗争从本质上说不是别的，就是反对专权的斗争。他的仇恨是对着作为一个整体的家庭，父亲则是这个家庭中最有权力的一部分；当危险危及自己的家庭时，反对菲利斯的斗争也就是出于同样的因由，具有同样的性质。

应该再回忆一下他在阿斯坎尼舍庄园的沉默，那是说明他的固执最有启发性的一个例证。他不是像其他人那样做出反应，面对别人对他的污蔑，他没有以反控告来还击。在衡量他敏感的程度时，几乎可以毫不怀疑，他能把人家反对他而说的一切都听出来，感觉出来。这儿用一个相近的词来表达，就是说他并未把受到的污辱"排除"掉。他保留在心里，但是他知道得很清楚，他常常感到这点，这个想法常常闯进他脑子里，以至人们准把他的沉默看成排除的反面。暴露了内心效果的每一个表面反应停滞了。他用这种方式保留下来的乃是锐利如同刀子一样的感情，迫使他滥用这把刀子的，既不是怨恨也不是仇恨，既不是激怒也不是复仇欲，那是与激情无关的一种独立的东西。他却还是用克服内心冲动的办法逃避权力。

要不是卡夫卡本人不顾"权力"（Macht）这个词的多义性而大胆使用，那真得要为这么天真地使用这个词而道歉了。这个词在他的作品中在极不相同的场合下多次出现。好在他忌讳那些"大"的、含意过于丰富的词语，所以他没有出过一个"修辞学"著作，读他的作品的人也因此经久不减。那些几乎被所有的文学作品都用旧了的词，对他却始终丝毫无损。但是他从不怕用"权力"和"强有力的"（mächtig）这两个词，这两个词属于他从未回避使用的、不可避免的词。从一切地方，从作品、日记、书信中，凡是这两个词出现的地方，发现和研究这两个词可能是有益的。

不仅是词汇，而且词汇中包含的多层含意，他都极其大胆、明确地表达出来。因为他惧怕任何形式的权势，因为他生活的真正要求在于逃避一切形式的权力，他就到处都感觉到权势的存在，认出它、提到它或在作品中表现它。而其他人只愿意把那看作自然而然的现象接受下来。

《乡村婚礼筹备》一书中有一段记载，用八句话勾勒出一幅可怕的世界图像，表现了权势的兽性：

> 我手无寸铁地面对着一个形体。他安静地坐在桌旁望着桌面。我围着他绕圈子。感到自己被他扼住喉咙快要窒息了似的。第三个人围着我转圈子，觉得被我扼住。第四个人绕着第三个人走，感到被他卡住喉咙。就这样持续下去直到星辰运行到宇宙之外。万物都感到被卡住了脖子。

扼住喉咙的威胁来自内心深处，它在这儿迸发出来，一种扼杀的重力一圈套一圈地连在一起，"直到星辰运行到宇宙之外"。由毕达哥拉斯的天体和谐论发展出一个范围权限论，在这个变化过程中人的重心占统治地位，这些人中的每一个单个人构成他自己的范围。

他感到牙齿的威胁是如此严重，只是单个儿的牙齿就把他"咬"住了，不用整个两排牙齿把他夹住。

> 这是很普通的一天；他对我露出牙齿；我也被牙齿攥住，逃脱不了。我不知道牙齿怎样捉住我的，因为牙齿并未合上；我也没看见咬住的两排牙齿，而只是这儿几颗，那儿几颗。我想紧紧地抵住它，从上面跃过去，但没有成功。

在给菲利斯的一封信中他找到了"直立的恐惧"这个令人惊愕的词组。他向她解释她的一个梦，由于他的解释，就不难披露了梦的内容：

> 相反，我想给你解释你的梦。如果你不是躺在地上，和小动物躺在一起，你也就不能看见布满星辰的天空，你也不会得到拯救。你可能也根本经受不住那直立的恐惧。对我来说也一样，这是一个共同的梦，你为我们俩做的梦。

必须和动物躺在一起，才能被救赎。直立是人优越于动物的权力，但是正是由于他那一目了然的位置，人被暴露在外，看得见，成为目标。因为这种权力同时也是罪过，只有躺在地上，躺在动物中间，人们才可以看到星星，看见那使一个人免于人的权力之恐惧的星星。

卡夫卡作品中最明显的地方证明了人对于动物的这种罪过。以下一段话引自小说集《乡村医生》中的《一片枯叶》一文：

> 近来屠户想，他至少可以省去一道屠宰的麻烦，早上带一头活公牛来。他不能再重复这么干了。我在我的作坊最里面大约躺了一个钟头，平躺在地上，把我所有的衣服、被子、垫子都一股脑儿地堆在身上，只是为了听不到牛的吼叫声。那些游牧民从四面八方向牛扑来，为了用牙齿从牛身上撕下一块热乎乎的肉来。还没等到我敢于起身离开，早已沉寂下来了；他们像醉鬼围着酒桶那样精疲力尽地瘫倒在公牛的残骸旁。

"早已沉寂下来了……"人们能够说，小说家逃脱了这无法忍受的折磨，是由于这公牛吼叫后并没有寂静下来。他又重新找到安静了吗？这只是卡夫卡个人的立场，但是世界上所有的衣服、被子、垫子也不能永远堵住耳朵使人听不到动物的吼叫。如果这次逃脱了，那么过一会儿又听得见，因为吼叫从未停止过；这里卡夫卡使用"逃脱"这个词是很不确切的。他的"逃脱"意味着他在寻求安静，他不想听到别的声音，听到的只有恐惧。

在处处与权势对峙的情况下，他的固执有时给他提供了拖延的可能。如果这种顽强性不够或者不起作用，那他就**逃掉**。他的身材瘦弱也帮助了他，大家知道，本来他常为此感到受歧视。他通过缩小躯体**躲避**权势，用这种办法少沾权势的边，这种苦行主义也是针对权势的。他对于销声匿迹的嗜好表现在他与名字的关系上。在他《审判》和《城堡》中，他把名字简化为第一个字母 K。在给菲利斯的信中名字越缩越小，最后完全消失了。

最令人吃惊的是他如此驾轻就熟地掌握的另一种手法：变化成小动物。这种手法通常只有中国人堪与媲美。因为他害怕暴力，但是又不相信自己有抗拒暴力所需要的力量，因而他用使自己在强者看来越缩越小的办法来扩大自己与强者之间的距离。通过这样收缩，他赢得了两点：他躲开了威胁，因为他对强者来说太渺小了；同时他又使自己从一切争夺权势的卑鄙手段下解放出来。他最喜欢变成的小动物都是无害的。

他早年写给布罗德的一封信十分清楚地指出了这种非同寻常的本领产生的渊源。信是 1904 年写的，当时卡夫卡二十一岁；我会把这封信叫作"鼹鼠信"，并摘引出对理解卡夫卡的变小所需要的一段。但是我还得先说一下他更早一年给一位年轻朋友奥斯卡·波拉克信中的一句话："人们尊敬鼹鼠和它的样子，但是可不要使它成为他们的圣者。"这种情形还不很多，但至少是：鼹鼠第一次出场。在"它的样子"这几个字中已经可以体会到一种特殊的音调，还有在但愿人们"不要使它成为他们的圣者"的警告中不可忽视他对以后的意义的暗示。下面即是他给马克斯·布罗德的那封信中的话：

我们像只鼹鼠那样挖掘，浑身漆黑，毛茸茸地从埋住我们的沙丘中钻出来，我们可怜的小红脚向外伸出，招人怜爱同情。一次散步时我的狗抓住一只正要跑过大路的鼹鼠。狗一再向它扑过去，后来把它放开了，因为它过于幼小、胆怯。开始我觉得挺好玩，鼹鼠的紧张使我特别开心，它这时正绝望地想在坚硬的地上找个洞钻进去，但是白费劲。突然，当狗又一次伸出爪子打它时，它叫起来，啲啲地哀号。这时我仿佛觉得——不，我什么也没感觉到，那只是一种假象，因为那天我的头那么沉重地低垂着，以至于到了晚上我惊讶地发现，我的下巴长到胸腔里去了。

也许还得补充一下，追赶鼹鼠的狗是卡夫卡的狗，他是狗的主人。对于那只吓得要死，拼命在硬地上找个洞救命的鼹鼠来说，他是不存在的，鼹鼠只怕狗，它的感官只对狗是敞开的。但是他，高高在上，由于他直立的姿势，他的高大，由于他对那只对他来说不成为威胁的狗的占有，他可以嘲笑鼹鼠绝望徒劳的行动。鼹鼠没想到可以向他求援，它还没学会乞求，它能做的只是小声哀号。这哀号是唯一感动了上帝的东西，因为这儿他就是上帝，就是主宰、权力的顶峰。在这种情况下，甚至上帝也现实化了，鼹鼠啲啲叫着，听着这叫声，他，旁观者也变成了鼹鼠；他用不着怕那只狗——他的奴仆，他就已体会到当一个鼹鼠是什么滋味。

出乎意料的叫声并不是向小"缩变"的唯一溶剂。另外的是"可怜的小红脚"像一双手似的向外伸出以博得同情。在1914年8月写的《回忆卡尔达火车站》的片断中有一个类似的例子，写一只垂死的老鼠的"小爪子"：

对付有时侵犯我的食品的老鼠，我的长柄刀就够用了。起初，当我对一切还感到好奇时，有一次我戳穿了一只这样的老鼠，把它抵在齐我眼睛高的墙壁上。对于较小的动物，只有把它放到齐眼的高度，才能看清楚它；如果你朝地上弯下腰去看它们，那么就会得出一种错误的不完整的印象。这类老鼠最引人注意的地方是爪子，爪子大，有点内空，但末端是尖的。爪子非常适于掘地。当它在我面前被吊在墙上做最后挣扎时，它那张开的爪子紧绷着，像是为它的求生的本能在斗争，那爪子很像向一个人伸出来的小手。

为了仔细看清较小的动物，必须把它放到与视线平行的高度：这就如同提高它们的身价，使它们与自己处于同等地位一样。而向下俯视，居高临下，会给人一个错误的、不完全的印象。把小生物抬高到与眼睛平行的高度时，人们也想到卡夫卡把这种生物放大的爱好：如《变形记》中的甲虫，《地洞》中鼹鼠一类的小东西。通过相反方向把动物放大，使他的"变小"方法变得更鲜明、更栩栩如生、更可信。

对于小动物，特别是对于昆虫的兴趣，也许只有在中国人的生活和文学中能找到可以与卡夫卡相比的例证。很早以来蟋蟀就是中国人最喜爱的一种小动物。在宋代就有养蟋蟀、逗蟋蟀的风气。比如人们把蟋蟀养在空核桃壳里，揣在怀中；核桃壳里铺上蟋蟀居住需要的东西。一只有名蟋蟀的主人让蚊子吸自己胳膊上的血，等蚊子吃饱了，就把蚊子撕碎，把碎块放到蟋蟀面前，以挑起蟋蟀们争斗的欲望。人们善于用一种特制的笔挑逗蟋蟀进攻，然后蹲着或趴在地上观看。表现出非凡勇敢的蟋蟀以中国历史上有名的元帅的名字命名。这时人们就以为这位元帅的灵魂此刻附在蟋蟀身上了。由于佛教的影响，对大多数中国人来说，相信灵魂转世托生是自然而然的事情。因此这种想象并不是不合情理的。全国都为皇帝寻找可以用来斗殴的蟋蟀，只要是有希望入选者都赏以重金。据说，当时宋朝被蒙古侵略，中国的大元帅趴在地上看蟋蟀相斗。当都城被围，兵临城下的危急消息传来时，他还舍不得离开蟋蟀，他得先看出谁胜谁负；都城陷落，大宋帝国也随之灭亡。

再早的唐朝，为了听蟋蟀的蛐蛐声，就把蟋蟀养在笼子里。但是人们把它拿到高处不知是为了在它发出声音时便于从近处更仔细观察，还是因为它极为珍贵，总是把它揣在怀里随身带着，然后再小心翼翼地从笼子里拿出来，人们总是像卡夫卡所介绍的那样，把它放到和眼睛平行的高度上。当蟋蟀相斗的时候，人和它处于平等地位，蹲着或趴在地上从旁观看。蟋蟀身上附着的是名将的灵魂，争斗的结局似乎比一个大帝国的命运更重要。

以小动物为主角的故事在中国流传很广，其中大多数讲的是蟋蟀、蚂蚁、蜜蜂怎样把一个人接纳到它们当中，像人那样对待他的故事。卡夫卡是否真的读过马丁·布伯写的《中国志怪和爱情小说》这本书，从给菲利斯的信中无法确知。（无论如何他提起这本书时总是称赞的，那正是他嫉妒其他作家而心情暴躁的时候。从他的不快可以看出，菲利斯自己已经买了这本书。）但是不管怎样他可以说他的一些短篇小说进入了中国文学之列。18 世纪以来欧洲文学一再采用中国的主题，但是卡夫卡是西方可以提出的从本质上说属于中国的唯一作家[1]。在一篇可能来自道家著作的记载中他自己总结道："小"者对他来说意味着"两种可能性：自己无限变小或维持原状。第二种是完成，即无为，泰初有为"。

我很清楚，这里只触及了卡夫卡作品中关于权力和变形的一小部分内容。只有在一本大书的框架内，才有可能努力做到完整或详尽，而他

---

1 为了支持这个观点，在这里想提一下，东方文学最优秀的现代专家阿瑟·韦利（Arthur Waley）也分享了这一观点，并在许多对话中进行了详细讨论。当然是出于这个原因，卡夫卡是他充满激情地阅读的唯一一位德语作家，他对卡夫卡就像对他自己翻译的白居易诗歌和《西游记》选本一样熟悉。在他的谈话中，经常谈到卡夫卡的"自然"道家，但也谈及他的仪式主义的特殊色彩，因此丝毫没有遗漏中国人的任何一面。对韦利来说，这方面的优秀范例是《拒绝》和《中国长城建造时》，但在这方面也提到了其他故事。

与菲利斯还将延续三年关系的故事，在这里要给它画上一个句号。

在关系比较枯竭的所有年份中，1915 年是最乏善可陈的。这是博登巴赫留下的标记；卡夫卡曾经付诸文字的东西，他写下的东西，很长时间内还会保持影响。起初，由于冲突，菲利斯还是收到了几封信，但间隔的时间较长。他会在信中抱怨自己的写作松懈——他的写作真的是结束了——抱怨他搬进的新房间里的噪音：他对这一点写得最详细，这些也是最引人入胜的段落。他发现越来越难以接受自己的公务员生活；在他对菲利斯毫不留情的责备中，最严厉的是责备她曾希望与他在布拉格生活。布拉格对他来说是不可忍受的，为了逃脱布拉格，他萌生了参军的念头。他认为自己受到战争的影响主要是因为他自己并没有入伍，但也不排除有朝一日会轮到他自己的可能。他很快就会被叫去参加体检，她应该希望他能如愿以偿地被征召。——但是，尽管一再尝试，却没有任何结果，他仍然留在布拉格的办公室里，"像笼中之鼠一样绝望"。

她给他送去了《萨拉姆博》，并写下了非常悲伤的献词。这让他读起来很不开心，这一次他尝试着写一封安慰的信。"一切都没有结束，没有黑暗，没有寒冷。你看，菲利斯，唯一发生的事情是我的信变得越来越少，越来越不同了。更频繁而又不同的信的结果是什么？你是知道的。我们必须重新开始……"

也许正是这种献词，促使他在五旬节与她和格蕾特·布洛赫在波希米亚瑞士[1]会面。这是他们两个人今年的唯一亮点。格蕾特·布洛赫的在场可能有助于这两天的顺利进展。两个女人一起对他进行的"庭审"所带来的恐慌，可能借此机会从他身上消散。菲利斯牙疼，他被允许去买阿司匹林，并"在走廊里向她当面示爱"。他从布拉格回来后立即给她写信，建议她应该见见他，看看他在漫长的旅途中是如何在丁香花中

1　波希米亚瑞士，位于捷克首都布拉格东北约一百公里处，是捷克著名的风景名胜区。译者注。

寻找着她和她房间的记忆。他在旅途中从未带过这样的东西，他不是花的朋友。第二天他写道，他担心自己在那里待得太久了。两天时间太长了。一天之后，人们可以很容易分开，但两天就已经建立了联系，再分开就会令人痛苦。

仅仅几周后，他们就在 6 月再次相见于卡尔斯巴德。这一次时间很短，一切都很糟糕。不清楚关于它的更多细节，但后来的一封信中提到了卡尔斯巴德和"实在令人厌恶的奥西格之旅"。此时距五旬节的亲密时光过后并不久，情况肯定特别糟糕，因为卡尔斯巴德被列入了最尴尬时刻的名单，紧随动物园和阿斯坎尼舍庄园之后。

从现在开始，他几乎不再写信，或者抵抗她对他沉默的抱怨。"你为什么不写？"他对自己说，"你为什么要折磨菲利斯？从她的卡片上明显可以看出，你在折磨她。你答应要写信却不写。你打电报说'信在路上'，但是信并没有在路上，而是两天后才写。这样的事情也许可以由女孩偶尔例外地做一次还差不多……"反转是显而易见的，他现在对她做的正是她多年前对他做的事情，而他提到允许女孩这样做，并不说明他没有意识到这一点。

从 8 月到 12 月，她没有收到他的任何消息，而当他偶尔再次写信时，几乎都是为了避免她要求见面的提议。"如果能一起会面就好了，但我们不应该那样做。那只会是一些临时性的东西，而临时性的痛苦我们已经受够了。"——"但如果我们把所有顾虑综合考虑的话，你还是不来为好。"——"只要我没空，我就不想被人看望，不想见你。"——"在见面之前，我警告你和我自己，好好想想以前的会面，你就不会再想了……所以不要见面了。"

最后那句引文已经是 1916 年 4 月的事了，从这封信的背景来看，听起来要严厉得多。如果不考虑 1915 年短短的五旬节插曲，他的抵抗在一年半的时间里已经加强了，我们看不出这一点将会如何改变。但正是在这年的 4 月，"马里恩巴德"这个词第一次出现在明信片上，并从那时起定期出现。他正在计划一个假期，想在马里恩巴德住上三个星期，并在那里安静地生活。此时更频繁地使用明信片。5 月中旬，他真的去了马里恩巴德出差，并随即在那里给她写了一封长信和一张明信片。

> ……马里恩巴德美得无法言喻。我应该更早地跟随我的直觉行事，直觉告诉我，最胖的人也是最聪明的人。因为你可以在任何地方减肥，甚至不用崇拜资源，但你要想在这样的森林里漫步，只能来这里。然而，由于寂静和空旷，以及对一切有生命和无生命的事物的接受，现在的美感得到了提升；另一方面，它几乎不受大风的阴天天气影响。我想，如果我是一个中国人，马上要回家的话（基本上我是中国人，要回家），我以后会要求重返这里。你一定会喜欢的！

我几乎引用了这张明信片的全部内容，因为它在如此短的篇幅内包含了许多他最基本的倾向和特质：他对森林的热爱，对寂静和空旷的偏好，对瘦弱的质疑和对胖子近乎迷信的崇拜。寂静和空旷，大风的阴天，对一切有生命和无生命的事物的接受性，都让人联想到道教和中国山水，所以据我所知，这里是他说自己"基本上我是中国人……"的唯一一处。最后那句话"你一定会喜欢的！"，是他多年来第一次真正尝试接近菲利斯，话中也体现了马里恩巴德的幸福时光。

关于共同度假的谈判——没有别的表述方式了——拖了一个多月，并以一种惊人的方式使通信活跃起来。菲利斯为了取悦他，甚至建议去疗养院。也许三年前在里瓦的疗养院的记忆，在她的脑海里暗中起了作用，他在那里与"瑞士女孩"的亲密关系对他来说是一种祝福。但他不喜欢这个建议，疗养院几乎等于"一个为身体服务的新办公室"，他更喜欢酒店。从 7 月 3 日至 13 日，卡夫卡和菲利斯在马里恩巴德共同度过了十天。

他把布拉格的办公室整理得井井有条堪称模范，他很高兴离开这里，如果是永别，他准备跪下来洗净从阁楼到地窖的每一级台阶，以这种方式表达告别的感激。菲利斯在马里恩巴德火车站接上他。他在一个丑陋的庭院房间里度过了第一个夜晚。但第二天他就搬进了巴尔莫勒尔酒店的一个"特别漂亮的房间"。在那里，他住在菲利斯的隔壁，他们有两边的钥匙。最初的几天，头痛和失眠很严重，尤其是晚上，他感到痛苦和绝望，他在日记中写道，他的感觉很糟糕。8日，他带着菲利斯在恶劣的天气中去泰普勒游览，但后来却度过了"一个非常轻松美好的下午"，这就是转折点，接下来与她一起度过了五天快乐时光。可以说他们在一起的五年中，平均每一年仅有一天。他在日记中写道："除了在楚克曼特尔，以及后来与里瓦的瑞士女孩在一起，我从未与女人有过亲密接触。和第一个女人在一起时，我还青涩懵懂；第二个还是个女孩，我手足无措。我和菲利斯只是在书信中熟悉，当面只认识了两天，并非那么了解，疑虑依然存在。但她温和的眼神真美，就像女性的深邃逐渐展开。"

在菲利斯离开前夕，他开始给马克斯·布罗德写一封长信，直到后来她已经离开，信才写完。

  ……但现在我看到一个女人信任的眼神，无法闭上眼睛……我无权拒绝它，更无权假装自愿把发生的事情当作没有发生，只为了再次接受这种眼神。我根本不认识她，但除了其他疑虑外，对那个写信人变成现实中的人的恐惧当时就阻止了我；当她到大厅里向我走来，接受订婚之吻时，我不寒而栗；与父母一道进行订婚考察对我来说是一步步的折磨。没有什么比在婚礼前与菲利斯单独相处更让我害怕的了。现在不同了，很好。我们的合同简而言之就是：战争结束后不久就结婚，在柏林郊区要两三个房间，各自在经济上照顾自己。菲利斯将继续像以前一样工作，而我，嗯，我，我还不能说……然而——

现在有了和平、确定性，从而有了生活的可能性……

……

……自从泰普勒的早晨以来，日子是如此美好和轻松，我从未想到我能够再次体验到这样的日子。当然，这中间也有阴暗的时候，但美好和轻松占了上风。

卡夫卡在他们假期的最后一天带着菲利斯去弗兰岑斯巴德，和她一道去那里看望他的母亲和他的一个姐妹。他晚上回到马里恩巴德，打算在那里再独自待上十天，他在酒店里的特别安静的房间却已经被租给了新的客人，他不得不搬到菲利斯那间吵闹得多的房间。因此，她离开后收到的第一批明信片又充满了抱怨，抱怨噪音、头疼和睡眠不好。

但是又过了五天后，他已经习惯了她的房间。现在，伴随着人们所熟知的延迟，一种温柔和幸福的感觉在寄给她的明信片中蔓延开来，仅仅因为它们的稀少，就把读者的心紧紧抓住了。在她已经离开后，他还留在他们共同的地方，这必须被认为是一种运气。他在马里恩巴德的树林里在同样的路上漫步，吃着他为增加体重预定的菜肴。晚上，在同样的酒店里，他坐在她的阳台上，在同一张桌子旁，在他们都熟悉的灯下给她写信。

这一切都写在明信片上，每天他都给她寄一张，有些时候是两张。第一张仍然以"我可怜的爱人"为标题，因为每当他叫菲利斯"可怜"时，他仍然感觉不好，他认为自己才是可怜的那个。"我用你的笔、你的墨水写信，睡在你的床上，坐在你的阳台上——本来也不错，但是通过简单的一扇门，我会听到走廊和左右两边房间里客人的噪音。"噪音仍然淹没了这里的一切，否则他也不会把"本来也不错"理解成之前被换了房间的后果。卡片最后一句写道："我现在要去戴安娜霍夫，边吃黄油面包边想你。"

在后来的一张明信片上，他告诉她，尽管失眠和头痛，但他正在长胖，并给她寄来了昨天的完整菜单。菜单上面，与她每天的时间完全呼应，列着他那里可以期待的东西，牛奶、蜂蜜、黄油、樱桃等，但在十二点钟的菜单那里，我们简直不能相信自己的眼睛："皇家炖肉、菠菜、土豆。"

所以他实际上已经放弃了对她的一些抵抗。这份带着爱意的菜单很重要。他长胖了，也吃肉了；因为他除此之外只吃他以前认可的东西，他们之间的妥协在于这些东西的数量和那个"皇家炖肉"。因此，在他们一起度过的马里恩巴德的日子里，他们也通过可以接受的饭菜拉近了彼此之间的距离，并相互和解。温泉疗养地的日常生活使卡夫卡平静下来，并消除了他对她的恐惧。在她离开后，他继续在同样的地方吃同样的东西，并把它作为一种爱的宣言传达给她。

但他也以一种不那么亲密的、更高雅的方式向她致敬："只要看看马里恩巴德最高贵的温泉客人，最受人们信赖的那位，我们根本不认识——贝尔泽拉比（Belzer Rabbi），现在可能是哈西德派的主要成员。他已经在这里待了三个星期。昨天，我第一次作为随行十人之一参加了他的晚间散步……你还好吗，我的马里恩巴德温泉的最高贵的客人？我还没有收到你的任何消息，只能靠那些关于古老道路的故事聊以自慰，例如今天我仍然要走在这条充满了秘密的林荫道上。"

有一次，他已经两天没有收到任何消息了，信中写道："老待在一起就会被宠坏，向左走两步就能有新消息。"某一天的第二张明信片上说："最亲爱的——我是不是又像以前那样写得太多了？我很抱歉。我坐在你的阳台上，坐在你的那一边，桌子的两边就好像是天平；我们美好夜晚的平衡被打乱了；而我，独自在天平的这一边，会下沉：下沉，因为你在远方。所以我给你写信……现在这里几乎是我想要的寂静：夜灯在阳台的小桌子上照亮，其他阳台都因为寒冷而空无一人，只有从恺撒大街上传来的均匀的杂音，没有打扰我。"

在那一刻，他摆脱了恐惧。他坐在她的那一侧，仿佛他就是她，但天平却因为她的远离而下沉，于是他给她写信。这几乎是他想要的寂静，夜里的灯光只在他的阳台上照亮，而这并不是冷漠，它是被冷漠接近。其他所有的阳台，都是寒冷和空旷的。街上传来的那种混沌的嘈杂声并不扰人。

在他还没有真正了解菲利斯时说的那句话，即恐惧与冷漠是他对人的基本感觉，早已经失效了。当他被赋予夜光的自由时，他也感受到了爱。"他们说，必须有人守望。必须有人在那儿。"

任何我们足够了解的生活都是荒谬的。如果更进一步了解它，它是严重而可怕的。当卡夫卡回到布拉格时，他开始做一件可以从两方面来看的事。他无法忍受在马里恩巴德之前对菲利斯的印象，他全身心地投入到改变它的艰巨任务中。很长一段时间以来，自从博登巴赫开始，他就看清楚了她，并毫无顾忌地责备她，就如她以前对他的折磨。但他只是零星地做了一下，而且没抱希望，因为他没有任何东西可以提出来改变她。在马里恩巴德，话题涉及了柏林的犹太人之家，那里收容着难民和难民儿童，菲利斯曾自发地表示希望在空闲时间去那里工作。他告诉她这件事时并没有任何期望或意图，当她"如此自由而深刻地理解了这个犹太人之家的想法"时，他很高兴。从那一刻起，他对她感到了希望，韧性在他身上取代了力量，现在他以这种韧性，在寄给柏林的每封信中都劝说她落实接近犹太人之家的计划。在三四个月里，直到11月初，他几乎每天都给她写信，他的信中，犹太人之家即使不是唯一的主题，也是最重要的。

菲利斯犹豫地询问，担心也许只有学生才会被允许在犹太人之家工作。他在回信中表示完全不明白她怎么得出这种看法的。"当然，一般来说，学生作为最无私、最坚定、最不安分、最严苛、最热心、最独立、最有远见的人，开始并推动了这件事，但每个活生生的人也同样应该参与进去。"（在他这里很难再找到这么多的最高级赞美词。）在那里奉献自己，比在剧院，比流浪和其他什么东西重要无数倍。这也是最有利于自己的事情之一。一个人不是帮助，而是寻求帮助；从这项工作中可以提取的蜂蜜比从马里恩巴德森林的所有花朵中提取的还要多——他近乎贪婪地想知道她参与的消息。——她不该因为犹太复国主义而感到害怕，她对犹太复国主义了解不够。通过犹太人之家，其他力量将被启动并产生影响，他对这些更感兴趣。

还在马里恩巴德的时候，他就读过一本关于岑琴道夫伯爵夫人[1]生平的书，钦佩她的精神和她在领导海伦胡特兄弟会方面所做的"近乎超人的工作"。他经常谈到她，在他现在给出所有建议时，她都以一个菲利斯完全无法企及的榜样的形象浮现在他面前。"婚礼结束后，二十二岁的伯爵夫人来到她在德累斯顿的新住所，这是岑琴道夫的祖母按照当时比较富裕的方式为这对年轻夫妇安排的。她泪流满面。"接着，年轻的伯爵夫人用虔诚的话语讲述了她在这些暧昧关系中的清白，并恳求上帝的恩典托住她的灵魂，让她的眼睛远离世界上所有的愚蠢行为。卡夫卡补充说："要铭刻在木板上，挂在家具柜上方。"

随着时间的推移，这种影响发展成为正式的行动，很明显他的真正目的是什么。他想把菲利斯"去资产阶级化"，可以这么说，把那些对他来说体现了资产阶级婚姻的恐怖和仇恨的家具从她那里驱除出去。他想让她了解，作为一种自私的生活方式，办公室和家庭是多么的渺小，并将其与在难民儿童之家卑微的助人行为进行对比。但他向她施加压力的方式暴露了一种精神上的控制欲，人们很难想象他有这种能力。他让她报告将她拉近犹太人之家的每一步，然后报告她被录用后在那里活动的每个细节。他在一封信中向她提了大约二十个问题，他的贪得无厌与日俱增，永远听不够。他鞭策她，批评她，参与她在犹太人之家要做的

1　岑琴道夫伯爵夫人（Erdmuth Dorothea von Zinzendorf, 1700—1756），德国虔信派教徒，擅长写赞美诗。译者注。

报告，并为此阅读和研究弗里德里希·威廉·福斯特的青少年研究著作。他为这里的孩子们选择读物，甚至从布拉格给她寄来他认为特别合适的一些作品的青少年版，他在信中不断地以令人尴尬的方式回到这些话题，要求给菲利斯在她的孩子们中间拍照，他虽身在远方，但可以通过仔细观察来了解他们。当他对菲利斯满意时，就会热情地赞美她，这种赞美听起来如此强烈，她一定认为这是爱，这赞美总是在她执行他的指示时出现。渐渐地，这真的变成了一种他对她所期望的服从和顺从。对她形象的修正，对她性格的改造，非如此他就无法想象与她未来的生活，而这些逐渐成为对她的控制。

通过这种方式，他参与了她的活动，正如他在信中所说，他自己对这些活动缺乏奉献精神；于是她所做的，是在代替他做。另一方面，他需要越来越多的孤独；星期天他独自在布拉格的周围散步，起初还有他妹妹奥特拉的陪伴，他像对待新娘一样欣赏她。公司的一个熟人与他们相遇，以为奥特拉是他的新娘，他直言不讳地告诉了菲利斯。他现在的空闲时间有了新的消遣方式：躺在草地上。"最近我……差点躺在沟里（但今年沟里的草也又高又密），这时一位与我有公务往来的相当尊贵的先生，坐着一辆双驾马车驶过，去参加一个更尊贵的聚会。我伸了个懒腰，感受到了……被解职的喜悦。"与奥特拉在布拉格附近散步时，他发现了两个奇妙的地方，都是"在人们被驱逐后安静得像天堂"。后来他也一个人去过："你真的知道独处，独行，独自躺在阳光下的乐趣吗？你独自走过远路吗？要做到这样，需要经历过很多苦难，同时也要有很多运气。我知道我小时候经常独处，但那更多是被迫的，很少有自由的快乐。但现在我像水进入大海一样奔向孤独。"另一次他说："我走了很远的路，大约五个小时，独自一人又不够孤独，在完全空旷的山谷中又不够空旷。"

乡村生活的内在前提条件正在形成，他与奥特拉一年后在居劳分享这种生活。他试图将菲利斯与柏林的犹太人之家社区越来越紧密地结合起来。在工作日里，他继续当公务员，这让他越来越厌恶，以至于他仍然想着要逃到战场上去，至少作为一个军人是不会放过自己的。同时，菲利斯可以通过她在犹太人之家的工作为他辩护。

但他这一时期的信件中，也经常提到他的写作。由于这个时期他觉得自己还没有能力创作新作品，所以内容都是关于早期小说的命运、出版和评论。早在 9 月，他就邀请她参加在慕尼黑举行的读书会。他喜欢朗读，想开车去，并希望她也出席；他拒绝了她在柏林或布拉格与他会面的建议。对订婚事件和"法庭"的记忆令他对柏林望而却步，尽管他在信中不常提到它们，两年时间把他与这段记忆分隔开来。但每当提到柏林这个地点让他重拾旧事时，他毫不犹豫地让人们知道，那些日子的痛苦仍然是历历在目。而使他远离布拉格的是他的家人：菲利斯不可避免地会坐在父母的餐桌旁，她的加入将加强家庭的优势地位，而这是他不断地用微弱的力量在反抗的。为了让菲利斯远离布拉格，他表现得像一个政治家，试图阻止两个潜在的敌人联合起来反对他。——所以他固执地坚持在慕尼黑会面的计划，他们就此事通信了两个月。他知道读书会是他力量的源泉；此时的菲利斯能干而又听话，也会给他力量。两种力量的源泉应该在慕尼黑联合起来并相互增强。但这并没有改变他这个决定的奇特性。于是我们再次体验了早已熟知的来回纠结：去旅行是很可能的，但是又还不确定，可能存在外部威胁阻碍它。经过两个月的讨论，出发前五天，他说："现在看，这次旅行的可能性越来越大。无论如何我会在周三或周四给你电报，说一句好消息'我们这就要走了'，或坏消息'不去了'。"——星期五他还是出发了。

他从错误中没有吸取任何教训，这一事实说明了卡夫卡的天性中极为重要的独特之处。失败加上失败永远不会叠加为成功。困难始终保持不变，仿佛在证明其本质的不可逾越。在无数的考虑和算计中，恰恰是那些可能导致有利结局的因素一直被忽略。失败的自由被排除，而这是至高无上的法则，旨在保证在每个新的十字路口都能逃脱；人们可以称之为在失败中寻求救赎的弱者的自由。他的本性，他与权力的特殊关系，表现在对胜利的嗤之以鼻中。所有的算计都来自无能为力并再次回归到无能为力。

因此，尽管经历过数次失败的短期会面，他还是用这四个月的成就——通过柏林犹太人之家对菲利斯的控制，在慕尼黑的那个星期六冒了险。慕尼黑的一切都是未知的：地点、人物、经过一整天的火车旅行后周五读书会的过程、周六的活动结果。但这是在冒险，仿佛其中隐藏着自由的可能性。他们在一家"糟糕的点心店"中发生了争执，具体细节不详。菲利斯一直以来在每件事上都竭力取悦他，现在似乎反叛了。在她突然爆发的情况下，她几乎无法以微妙的方式表达自己，她指责他自私。这是一个古老的责备，他一下子无法接受；这对他打击很大，因为据他后来自己写的那样，这个指责是正确的。但他最大的自私是他的**固执**，而这只能允许他自责。"我的愧疚总是足够强烈，不需要任何外界的滋养，但我的组织不够强大，无法经常扼杀这种滋养。"

·他们关系的第二个繁荣时期由此结束：这种最亲密的关系已经维持了四个月。可以将这四个月与1912年9月至12月的第一个时期进行比较；两者的共同之处在于，卡夫卡两次都从菲利斯那里汲取了希望和力量。但早期是写作的欣喜若狂，而第二阶段则是改变菲利斯的性格，以适应他的价值观。第一次由于失望而写作停顿。这一次，他与她疏远的效果却正好相反：这使他重归写作。

他带着新的勇气从慕尼黑回来。那里的读书会是一场"巨大的失败"：他朗读了《在流放地》。"我带着我的故事作为旅行工具来到那里，来到一个除了作为一个会面地点和一个凄凉的青春记忆之外与我毫无关系的城市，我在那里朗读我的肮脏故事，而现场完全无动于衷，就连一个空荡荡的炉洞都不会比这更冷，然后要与陌生人一起，这在我们这里是罕见的。"评论很糟糕，但他同意，在他已经两年没有写任何东西之后，公开朗读是"非常傲慢的行为"，正如他夸张地说的那样。（但在慕尼黑他也了解到，里尔克对他的评价很高，特别喜欢《司炉》这部小说，而不是《变形记》和《在流放地》。）但正是这种傲气——公开露面，有评判，而且主要是消极评判，在新人中的失败和失败的伟大——给了卡夫卡动力。如果再加上与菲利斯的争吵，使他们之间产生了内在距离，没有这种距离，他就无法写作，那么他回来后重新振作起来的勇气就可以理解了。

他立即开始寻找住所，而这一次他很幸运：奥特拉在阿尔希米斯滕巷她自己租的一座小房子里为他安排了一个房间供他写作，那里很安静，他很快就安顿下来。他拒绝在圣诞节与菲利斯相见，四年来她第一次抱怨头痛，这是她从他那里接过来的。他近乎平淡地提到了之前两人津津乐道的犹太人之家。它现在应该履行它的职责：拖住她并稳住她，但仅此而已。

他在奥特拉的家里度过了美好的时光。这比过去两年都要好。"在星光下，窄巷里，把房子锁起来，这感觉很奇特。""住在那里真好，午夜时分沿着古堡的楼梯逐级而下回家，真好。"《乡村医生》《新来的律师》《在马戏场顶层楼座》《豺与阿拉伯人》《邻村》都写成于此，后来被收录在《乡村医生》一书中。《桥》《猎人格拉胡斯》和《煤桶骑士》也是在这里撰写的。这些小说的共同点是宽敞、转变（不再小）和运动。

从卡夫卡写给菲利斯的信中，关于他们关系的最后阶段，我们无法收集到太多信息。从1916年到1917年的那封信，正如他自责的那样，把舍恩博恩宫公寓的优缺点，详细讨论并"算计"了一番，有六点反对意见，五点赞成意见，仍然假设他们会在战后搬到一起居住。菲利斯将会过来休养至少两三个月，届时这个公寓将为她准备好。但是，她将不得不忍受没有厨房和浴室。不能说她的存在得到了很有说服力的考虑，在赞成和反对的十一点中，她只占其一。但至少她出现在其中，也许更重要的是：要她仔细考虑并给出建议。

从 1917 年开始，他至少时不时给她写过信，一直到 8 月的明信片和信件都没有保存下来：第一封是 9 月的。2 月，卡夫卡搬进了舍恩博恩宫的公寓。《乡村医生》一书中的很多故事都是在这里完成的，还有一些他生前未发表的非常重要的作品，比如《中国长城建造时》。他对这段时期并非完全不满意，并在 1917 年 7 月给库尔特·沃尔夫的一封信中明确了这一点。

同年 7 月他和菲利斯之间发生的事情只能从其他来源推断出来。因此，这种表述不可能像先前的表述那样精确。这年 7 月是第二次正式订婚的月份。战争还远没有结束，看来原本的计划还是有些预见性的。菲利斯来到布拉格，人们认为她住在舍恩博恩宫，但也有持相反意见的。卡夫卡带着她对朋友们进行正式的订婚拜访。布罗德注意到他们在他这里访问时，有某种僵硬和略带可笑的地方。他们又开始买家具找房子，也许菲利斯对舍恩博恩宫不满意，坚持从一开始就要有浴室和厨房。她的钱包里有九百克朗，这是一笔非同寻常的巨款。在写给韦尔奇夫人的一封信中，提到过这个钱包的暂时丢失，信中卡夫卡正式谈到了他的"新娘"。他一定是在官方的姿态和头衔上再次做得过火了。前面已经说过，从过去的教训中吸取经验，不是他的天性。但或许，他在不知不觉中，为了再次**不得不**逃脱而故技重施。7 月下半月，他和菲利斯一起开车到匈牙利阿拉德看望她的姐姐。这次旅行中一定产生了严重的裂痕。也许与她的家人对抗是加速破裂的必要条件。在布达佩斯，他离开菲利斯，独自乘车经维也纳返回布拉格。当时他在维也纳见到的鲁道夫·富克斯在他的回忆录中指出，卡夫卡声明与菲利斯彻底决裂，或者至少打算这样做。他从布拉格给她写了两封信，但都没有幸存下来，他在信中可能已经明确表达了。

他现在是真的下定决心要分手了，但他觉得自己没有力气一个人去，所以在给她的信之后过了两天，在 8 月 9 日晚上，他就大出血了。从很久以后的描述中，人们的印象是他有些夸大了这次出血持续的时间。但毫无疑问，他在深夜突然发生肺部出血，这一引人注目的事件——有人可能会说：已经通过"血创"这个表述诗意地表达了——对他造成了非常严重的后果。虽然事后松了口气，但他还是去看了医生，那位通过他的"大块头"身材就让人放心的米尔施坦因医生。不清楚医生对此的真实态度，但卡夫卡的说法足以吓坏布罗德。又过了几个星期，他才说服卡夫卡去看专家。因为卡夫卡从一开始就清楚他生病的真正原因，即使是那种对他来说比什么都重要的自由的前景，也没有让他轻易转向他如此顽固地不信任的官方医学。9月4日，他去看专家标志着他生命中的新时期的开始。他现在强迫自己承认这一权威的声明，使他摆脱了菲利斯、对婚姻的恐惧和讨厌的职业。但这也将他永远与即将置他于死地的疾病联系在一起，而在那一刻，这个疾病可能还根本不严重。

关于专家结论的最早陈述，是在布罗德当天的日记中发现的，听起来并不特别危险。有传言称双肺都有肺尖部黏膜炎，有肺结核的**风险**。事实证明，发烧很快就完全停止了。但不寻常的医疗事件浓缩成一个逃跑计划，这对卡夫卡的心理救赎至关重要。他认为他必须去乡下——暂定三个月。而这个地方——不得不说——很久以前就已经准备好了：奥特拉在居劳的农场。菲利斯四个星期没有听到任何消息。直到每一步都不可逆转地确定下来，在迁往居劳的三天前，也就是9月9日，他终于给她写了他的第一封非常严肃的信。也许在这封信中，他明确地告诉了永远断绝与她的一切联系的艰难决定。但在她对他8月的两封信沉默许久之后，她曾经以和解的态度再次给他写信，好像他们之间没有发生什么严重的事情。9月5日，专家会诊后的第二天，他收到了她友好的信，这对他来说很不是时候。"今天，"他告诉布罗德，"菲利斯来信，平静、友好，没有任何怨恨，就像我在我最可爱的梦中看到的那样。现在很难给她写信。"

但是，如前文所说，他在9月9日给她写信，并极其简短地把自己肺部的情况告诉了她。谈了很多关于出血的话题，特别是关于肺结核的话题。为了他的利益，他们不想让他退休，他仍然是一名在职的公务员，至少要休假三个月。此事暂时对父母保密。从长远来看，她唯一可能发现对自己构成威胁的就是信的结尾。上面写着"可怜的、亲爱的菲利斯"，而"可怜的"，在他们的通信中是比较常见的，这一次，当他写下他的病时，第一次听起来好像不是针对他，而是针对她。"这是要成为我信中不变的结束语吗？这不是一把只会向前刺的刀，它也会绕圈并向后刺。"

在一篇附记中，他补充说，自从那次出血之后，他感觉比以前好多了。这倒是实话，但或许他也想防止她突然惊慌地跑来找他。

在居劳的时间从 9 月 12 日开始。即使是给布罗德的第一封信，听起来也像是来自另一个世界。第一天他没有写，因为他太喜欢这里了，也不想夸张。但即使是第二天也是如此，他说："奥特拉真的带着我乘着她的翅膀穿越了艰难的世界，房间……非常好，通风，温暖，所有这一切再加上几乎完全寂静；我要吃的一切都在我身边，非常丰富……还有自由，最重要的是自由。"

"……无论如何，今天我对结核病的看法就像一个孩子与他母亲的裙子褶皱的关系一样，他紧紧地抓住它……有时在我看来，大脑和肺部在我不知情的情况下达成了谅解。大脑说，不能再这样继续下去了，五年后，肺部同意帮忙。"

在下一封信中，他说："奥特拉生活在一种精致美好的婚姻中；这婚姻生活不是建立在强烈的激情上，而是平缓柔和地进行。我们这儿有家不错的旅馆，希望你会喜欢。"但是这封信笼罩着阴影："菲利斯用几句话宣布了自己。我无法理解她，她是非凡的……"

她来过，日记中有一条关于她来访的记录，这里从中引用一部分："9 月 21 日。菲利斯来这里看我，她坐了三十小时的车来看我，我本该阻止的。在我看来，由于我的过错，她承受着极大的不幸。我也不知道如何克制自己，完全麻木而且束手无策，脑子里却想着我的舒适被打扰了，我唯一的让步就是演一点滑稽剧。"

给菲利斯的倒数第二封信，也是最长的一封，是在她访问居劳十天后写的，是卡夫卡写过的最令人尴尬的一封信，要引用其中的内容，需要付出很大的努力。她现在已经给他写过两次信了，第一次他没有打开她的信，把它搁在一边。他一开始就告诉她，毕竟他确实打开了这些信。他为信里所说的感到羞愧，但长期以来他对自己的看法比她对他的看法还要尖锐，他想向她解释他的景象。

现在他的内心出现了两个勇士的神话，这是一个不光彩的、虚假的神话。战斗的形象无法把握他的内心过程，它通过对他的失血的一种英雄化而扭曲了它们，好像真的有一场血腥的战斗。但是，即使人们允许这一形象成立，它也诱惑他进入一个不真实的世界。他写道，两个战士中更好的属于她，他在最后的日子里最确定。但人们知道，这场斗争，或无论称之为什么，早已结束，没有什么东西再属于她，尤其是在最后的日子里。人们是否应该从这种虚假的断言中看到对她的安慰，看到类似于对被羞辱和被抛弃的人的骑士精神？毕竟，这之后不远处有一个值得被卡夫卡引用的句子："我是一个说谎的人，我无法以任何其他方式保持平衡，我的船很脆弱。"他引出了一段较长的段落来总结他的见解。这段话写得很好，可以算文学作品；他非常喜欢它，以至于将它逐字复制到给马克斯·布罗德的一封信中，以及他的日记中。它也应该在日记里，但可以理解为什么这种情况下它不在。然后还有另一篇更长的文章，讲述了两名战士的多变的命运和流下的鲜血。这导致了他极为关切的一句话："窃以为这种病根本不是肺结核，或者至少一开始不是肺结核，而是我的全面崩溃。"但鲜血和战斗还没有结束，更多的结论正在从中引出。突然出现了这段话："别问我为什么要设障。不要那样羞辱我。"在这里，他强烈地说他完全不理会它们，并且没有对它们的解释，如果这封信由这两个句子组成，它将具有《圣经》称谓的力量。然后他立即用一个空洞的姿态弱化了它，但人们突然发现自己在真相面前。"不管是真正的还是所谓的肺结核，"他说，"都是一种武器，以前消耗的几乎无数的武器，从'身体无力'到'工作'直至'贪婪'，都以节俭的实用性和原始性与其并列。"

最后，他告诉她一个他自己此刻也不相信的秘密，但这一定是真的。他不会再康复了。他就这样为她把自己杀了，通过一种现在自杀的方式在未来躲避她。

所以这封信的内容，大部分都是为了避免受到她那边更多的骚扰，他对她不再有丝毫的感觉，也无法给她真正的安慰。居劳的幸福是一种自由的幸福，没有一丝悲伤，甚至没有一丝遗憾。

给菲利斯的最后一封信的日期是 10 月 16 日，读起来好像几乎不是为她写的。他把她推开，尽管她已经很遥远了，他那冰冷呆滞的句子里对她绝口不提，它们仿佛是对第三个人说的。他首先引用了一封给马克斯·布罗德的信，信中写道，卡夫卡的信是非常冷静的证据，他在不幸中感到快乐。为了证实这一点，他现在提供了关于菲利斯最后一次访问的描述。也许这种描述是准确的，当然它比冰更冷。"你对这次毫无意义的旅行，对我不可理喻的行为，乃至对所有的事情都不满意。而我却没有不开心。"当他看到并认识到这一点时，他觉得所有的痛苦都减轻了，在这种认识中，他仍然保持冷静，紧紧地、紧闭嘴唇。这封信的大部分内容是引自四天前他给马克斯·布罗德的回信。——他的身体状况很好，他几乎不敢问她的情况。他已经向马克斯、菲利克斯和鲍姆[1]提出了详细的理由，要求他们不要去看他，提醒他们不要再来了。

最后一段写道："我不了解康德，但这句话可能只适用于人民，它很难适用于内战，适用于'内部战争'，这里的和平可能只是人们希望的炮灰。"

1　即马克斯·布罗德、菲利克斯·韦尔奇和奥斯卡·鲍姆。译者注。

他以此拒绝了菲利斯用康德的一句话来表达的和平愿望。随着和平被祝愿成炮灰，他比前一封信的结尾更坚定地退到了死亡后面。在他同时与他最好的朋友进行的大量通信中，从来没有提到过炮灰。

疾病最终成为事实，这首先是一种手段，不能被接受为一种正当的理由。这个理由可以在那一系列新的笔记中找到，即《第三部八开本笔记》，他在给菲利斯最后一封信后两天就开始写笔记了。他以前写的日记已经中断了好几年。作为倒数第二部，可以说是迟来的作品，里面包含了这样的句子："我还没有写下决定性的东西，我的两臂尚有余力。还有太多的工作等着做。"

黑贝尔与卡夫卡

1980年5月10日黑贝尔奖
颁奖仪式上的致辞

尊敬的各位嘉宾，女士们，先生们：

十三岁时，我在苏黎世的州立学校上学期间，遇到了这部《百宝箱》[1]。在这所学校，我体验到了好老师的含义。但当时我最好的老师是约翰·彼得·黑贝尔。他出生于二百二十年前的今天。没有多少人在死后这么长时间仍然是教师。

他具有你在老师身上想要看到的天赋：他讲话生动，而且会对每个人都说话。他好奇心强，学识渊博，但你只有在他传授知识的时候才注意到。他解释的方式令人永远难以忘记。他认真对待每一个人，在跟他们交谈之前，他会倾听他们的声音，不是出于狭隘的目的，而是因为他对每个人的所作所为都很感兴趣。读过《百宝箱》的人，就永远不会感觉没有收获，他懂得对每个人讲些奇怪的事情，每个人都很重要，因为每个人都有自己的生命，这不仅适用于各种人，也适用于鼹鼠、蜘蛛和蜥蜴，甚至适用于行星和彗星，仿佛它们也有生命。

他的语言仿佛是专门为他而创造的。它的新鲜感在文学作品中是无与伦比的。他没有陈旧的话语，他的话语从不乏力，也不会迸发出傲气，无论人们想要什么样的语言，都能在他这里变成现实：我们在他那里读到的每一个故事都能满足并释放**期待**。

有人注意到，黑贝尔的日历故事对弗兰茨·卡夫卡产生了影响。与此有关的猜测经常被提及。但后来又有人宣称找不到任何证据。我生活中曾经有一个惊人的事件，听起来像是日历故事中的内容，我想，我可以通过这个事件，分享一些更可靠的信息。

1　参见本书第2页关于黑贝尔的脚注。译者注。

1936 年，朗诵家路德维希·哈尔特来格林钦看我，格林钦是维也纳近郊葡萄园中的一个村庄，我当时就住在那里。在两次大战之间的时期，路德维希·哈尔特被认为是最重要的德语朗诵者，是有道理的。我经常听他讲话，非常钦佩他，他来登门造访，我觉得是一种殊荣。他是一个矮小精干、无比敏捷的人，动个不停，不愿坐下。他在我接待他的房间里来回走动，右手一直插在大衣口袋里，把玩着在我看来像一本小书的东西。最后他把那东西掏出来了，果真是一本书，他表情庄重地递给我，说："你想看看我拥有的最珍贵的东西吗？我总是随身携带着它，不会委托任何人代为保管。睡觉时，我就把它放在枕头下面。"

这是黑贝尔的《百宝箱》上个世纪的小版本。我打开它后就看到了献词。

致路德维希·哈尔特，以取悦黑贝尔。弗兰茨·卡夫卡致意。

这是卡夫卡自己的《百宝箱》副本，他也经常随身携带。当他第一次听到路德维希·哈尔特朗诵黑贝尔时，深受感动，便将他的副本连同献词送给了他。"你想知道卡夫卡当时从我那里听到了什么吗？"哈尔特问。"是的，想知道。"我说。然后他朗诵了，一如既往的熟练，书在我手里，他按以下顺序朗诵：《贵妇的不眠之夜》，两部《苏瓦罗夫》戏剧，《误解》，《摩西·门德尔松》，最后是《意外的团圆》。

我真希望你们每个人也都曾以这种方式倾听过最后一部作品。卡夫卡当时从同一张嘴里听到的同样的语句，在他去世十二年后，传到了我的耳中。我们沉默良久，因为意识到我们在经历同一个故事的新变化。然后哈尔特说："你想知道卡夫卡是怎么说的吗？"他没有等我回答，又补充道："卡夫卡说：'这是最精彩的故事。'"我自己一直这么认为，我今天仍然这么认为，但从一个因朗诵这个故事而获赠《百宝箱》礼物的人那里听到，如此最高级的评价来自卡夫卡口中，真是奇特。众所周知，卡夫卡使用最高级的次数是屈指可数的。

我问自己，今天是否应该告诉大家关于黑贝尔对我的意义，我得出的结论是，用这个来见证黑贝尔对世界文学产生的深远影响，是更正确、更合适的。我带着这个使命已经四十四年了，就像路德维希·哈尔特在他的时代，和在他之前卡夫卡随身带着《百宝箱》那样。

我感谢你们以黑贝尔的名义给予我的荣誉，感谢邀请我参加他的庆典，感谢鲍曼教授的致辞，我愧不敢当。